U0947147

财务管理实验教程

主　编：徐丽芬　叶　会
副主编：柴斌峰　赵常琳　刘　磊

图书在版编目(CIP)数据

财务管理实验教程 / 徐丽芬，叶会主编. —杭州：浙江工商大学出版社，2013.2(2014.1 重印)

ISBN 978-7-81140-698-6

Ⅰ. ①财… Ⅱ. ①徐… ②叶… Ⅲ. ①财务管理—高等学校—教材 Ⅳ. ①F275

中国版本图书馆 CIP 数据核字(2013)第 021742 号

财务管理实验教程

徐丽芬　叶　会　主编

责任编辑　任晓燕
封面设计　王好驰
责任印制　汪　俊
出版发行　浙江工商大学出版社
(杭州市教工路 198 号　邮政编码 310012)
(E-mail:zjgsupress@163.com)
(网址:http://www.zjgsupress.com)
电话:0571-88904980,88831806(传真)
排　　版　杭州朝曦图文设计有限公司
印　　刷　浙江云广印业有限公司
开　　本　787mm×960mm　1/16
印　　张　14
字　　数　271 千
版 印 次　2013 年 2 月第 1 版　2014 年 1 月第 2 次印刷
书　　号　ISBN 978-7-81140-698-6
定　　价　30.00 元

浙江工商大学出版社营销部邮购电话　0571-88804228

前言

实验教学是高等学校不可缺少的主要教学方式之一。通过实验教学,可以培养学生将理论知识转化为实际工作能力。理论教学与实践应用相结合,将有助于培养既懂理论又善于应用的复合型人才,适应现代企业管理和社会发展的需要。

财务管理学本身是一门既有基础理论又有实务内容的课程,建立和丰富财务管理实验教学内容是课程发展的必然需要。本教材从此目的出发,围绕财务管理的主要内容,针对财务管理决策的典型问题,分单项实验和综合实验设计财务管理的实验内容。单项实验包括财务管理中货币时间价值和风险价值的计算分析、筹资决策、项目投资决策、证券投资决策、流动资产投资管理决策、利润分配和股利政策决策等 14 个实验项目,综合实验包括财务报表分析、资本结构分析、公司治理分析、财务危机分析和企业价值分析等 5 项内容。

本教材在编写上兼顾了初级财务管理学习和中高级财务管理学习的要求,分层次设置教学内容,在单项实验部分注重训练学生对基本方法的掌握,初步学会使用各种分析软件来解决具体问题,在综合实验部分则注重训练学生运用多种方法,对实际上市公司存在的情况进行多角度分析,培养学生灵活运用理论和分析软件解决实际问题的能力。因此,本教材在使用中可以满足不同的需要:(1)作为财务管理专业专项实验课的配套教材使用;(2)作为财务管理专业理论课的配套练习教材使用;(3)作为非财务管理专业的学生学习财务管理学课程时的课内实验配套教材使用。

本教材在编写时注重理论联系实际的应用问题,具有以下特色:(1)以问题为导向。每项实验都以问题为导向,让学生带着问题去收集数据、选择分析方法、解决问题,变被动学习为主动探究,提高学生的兴趣和能力。(2)以"实"为本。以"实"为本就是用"实际"数据、"实用"软件让学生了解"现实"情况。本教材主张运用 Excel 等实用性强的通用分析软件和专业性较强的"泽源公司分析决策系统"软件来解决财务管理的分析和决策问题,让学生尽快掌握对实际问题的考察和分析方法。(3)立体教学。内容上,从简单到复杂,从单一到综合,包括了财务管理主要的分析和决策问题。在用途上,可以作为财务管理课内辅助实验、课外自主实验和独立综合实验课程的教学用书,适用于从初级到高级依次递进的学习进程。(4)与企业合作。教材中主要使用的"泽源公司分析决策系统"是浙江工商大学财会实验室重点引进的一款高端经营决策分析软件,目前在许多高校和企业中均有使用。泽源公司可以为教学环节提供数据更新、技术支持、新功能开发等多方面的服务。

本教材主要由浙江工商大学财务与会计学院的老师共同编写。徐丽芬老师负责编写实验五、实验六、实验八和实验十,叶会副教授负责编写实验一、实验二、实验七、实验九,柴斌峰副教授负责编写实验三、实验四和网上公开实验资料:企业价值分析综合实验(见浙江工商大学出版社网站下载中心,网址 http://www.zjgsupress.com)。全书由徐丽芬老师、樊晓琪副教授统稿。财务与会计学院副院长裘益政副教授对本教材的编写从总体上给予了指导、泽源文化传播有限公司赵常琳经理和刘磊老师对本实验教程提出建议。

本教材在编写过程中,得到了浙江工商大学财务与会计学院院长许永斌教授、副院长裘益政副教授以及财务与会计实验中心主任樊晓琪副教授的大力支持,得到了泽源文化传播有限公司领导和业务骨干们的多方帮助和项目的支持,在此一并表示衷心感谢!

编　者

2012 年 10 月

目　录

上篇　财务管理单项实验

下篇　财务管理综合实验

导　论

一、财务管理实验的目的和要求

财务管理是基于各种组织或团体内部客观存在的财务活动和财务关系而产生的，是组织财务活动、处理企业同各方面财务关系的一项经济管理工作。财务管理系列课程就是讲述各类组织管理财务活动和处理财务关系的原理和方法，帮助学生理解财务管理的本质和规律，掌握财务管理决策方法和管理技能的教学安排。财务管理实验是教授学生运用财务管理的理论知识，使用各种经济分析和决策软件，解决财务管理问题，完成各项财务活动的预测、决策、计划、控制和分析等工作的教学活动，是培养学生将理论知识转化为实践能力的重要教学环节。

基于对财务管理重要性及课程体系的认识，本实验课程的教学目的有：

1. 通过单项实验的教学，学生应掌握财务管理活动中有关筹资、投资和利润分配管理的基本问题的分析和决策方法。

2. 通过综合实验的教学，学生应能运用多种财务管理的理论和方法，从不同的角度去研究财务管理中复杂问题，掌握综合分析的思路和方法。

3. 通过拓展练习，培养学生独立思考的能力，能运用所学知识和技能解决财务管理中常见的决策问题。

4. 了解“泽源公司分析决策系统”的主要功能，掌握运用该系统分析企业经营问题、改善财务管理，优化财务决策的基本方法。

5. 掌握一般经济分析软件 Excel、SPSS 在财务管理分析决策中的使用方法。

为达到这些教学目的，提高实验课程学习的效果，在学习中需要达到以下要求：

1. 在学习本实验课程前，能熟练地使用计算机进行文档管理、数据处理和网络浏览等操作。

2. 实验课前认真预习，回顾相关的理论知识和方法。

3. 实验课内认真按步骤演算，勤于思考，独立完成各项实验内容，完成实验报告。

4.认真完成每项实验后的练习实验或拓展实验,掌握独立解决财务管理问题的技能。

5.服从实验室教学制度规定,爱护实验设备,自觉维护实验秩序。

二、财务管理实验的分析方法

财务管理中常用的方法,也是财务管理实验中必须掌握和运用的方法,主要有以下几类:

(一)比较分析法

比较分析法是将可比的财务指标进行比较,根据比较的差异,分析企业财务状况和经营成果的一种方法。指标比较的范围,包括以下几方面:

1.以报告期实际指标与计划(预算、目标等)指标相比较。

2.以报告期实际指标与上期实际指标相比较。这种比较可以反映指标的变动情况及发展速度,据以研究其发展变化趋势。

3.以报告期与本企业历史最高水平相比较,了解企业的现状,以便找出差距,分析原因,以超历史先进水平。

4.以报告期实际指标与条件大体相同的先进企业相比较。这种比较可找出本企业的薄弱环节,反映企业在同行业竞争中的地位。

运用比较分析法,必须注意指标之间的可比性,做到指标时间范围必须一致,指标包含内容和计算方法必须一致,不同企业之间的生产经营条件大体相同。

(二)趋势分析法

趋势分析法是解释企业财务状况和经营成果的变化及其原因的方法。正确运用趋势分析法,有助于企业正确预测未来。用于趋势分析的数据可以是绝对值,也可以是财务比率指标或者百分比数据。趋势分析法常用于财务报表同行业的横向比较或者不同年度的纵向比较。若用动态数值表示各个时期的变化时,应将数期的数据按先后顺序排列好,然后计算其发展速度、增长速度等。通过不同企业、不同年度数据的比较,进而进行趋势分析和预测企业未来。

趋势分析中常用发展速度指标来表示增长的快慢,包括定基发展速度和环比发展速度。其计算公式为:

定基发展速度=分析期某指标数值/固定基期同指标数值

环比发展速度=分析期某指标数值/前一期同指标数值

(三)比率分析法

比率分析法是把某些彼此存在关联的项目加以对比,计算出比率,以此确定财务活动变动程度的分析法。采用这种方法,能够把某些条件下的不可比财务指标变为可比较的指标。

比率指标主要有三类：

1. 结构比率。它是某项财务指标的各个组成部分与总体的比率，反映部分与总体的关系。其一般计算公式为：结构比率＝某个组成部分数额÷总体数额。利用结构比率，可以考察总体中某个部分的形成和安排是否合理，以便协调各项财务活动。

2. 效率比率。它是某项财务活动中的所费与所得的比率，反映投入与产出的关系。例如，成本费用与销售收入的比率，利润与资本的比率等。利用效率比率指标，可以进行得失比较，考察经营成果，评价经济效益的水平。

3. 相关比率。它是以某个财务指标与其有关但又不同的另一指标加以对比所得的比率，反映有关财务活动的相互关系。利用相关比率指标，可以考察有联系的相关业务安排是否合理，以保障企业经营活动能够顺畅进行。例如，将流动资产与流动负债对比，计算出流动比率，以此判断企业的短期偿债能力。

(四)因素分析法

因素分析法是在比较分析法的基础上，分析某项财务指标的差异受哪些因素的影响及其影响程度的一种方法。企业各项指标的完成是受到许多因素综合影响的结果，这些因素可能按照不同的方向发生不同的影响，同时各个因素所产生的影响又是相互联系的。

假设被分析指标为 M，它有三个影响因素，指标值分别用 A、B、C 表示，用 1 和 0 做下标来区分这些指标的分析期和基期的数值。分析期 $M_1=A_1\times B_1\times C_1$，基期 $M_0=A_0\times B_0\times C_0$，那么两者的差异 $\Delta M=M_1-M_0$ 主要是由哪些因素引起的，每种因素对这个差异的影响有多大。

依次替换 A、B、C 三个因素，分别计算出当其他两个因素不变时，由于这个变量变化引起多少 M 的变化。这个过程为：

A 因素的变动对 M 的影响：$\Delta M_A=(A_1-A_0)\times B_0\times C_0$

B 因素的变化对 M 的影响：$\Delta M_B=A_1\times(B_1-B_0)\times C_0$

C 因素的变化对 M 的影响：$\Delta M_C=A_1\times B_1\times(C_1-C_0)$

三、财务管理实验常用分析软件

为满足多层次的财务管理分析和决策需要，本实验课程对分析软件的选择进行了周密考虑，建立了“以泽源公司分析决策系统为核心，以通用分析软件 Excel、统计分析软件 SPSS 为辅助，色诺芬上市公司数据库为补充”的组合型软件体系。这样的选择有助于满足各层次、各类不同难度财务分析和决策问题的实验教学需要。

(一)泽源公司分析决策系统

泽源公司分析决策系统是由泽源文化传播有限公司主持开发的一款多功能经营分析决策软件。它是一种在上市公司类财务数据库的基础上,通过对企业经营数据进行整合,将即时查询、财务报表分析、企业经营预测、经营建模、价值投资、风险分析与预警、自定义分析等多种功能融为一体的智能性分析与预测平台。它具备根据财务数据和经营指标对企业经营进行多时期、多方面、多层次的分析与预测,并提供多样化的分析工具和决策模型,其高度融合的功能组合方便了教学及研究使用,可促进教学与研究的灵活运用和深入探究。

这一分析决策系统主要包括以下六大分析模块:

1. 财务报表分析。包括报表转换与数据维护、财务报表稽核、多功能比较、结构财务报表、财务比率数据库、合成现金流量表、财务构成图、财务指标排序比较。

2. 经营分析预测。包括趋势回归分析、相关因素分析、应收账款分析、利润分析、概率盈亏分析、成本费用分析、现金流量分析、杜邦财务分析体系分析、可持续发展分析、企业竞争力分析、经济增加值分析、经营协调性分析、流动性与经营效率分析、现金管理分析、财务预测与预算、盈余质量分析、资本结构分析。

3. 评价模型。包括阿塔曼模型、切斯尔模型、骆驼评级模型、沃斯顿价值分析模型、卡普兰—厄威茨模型、沃尔信用能力指数、拉巴波特价值模型。

4. 智能分析。包括灰色分析、评分评级、平衡计分卡、主成分分析、熵值分析、行业引力分析、状态空间分析、可拓集合分析。

5. 风险预警监控。包括风险预警雷达、综合经济指数、定量风险分析。

6. 自定义分析。包括财务模型建模、综合查询、查询构建工具。

(二)Excel 软件

Microsoft Excel 是微软办公套装软件的一个重要组成部分,它可以进行各种数据的处理、统计分析和辅助决策操作,广泛地应用于管理、统计、财务、金融等众多领域。Excel 通常被称为电子表格编辑制作软件,它不仅具有很强的制表和绘图功能,而且内置数学、财务、统计、工程等 10 类 300 多种函数。它还可利用数据清单、数据透视表管理数据,以及模拟运算表、方案管理器、单变量求解、规划求解和数据分析等多种分析方法和分析工具,进行各种复杂的计算和分析。

财务管理实验教程中,主要利用它来进行大批量数据的整理、数据计算和函数使用等功能。

(三)SPSS 软件

SPSS 可翻译为“统计产品与服务解决方案”软件,它是世界上最早的统计分析软件。发展至今,功能和操作都近乎优异。

SPSS 软件的基本功能包括数据管理、统计分析、图表分析、输出管理等。SPSS

统计分析过程包括描述性统计、均值比较、一般线性模型、相关分析、回归分析、对数线性模型、聚类分析、数据简化、生存分析、时间序列分析、多重响应等几大类。每类中又分好几个统计过程，比如回归分析中又分线性回归分析、曲线估计、Logistic回归、Probit回归、加权估计、两阶段最小二乘法、非线性回归等多个统计过程，而且每个过程中又允许用户选择不同的方法及参数。SPSS也有专门的绘图系统，可以根据数据绘制各种图形。

(四)CCER 中国经济金融数据库

中国经济金融数据库系统(简写为CCER，又称为色诺芬数据库)，是由北京大学中国经济研究中心和北京色诺芬信息服务公司联合开发，并在国内第一家推出基于互联网的BS数据服务平台。该服务系统不仅是目前国内最为全面的数据提供系统，全面涵盖了中国资本市场、货币市场、宏观经济及行业经济的所有研究领域资料，还为客户提供了很多周边的服务。

使用该数据库必须成为该系统的会员，然后登录官方网站(http://www.ccerdata.com)，从页面上设置好查询条件，获得所需要的数据下载后方可使用。

财务管理面向广大的企业服务，上市公司的实际数据是财务管理实验课获得课外实际信息的最好来源。CCER数据库为财务管理的实验教学提供了丰富的实际上市公司数据的查询服务，是学生了解上市公司信息，掌握财务管理分析方法，全面深入研究上市公司的必经途径。

本实验教程在各个单项实验和综合实验中，都设计使用几种不同的分析软件，帮助学生掌握更多财务管理分析和决策的方法。当然，在实验数据采集、分析和决策的过程中，由于数据采集的非完整性和延时性、分析软件功能的不完备性、实验方法设计的局限性等原因可能使得本教材在某些数据的处理、分析和判断上还存在疏漏，离严密和可靠还有差距。但笔者相信这种缺憾会随着将来分析软件功能的提升、数据库信息的完善和更新、财务管理方法的完善而减少。本实验课程将各种通用型分析软件和综合型专业软件组合使用，也是一种抛砖引玉的尝试，希望在实验教学的实践中能将之更加补充完善，获得更好的教学效果。

上篇　财务管理单项实验

实验一　财务管理的价值观念

货币时间价值和风险与收益观念，是财务管理的两个基本价值观念。货币时间价值受社会平均资本利润率的影响，揭示了不同时点上资金之间的换算关系，是企业进行筹资、投资和分配等财务决策中不可或缺的计量手段。财务活动通常是在有风险的情况下进行的，承担风险，就要求得到相应的额外收益，否则就不值得去冒险。风险与收益原理正确地揭示了风险和报酬率之间的关系，风险价值的计量较为复杂，既受客观风险大小的影响，又受人们对风险的不同态度的影响，需要利用概率论等方法，对风险价值进行计量。时间价值与风险价值均是财务决策的基本依据，是评估企业价值的基础。实验一专门针对货币时间价值和风险与收益设计单项实验，让学生熟悉掌握货币时间价值，即终值、现值及风险价值的计算方法，并对决策方案作出客观评价。

实验项目1　货币时间价值

货币时间价值是指一定量的资金在不同时点上的价值量的差额。它反映的是由于时间因素的作用而使现在的一笔资金高于将来某个时期的同等数量的资金的差额或者资金随时间推移所具有的增值能力。货币时间价值可以有两种表示方式：用绝对数表示，即货币时间价值额，是货币在生产经营过程中产生的增值额；用相对数表示，即货币时间价值率，是不包括风险收益和通货膨胀因素的平均投资利润率或平均投资收益率。通常用相对数，即货币时间价值率表示。通常情况下，货币时间价值代表的是没有投资风险和通货膨胀条件下的投资收益率。把货币时间价值应用于财务管理，在投资、筹资和分配等各方面考虑这一因素，是提高财务管理水平，搞好筹资、投资和分配决策的有效保证。本实验项目主要展示如何利用 Excel 函数 FV、PV 及电子表格软件功能，让学生熟练掌握复利终值与现值、年金终值与现值的计算方法。

一、实验问题

1. 在不考虑风险和通货膨胀的情况下，现在的一定量资金，在未来某一时点上的价值是多少？未来某一时点上的一定量资金，其现在的价值是多少？

2. 如何计算银行的等额分期偿还贷款额？

3. 在相关的财务决策中，如何运用货币时间价值进行分析？

二、实验原理

运用终值与现值的概念，计算未来收益的终值、现值。

复利终值 $S = P(1+i)^n = P(S/P,i,n)$

复利现值 $P = S\dfrac{1}{(1+i)^n} = S(P/S,i,n)$

普通年金终值 $S = A\dfrac{(1+i)^n - 1}{i} = A(S/A,i,n)$

普通年金现值 $P = A\dfrac{(1+i)^n - 1}{i(1+i)^n} = A(P/A,i,n)$

式中：i 为利率（一般指年利率），n 为计息期数，P 为现值或本金，A 为每期等额收款或付款额，S 为终值，$(S/A,i,n)$ 为普通年金终值系数，$(P/A,i,n)$ 为普通年金现值系数。

三、实验资料

例 1　某人现在存入银行 10000 元，年利率为 6%，按复利计算，则 5 年后这笔资金的终值是多少？若想 5 年后从银行取出 10000 元，年利率为 6%，按复利计算，则现在应该存入银行的现金是多少？若每年年末向银行定期存款 1000 元，年利率为 6%，则这笔年金在第 5 年末的终值是多少？若未来 5 年内打算每年年末从银行定期取款 1000 元，年利率为 6%，则现在应该向银行存款多少钱？

例 2　小王于 2010 年在上海市区购入一套房产，房产总价为 500 万元。小王用自有资金 150 万元支付了首付，其余的 350 万元向银行申请了一笔期限为 20 年、利率为 8%的银行贷款。银行与小王签订的贷款协议中规定的还款方式为在未来的 20 年内每月月末等额偿还该笔贷款。试分析小王每月需向银行偿还的金额是多少？

例 3　厦门网中网财会模拟公司计划获得一项使用期为 5 年，成本为 2000 万元的设备。现该公司有两种方式可以选择:一种是向光华租赁公司以融资租赁的方式租赁该设备5年,每年年末支付租金450万元,满5年后设备所有权属于厦门网中网公司;另一种是使用一笔5年期、年利率为10%的银行贷款来购此设备,银行要求在5年内每年年末等额偿还该笔贷款。假设不考虑公司所得税税收的影响,试分析该公司是租赁设备好还是向银行借款购买此设备好?

四、实验步骤

(一)实验资料中例1的解决步骤

步骤1:在Excel中创建工作表,如图1-1所示,图中灰色区域为待计算的终值或现值。

	A	B	C	D	E	F
1		终值、现值计算表				
2		年限	利率(%)	终值(元)	现值(元)	每年等额收付款额(元)
3	终值(5年后复利终值)	5	6%		10000	
4	现值(现在要存入的钱)	5	6%	10000		
5	年金终值	5	6%			1000
6	年金现值	5	6%			1000

图1-1 利用Excel计算终值、现值问题(1)

步骤2:在图1-1所示的单元格中,单击单元格D3,然后单击菜单中的“插入函数”(或工具栏中的f_x)按钮,弹出对话框。在“选择类别”中选择“财务”,在“选择函数”中选择“PV”函数,单击“确定”按钮,弹出PV函数的参数对话框。

步骤3:在对话框中,参数“Rate”编辑框中输入“C3”;在参数“Nper”编辑框中输入“B3”;在参数“Pmt”编辑框中输入“0”;在参数“Pv”编辑框中输入“-E3”;在参数“Type”编辑框中输入“1”。如图1-2所示。

步骤4:单击“确定”按钮,在单元格D3中就会显示出终值为13382元。

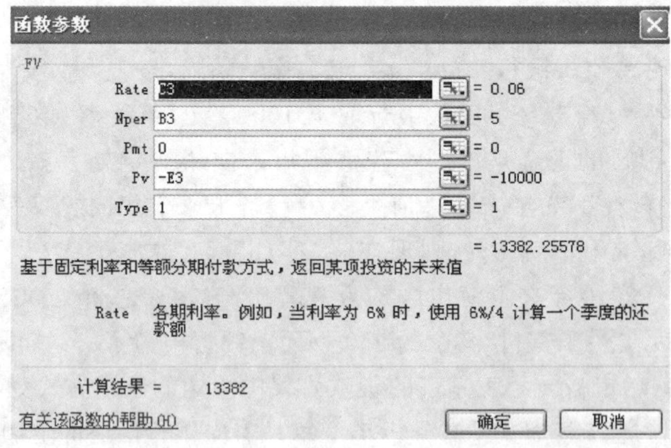

图1-2 利用Excel的FV函数计算终值

步骤 5:参照步骤 2 至步骤 4 以及表 1-1 所示,利用 FV、PV 函数分别计算出图 1-1 所示工作表中的 E4、D5、E6 数据。

表 1-1　利用 Excel 表计算终值或现值函数表

单元格	函数
E4	=PV(C4,B4,0,-D4,1)
D5	=FV(C5,B5,-F5,0,1)
E6	=PV(C6,B6,F6,0,1)

步骤 6:计算结果如图 1-3 所示。

	A	B	C	D	E	F
1	终值、现值计算表					
2		年限	利率(%)	终值(元)	现值(元)	每年等额收付款额(元)
3	终值(5年后复利终值)	5	6%	13382	10000	
4	现值(现在要存入的钱)	5	6%	10000	7473	
5	年金终值	5	6%	5975		1000
6	年金现值	5	6%		-4465	1000
7						

图 1-3　利用 ExceL 计算终值、现值问题(2)

(二)实验资料中例 2 的解决步骤

步骤 1:在 Excel 中创建工作表,如图 1-4 所示。

	A	B	C	D
1	贷款等额分期偿还额的计算			
2	期限(年)	年利率	现值(万元)	等额偿还额
3	20	8%	350	

图 1-4　利用 Excel 计算贷款的等额分期偿还额(1)

步骤 2:图 1-4 所示的表格区域中,单击单元格 D3,然后单击菜单中的"插入函数"(或工具栏中的 f_x)按钮,弹出对话框。在"选择类别"中选择"财务",在"选择函数"中选择"PMT"函数。

步骤 3:单击"确定"按钮,弹出 PMT 函数的参数对话框。在参数"Rate"编辑框中输入"B3/12";在参数"Nper"编辑框中输入"20 * 12";在参数"Pv"编辑框中输入"C3";在参数"Fv"编辑框中输入"0";在参数"Type"编辑框中输入"1"。如图 1-5 所示。

步骤 4:单击"确定"按钮,在单元格 D3 中就会显示出每年偿还的银行借款金额为 2.91 万元。

步骤 5:计算结果如图 1-6 所示。

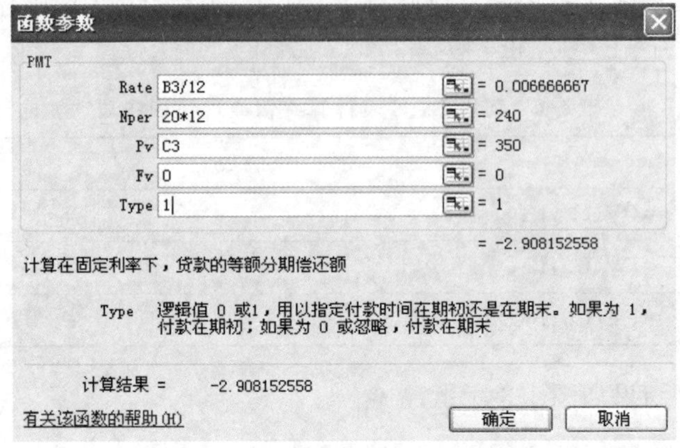

图 1-5 利用 Excel 的 PMT 函数计算贷款的等额分期偿还额

	A	B	C	D
1		贷款等额分期偿还额的计算		
2	期限（年）	年利率	现值（万元）	等额偿还额
3	20	8%	350	-2.91

图 1-6 利用 Excel 计算贷款的等额分期偿还额(2)

(三)实验资料中例 3 的解决步骤

步骤 1:利用 Excel 电子表格,创建工作表,如图 1-7 所示。

	A	B	C	D	E	F
1				货币时间价值的运用		
2			租期（年）	利率	每期租金（万元）	租金现值
3	方案一：融资租赁		5	10%	450	
4						
5			期限（年）	利率	银行借款（万元）	
6	方案二：借款购买		5	10%	2000	

图 1-7 利用 Excel 解决货币时间价值的运用(1)

步骤 2:在图 1-7 所示的表格区域中,单击单元格 F3,然后单击菜单中的“插入函数”(或工具栏中的 f_x)按钮,弹出对话框。在“选择类别”中选择“财务”,在“选择函数”中选择“PV”函数。

步骤 3:单击“确定”按钮,弹出 PV 函数的参数对话框(与图 1-2 类似)。在参数“Rate”编辑框中输入“D3”;在参数“Nper”编辑框中输入“C3”;在参数“Pmt”编辑框中输入“－E3”;在参数“Pv”编辑框中输入“0”;在参数“Type”编辑框中输入“1”。

步骤 4:单击“确定”按钮,在单元格 F3 中就会显示出支付的租金现值为 1876.4395万元。计算结果如图 1-8 所示。

步骤 5:比较融资租赁的现值与银行借款额的大小,由于融资租赁的现值

	A	B	C	D	E	F
1				货币时间价值的运用		
2			租期（年）	利率	每期租金（万元）	租金现值
3	方案一：融资租赁		5	10%	450	1876.4395
4						
5			期限（年）	利率	银行借款（万元）	
6	方案二：借款购买		5	10%	2000	

图 1-8　利用 Excel 解决货币时间价值的运用(2)

1876.4395万元＜银行借款 2000 万元，故对网中网公司来说，选择融资租赁的方式获得该项资产比较经济划算。

五、实验练习

1. 甲公司现投资于某一项目，预计该项目 5 年后可获得收益 50 万元，年利率为 8%，计算该笔投资收益的现值。

2. 某人采用零存整取方式存款，每月月初存 2000 元，银行的年利率为 12%。计算第 5 年年末时该人可以一次支取的本息和是多少。

3. 某人准备 6 年后出国留学，所需费用为 30 万元，他准备从现在开始每年年末存入银行一笔等额款项，假设银行的年利率为 5%，复利计息。计算此人每年年末应该存入多少钱。

4. 某人购买商品房，如果一次性支付需要 100 万元；如果首付 40 万元后剩余部分通过商业银行按揭贷款，年利率为 6%，每年年末支付 5 万元，共需支付 20 年。通过计算确定哪一种付款方式合算？若要使两种付款方式无差异，在利率、期数不变的情况下，每年年末应支付多少钱？

实验项目 2　收益与风险

通常而言，风险是指在一定条件下和一定时期内可能发生的各种结果的变动程度。投资者由于承担风险进行投资，而获得的超过货币时间价值的额外收益，就称为投资的风险价值，或称风险报酬、风险收益。风险价值有两种表示方式：用绝对数表示，即风险收益额，是指投资者因为冒风险进行投资而获得的超过货币时间价值的那部分额外收益；用相对数表示，即风险收益率，是投资者因为冒风险进行投资而获得的超过货币时间价值率的那部分额外收益率，即风险收益额与原投资额的比率。通常用相对数，即风险收益率来表示风险价值。对风险的厌恶态度，决定了投资者只有得到了额外的风险收益率，他才愿意进行风险投资，而且风险收益率的补偿必须与风险程度相均衡，投资风险程度越高，所要求的投资收益率就越大；投资风险越小，投资收益率越低；在基本无风险的投资项目中，所得到的收益率只是一种无风险报酬率,即货币时间价值。本实验项目主要展示如何利用 Excel 电子表格,计算风险价值的方法,并对财务决策方案作出客观评价。

一、实验问题

1. 如何衡量某个投资项目的收益和风险?如何衡量一个投资组合的收益和风险?

2. 对单个投资项目是否要进行投资,如何做出投资决策?对多个投资项目之间进行选择的时候,如何做出投资决策?

3. 如何根据资本资产定价模型,衡量必要的收益率并作出相应的投资决策?

二、实验原理

在不考虑通货膨胀的情况下,风险投资所要求的投资收益率(期望投资收益率)由两部分构成:一是无风险收益率,即货币的时间价值,通常为政府债券或存款利率;另一部分是风险收益率,或称风险价值。风险收益率是投资者由于冒风险进行投资而获得的超过货币时间价值的额外收益,风险收益具有不易计量的特性。要计算在一定的风险条件下的投资收益,必须用到概率论的方法,按未来年度预期收益的平均偏离程度来进行估量。

1. 单项资产收益及风险价值计量的基本步骤。

(1)计算投资项目的期望收益率:$\overline{K} = \sum_{i=1}^{n} K_i \cdot P_i$

式中:$\overline{K}$ 为期望收益率,K_i 为第 i 种可能结果的收益率,P_i 为第 i 种可能结果出现的概率,n 为可能结果的个数。

(2)计算投资项目期望收益率的标准差:$\delta = \sqrt{\sum_{i=1}^{n} (K_i - \overline{K})^2 \cdot P_i}$

式中:δ 为项目投资收益率的标准差。

(3)计算投资项目的标准离差率:$V = \frac{\delta}{K}$

式中:V 为标准离差率。

(4)计算投资项目的风险收益率:$R_R = b \cdot V$

式中:R_R 为风险收益率,b 为风险报酬系数。

(5)计算投资项目的投资收益率:$K = R_f + R_R = R_f + b \cdot V$

式中:K 为项目的投资收益率,R_f 为无风险收益率。

在多个投资项目之间进行选择的时候,可以根据标准离差率做出投资决策,选择标准离差率最小的项目,这意味着该项目在投资收益率一定的条件下所承担的风险最小。

2.两项资产构造的投资组合的收益及风险价值的计量步骤。

(1)分别计算出投资组合中单项资产的期望收益率 $\overline{K}_1$、$\overline{K}_2$ 和标准差 δ_1、δ_2；式中：$\overline{K}_1$、$\overline{K}_2$ 分别为单项资产的期望收益率，δ_1、δ_2 分别为单项资产的标准差。

(2)计算出投资组合的期望收益率：$\overline{K}_P = \overline{K}_1 X_1 + \overline{K}_2 X_2$

式中：$\overline{K}_P$ 为投资组合的期望收益率，X_1、X_2 分别为两项资产在投资组合中所占的比重。

(3)计算出投资组合的投资收益率的标准差：$\delta_P = \sqrt{(X_1\delta_1)^2 + 2X_1X_2\rho_{12}\delta_1\delta_2 + (X_2\delta_2)^2}$

式中：δ_P 为投资组合的投资收益率的标准差，ρ_{12} 为两项资产的投资收益率的相关系数。

3.资本资产定价模型的基本原理。

资本资产定价模型表达的是风险与要求的风险收益率之间的关系。根据资本资产定价模型，一项风险资产的期望收益率包括三个因素：货币的纯粹时间价值，市场风险溢价，该项资产的 beta 系数。

$K_i = R_f + \beta_i(K_m - R_f)$

式中：K_i 是第 i 种股票的必要收益率或者期望收益率；R_f 是无风险收益率，一般以国库券或国债的收益率为代表；β_i 是第 i 种股票的 beta 系数；K_m 是市场投资组合的必要收益率。

三、实验资料

例 1　上海某股份公司拟以 1000 万元投资筹建电子管厂。根据市场预测，每年可获得的收益及其概率如表 1-2 所示。

表 1-2　上海某股份公司预期收益及概率表

市场状况	概率	预计每年收益(万元)
繁荣	0.4	250
一般	0.5	200
衰退	0.1	100

若电子行业的风险报酬系数为 8%，同期国债利率为 6%，请评价该投资方案是否可行。

例 2　某企业集团准备对外投资，现有三家公司可供选择，分别为甲公司、乙公司和丙公司，这三家公司的年期望收益率及概率的资料如表 1-3 所示。

表 1-3　某集团对外投资的期望收益率及概率表

市场状况	概率	甲公司的年期望收益率(%)	乙公司的年期望收益率(%)	丙公司的年期望收益率(%)
良好	0.3	40	50	80
一般	0.5	20	20	10
较差	0.2	5	−5	−25

要求:假定你是这家企业集团的稳健型决策者,请依据风险与收益原理做出选择。

例 3　现有一家证券投资公司,10 年平均收益率为 15%,该公司的 beta 系数为 1.5。在同时期内,沪、深证券交易所指数增长了 12%,国库券平均收益率为 5%。该证券投资公司的管理者声称其以每年 3%的差幅跑赢了市场指数。如果资本资产定价模型确实能够有效地描述风险与收益的关系,你认为该证券投资公司的业绩会好于市场走势吗?

四、实验步骤

(一)实验资料中例 1 的解决步骤

步骤 1:创建 Excel 电子工作表,并建立数据输入区和数据输出区,如图 1-9 所示。

	A	B	C	D	E
1			风险收益计算表		
2			数据输入区		
3	市场状况	概率	每年收益(万元)	无风险收益率	行业风险价值系数
4	繁荣	0.4	250	6%	8%
5	一般	0.5	200		
6	衰退	0.1	100		
7					
8			数据输出区		
9	投资收益的期望值	210	该项投资的标准差		
10	市场繁荣时的离差平方	1600	该项投资的标准离差率		
11	市场一般时的离差平方	100	该项投资要求的风险收益率		
12	市场衰退时的离差平方	12100	该项投资预测的风险收益率		

图 1-9　利用 Excel 解决风险价值计算问题(1)

步骤 2:在数据输出区域 B9 插入函数,计算该项目投资收益的期望值。

(1)在图 1-9 所示的表格区域中,单击单元格 B9,然后单击菜单中“插入函数”(或工具栏中的 f_x)按钮,弹出对话框。在“选择类别”中选择“数学与三角函数”,在“选择函数”中选择“Sumproduct”函数。

(2)单击“确定”按钮,弹出 Sumproduct 函数的参数对话框。在参数“Array1”编辑框中输入“B4∶B6”(或用鼠标单击选定单元格区域),在参数“Array2”编辑框中输入“C4：C6”，如图 1-10 所示。

(3)单击“确定”按钮，在单元格 B9 中就会显示出该项投资收益的期望值为 210 万元。

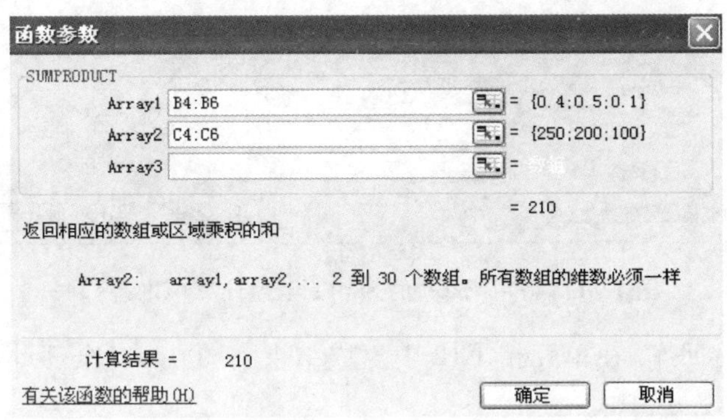

图 1-10　利用 Excel 的 Sumproduct 函数计算期望值

步骤 3：计算在市场状况不同情况下的离差平方。

(1)在图 1-9 所示的表格区域中，单击单元格 B10，输入公式“=(C4－B9)^2”，然后回车，在单元格 B10 中生成市场繁荣时的离差平方为 1600。

(2)单击单元格 B11，输入公式“=(C5－B9)^2”，然后回车，在单元格 B11 中生成市场一般时的离差平方为 100。

(3)单击单元格 B12，输入公式“=(C4－＄B9)^2”，然后回车，在单元格 B12 中生成市场衰退时的离差平方为 12100。

步骤 4：计算该项目投资的标准差。

(1)在图 1-9 所示的表格区域中，单击单元格 E9，然后单击菜单中“插入函数”(或工具栏中的 f_x)按钮，弹出对话框。在“选择类别”中选择“数学与三角函数”，在“选择函数”中选择“SQRT”函数。

(2)单击“确定”按钮，弹出 SQRT 函数的参数对话框。在参数“Number”编辑框中输入“Sumproduct(B4：B6，B10：B12)”，如图 1-11 所示。

(3)单击“确定”按钮，在单元格 E9 中就会显示出该项投资收益的标准差为 43.59。

步骤 5：计算该项目投资的标准离差率，单击单元格 E10，输入公式“=E9/B9”，然后回车，在单元格 E10 中生成结果 20.76%。

步骤 6：计算该项目投资要求的风险收益率，单击单元格 E11，输入公式“=E4＊E10”，然后回车，在单元格 E11 中生成结果 1.66%。

步骤 7：计算该项目投资预测的风险收益率，单击单元格 E12，输入公式“=B9/

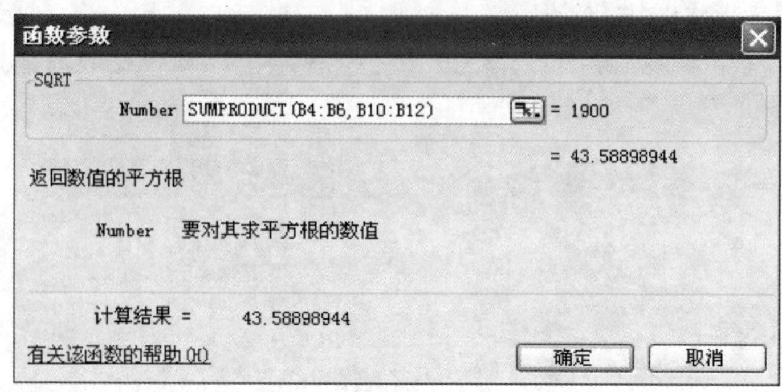

图 1-11 利用 Excel 的 SQRT 函数计算标准差(1)

1000－D4”,然后回车,在单元格 E12 中生成结果 15.00%。全部计算结果如图1-12所示。

	A	B	C	D	E
1			风险收益计算表		
2			数据输入区		
3	市场状况	概率	每年收益（万元）	无风险收益率	行业风险价值系数
4	繁荣	0.4	250	6%	8%
5	一般	0.5	200		
6	衰退	0.1	100		
7					
8			数据输出区		
9	投资收益的期望值	210	该项投资的标准差		43.59
10	市场繁荣时的离差平方	1600	该项投资的标准离差率		20.76%
11	市场一般时的离差平方	100	该项投资要求的风险收益率		1.66%
12	市场衰退时的离差平方	12100	该项投资预测的风险收益率		15.00%

图 1-12 利用 Excel 解决风险价值计算问题(2)

步骤 8:进行该项目是否可行的分析决策,比较该项目投资预测的风险收益率和要求的风险收益率,由于预测的风险收益率＞要求的风险收益率,故该项目可以进行投资。

(二)实验资料中例 2 的解决步骤

步骤 1:创建 Excel 电子工作表,并建立数据输入区和数据输出区,如图 1-13 所示。

步骤 2:利用 Excel 的函数,分别计算投资于甲、乙、丙公司的投资收益率的期望值。

(1)在图 1-13 所示的表格区域中,单击单元格 B12,然后单击菜单中“插入函数”(或工具栏中的 f_x)按钮,弹出对话框。在“选择类别”中选择“数学与三角函数”,在“选择函数”中选择“Sumproduct”函数。

	A	B	C	D	E	F	G
1	风险收益计算表						
2	数据输入区						
3	市场状况	概率	甲公司的年	乙公司的年	丙公司的年		
4			期望收益率	期望收益率	期望收益率		
5	良好	0.3	40%	50%	80%		
6	一般	0.5	20%	20%	10%		
7	较差	0.2	5%	-5%	-25%		
8							
9	数据输出区						
10		投资收益率	市场良好时	市场一般时	市场较差时	投资收益率	投资收益率
11		的期望值	的离差平方	的离差平方	的离差平方	的标准差	的标准离差
12	甲公司						
13	乙公司						
14	丙公司						

图 1-13　利用 Excel 解决风险价值计算问题(3)

(2)单击“确定”按钮，弹出 Sumproduct 函数的参数对话框。在参数“Array1”编辑框中输入“B5：B7”(或用鼠标单击选定单元格区域)，在参数“Array2”编辑框中输入“C5：C7”，与图 1-10 类似。

(3)单击“确定”按钮，在单元格 B12 中就会显示出投资于甲公司的投资收益率的期望值为 23％。

(4)参考表 1-4 所示的公式及第 1 步至第 3 步的操作方法，利用 Excel 的 Sumproduct 函数分别在单元格 B13、B14 位置计算出乙公司和丙公司的投资收益率的期望值分别为 24％和 24％。

表 1-4　利用 Excel 表计算投资收益率的期望值的函数

单元格	函数公式
B13	＝Sumproduct(B5：B7,D5：D7)
B14	＝Sumproduct(B5：B7,E5：E7)

步骤 3：利用 Excel 的函数，分别计算出甲公司、乙公司、丙公司在市场状况良好、一般、较差时的离差平方。

(1)在图 1-9 所示的表格区域中，单击单元格 C12，输入公式“＝(C5－B12)^2”，然后回车，在单元格 B12 中生成甲公司在市场较好时的离差平方为 0.0289。

(2)参考表 1-5 所示的函数公式，分别在单元格 D12、E12、C13 至 E13，C14 至 E14 的位置计算出甲公司、乙公司、丙公司在市场良好、一般、较差时的投资收益率的离差平方，分别为 0.0009、0.0324，0.0676、0.0016、0.0841，0.03136、0.0196、0.2401。

表 1-5　利用 Excel 表计算投资收益率的离差平方的函数

公司	市场状况良好时		市场状况一般时		市场状况较差时	
	单元格	函数公式	单元格	函数公式	单元格	函数公式
甲公司	—	—	D12	=(C6－B12)^2	E12	=(C7－B12)^2
乙公司	C13	=(D5－B13)^2	D13	=(D6－B13)^2	E13	=(D7－B13)^2
丙公司	C14	=(E5－B14)^2	D14	=(E6－B14)^2	E14	=(E7－B14)^2

步骤 4：利用 Excel 函数，分别计算出甲公司、乙公司、丙公司投资收益率的标准差。

(1)在图 1-9 所示的表格区域中，单击单元格 F12，然后单击菜单中"插入函数"(或工具栏中的 f_x)按钮，弹出对话框。在"选择类别"中选择"数学与三角函数"，在"选择函数"中选择"SQRT"函数。

(2)单击"确定"按钮，弹出 SQRT 函数的参数对话框。在参数"Number"编辑框中输入"B5 * C12＋B6 * D12＋B7 * E12"，如图 1-14 所示。

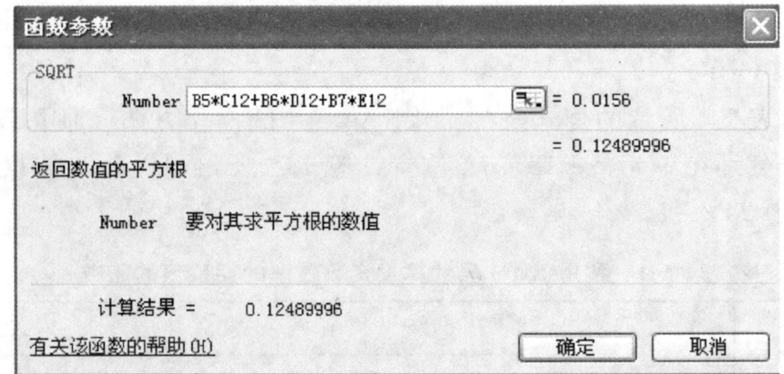

图 1-14　利用 Excel 的 SQRT 函数计算标准差(2)

(3)单击"确定"按钮，在单元格 F12 中就会显示出甲公司投资收益率的标准差为 0.1249。

(4)参考第 1 步至第 3 步的做法以及表 1-6 所示的计算公式，在单元格 F13、F14 的位置分别计算出乙公司、丙公司的投资收益率的标准差，分别为 0.1947、0.3897。

表 1-6　利用 Excel 表计算投资收益率的标准差的函数

单元格	函数公式
F13	=SQRT(B5 * C13＋B6 * D13＋B7 * E13)
F14	=SQRT(B5 * C14＋B6 * D14＋B7 * E14)

步骤 5:计算甲公司、乙公司、丙公司的投资收益率的标准离差率。

(1)单击单元格 G12,输入公式"=F12/B12",然后回车,在单元格 G12 中生成甲公司的投资收益率的标准离差率为 0.5430。

(2)单击单元格 G13,输入公式"=F13/B13",然后回车,在单元格 G13 中生成乙公司的投资收益率的标准离差率为 0.8112.

(3)单击单元格 G14,输入公式"=F14/B14",然后回车,在单元格 G14 中生成丙公司的投资收益率的标准离差率为 1.6239。

全部计算结果如图 1-15 所示。

	A	B	C	D	E	F	G
1	风险收益计算表						
2	数据输入区						
3 4	市场状况	概率	甲公司的年期望收益率	乙公司的年期望收益率	丙公司的年期望收益率		
5	良好	0.3	40%	50%	80%		
6	一般	0.5	20%	20%	10%		
7	较差	0.2	5%	-5%	-25%		
8							
9	数据输出区						
10 11		投资收益率的期望值	市场良好时的离差平方	市场一般时的离差平方	市场较差时的离差平方	投资收益率的标准差	投资收益率的标准离差
12	甲公司	23%	0.0289	0.0009	0.0324	0.1249	0.5430
13	乙公司	24%	0.0676	0.0016	0.0841	0.1947	0.8112
14	丙公司	24%	0.3136	0.0196	0.2401	0.3897	1.6239

图 1-15　利用 Excel 解决风险价值计算问题(4)

步骤 6:进行投资项目的比较选择。根据标准离差率在甲公司、乙公司、丙公司投资项目之间进行选择,因为甲公司的标准离差率最小,故选择投资于甲公司。

(三)实验资料中例 3 的解决步骤

步骤 1:创建工作表,如图 1-16 所示。

	A	B	C	D	E
1	必要收益率计算表				
2	无风险收益率	beta系数	市场收益率	投资公司的平均收益率	投资公司的必要收益率
3	5%	1.5	12%	15%	

图 1-16　利用 Excel 解决必要收益率的计算问题(1)

步骤 2:在图 1-16 所示的表格区域,单击单元格 E3,输入公式"=A2+B2 * (B2-A2)",然后回车,在单元格 E3 中生成该投资公司的必要报酬率为 15.50%。计算结果如图 1-17 所示。

	A	B	C	D	E
1	必要收益率计算表				
2	无风险收益率	beta系数	市场收益率	投资公司的平均收益率	投资公司的必要收益率
3	5%	1.5	12%	15%	15.50%

图 1-17　利用 Excel 解决必要收益率的计算问题(2)

步骤 3:结果分析:该证券公司的平均收益率低于必要报酬率,所以其业绩未必好于市场走势。

五、实验练习

1. 新化工厂准备以 1000 万元投资一条新的生产线,该生产线预计每年的收益及概率如下。

每年收益(万元)	发生概率
240	0.2
200	0.5
100	0.3

假设行业的风险系数为 6%。要求计算该项目的收益期望值、标准差、标准离差率及要求的风险收益率。

2. 两种证券投资组合的有关资料如下。

项目	A	B
收益率	10%	18%
标准差	12%	20%
投资比率	0.8	0.2

A 和 B 的相关系数为 0.2,分别计算投资于 A 证券和 B 证券的组合收益率和组合风险。

3. 苹果公司现在持有太平洋保险公司股份 2000 万元和高新实业股份 1000 万元。两种股份的预期报酬率及概率分布如下。

经济情况	太平洋保险公司		高新实业股份	
	报酬率(%)	概率	报酬率(%)	概率
衰退	20	0.2	0	0.2
正常	30	0.6	30	0.6
繁荣	40	0.2	60	0.2

经专家测定太平洋保险公司风险报酬系数为 6%,高新实业股份风险报酬系数为 8%。

要求计算:(1)两种股份的期望报酬率并计算两者风险的大小;(2)计算两种股份风险报酬率及风险报酬;(3)试对两种股份的风险与收益进行评判。

实验二　筹资决策

筹资是企业根据其生产经营、对外投资和调整资本结构的需要，通过金融市场，运用筹资方式，经济有效地筹措和集中资本的财务行为。筹资是企业资本运动的起点，也是财务管理创造价值的必要条件。按所筹资本的性质，筹资类型可分为权益资本筹资和债务资本筹资，每种筹资类型的筹资条件、筹资成本以及筹资的风险都不相同。因此，财务管理中对筹资管理的目标就是比较和选择对公司筹资条件最有利、筹资成本最低和筹资风险最低的筹资来源。实验二专门针对筹资决策中几个关键的问题——筹资需要量的预测、资本成本以及财务杠杆与风险设计实验展开分析。

实验项目1　筹资需要量

筹资需要量预测是财务预测的重要组成部分，科学地预测企业筹资需要量是提高经济效益的重要保证，是企业确定筹资数量的依据。企业筹资需要量的多少，取决于企业投资规模的大小。筹资需要量的预测方法通常有销售百分比法和资金习性法。本实验项目主要展示如何利用Excel进行筹资需要量的预测，进而让学生掌握筹资需要量的销售百分比预测方法。

一、实验问题

1.如何根据销售总额确定外部筹资需要量？

2.如何根据销售增加额确定外部筹资需要量？

二、实验原理

1.销售百分比法的基本原理。

销售百分比法是根据销售额与资产负债表、利润表项目之间的比例关系，来预测未来一定销售额下筹资需要量的方法。这种方法基于两个基本假设：(1)预测期的销售额已经由营销部门通过一定的方法预测完成；(2)销售收入与某些项目之间存在稳定的百分比关系。

运用销售百分比法，要借助预测资产负债表。通过编制预计资产负债表可以预测企业筹资需求总额和外部筹资额。编制预计资产负债表，要把表内项目分为三类：第一类是预计资产负债表中与销售额有着固定比例关系的项目，一般包括现金、应收账款、存货、固定资产净值、应付账款、预提费用等项目，根据预测期预计销售额和基期资产负债表中这些项目与销售额的比率关系填列；第二类是留存收益项目，根据基期资产负债表中留存收益项目金额加预计留存收益增加额计算填列；第三类是其他项目，一般根据基期数额填列。预计资产负债表中的预计资产总额与预计负债、预计所有者权益总额之差，就是预测期企业需要追加的外部筹资数额。

运用销售百分比法预测筹资需要量的具体计算方法有两种：一种是根据销售总额预计资产、负债和所有者权益总额，然后确定筹资需要量；另一种是根据销售增加额预计资产、负债和所有者权益的增加额，然后确定筹资需要量。

2.根据销售总额确定筹资需要量的基本步骤。

第一步，确定资产负债表中与销售额成比例变动的项目和不随销售额变动的项目，其中与销售额成正比的资产、负债项目包括现金、应收账款、存货、固定资产、应付账款、预提费用。

第二步，根据历史资料计算与销售额成正比的资产、负债项目与销售额之间的比率，即销售百分比。

第三步，根据预计的销售额计算预计销售额下与销售额成正比例的资产、负债项目。

变动性资产＝预计销售额×变动资产的销售百分比

变动性负债＝预计销售额×变动负债的销售百分比

第四步，计算预计的留存收益。

预计留存收益＝基期留存收益＋预计留存收益增加额

＝基期留存收益＋预计销售额×销售净利率×留存收益率

第五步，编制进行外部筹资前的预计资产负债表。

第六步，利用会计恒等式，确定外部筹资需求额。

外部筹资需求额＝预计总资产－预计总负债－预计所有者权益

3.根据销售增加额确定筹资需要量。

外部筹资需求额＝资产增加额－负债自然增加额－留存收益增加额

＝资产销售百分比×销售增加额－自然性负债销售百分比×销售增加额－计划销售净利率×销售额×留存收益率

根据上述外部筹资需求额的计算公式，根据销售增加额确定筹资需求量的基本步骤为以下四步。

第一步，计算销售增加额。

第二步，计算资产销售百分比。

资产销售百分比＝(现金＋应收账款＋存货＋固定资产)/销售额

第三步,计算自然性负债销售百分比。

自然性负债销售百分比＝(应付账款＋预提费用)/销售额

第四步,根据公式计算外部筹资需求额。

三、实验资料

某企业2009年末的资产负债表(简表)如表2-1所示。

表2-1　资产负债表(简表)

编制时间:2009年12月31日　　　　(单位:万元)

资产		负债与所有者权益	
项目	金额	项目	金额
现金	200	应付账款	2200
应收账款	1800	预提费用	940
存货	3200	长期负债	420
预付账款	45	股本	2305
固定资产净值	4620	留存收益	4000
资产总额	9865	负债与所有者权益	9865

该企业2009年度销售额为20000万元,实现净利润500万元,支付股利250万元。预计2010年度的销售额为22000万元,销售净利润率和股利支付率都保持2009年度水平不变。根据现有资料分析,企业2010年的外部筹资额是多少?

四、实验步骤

(一)根据销售额确定筹资需要量的步骤

步骤1:在Excel中创建工作表,如图2-1所示,图中对应的空格区域为待计算的变量。

步骤2:计算与销售额成正比的资产、负债项目的销售百分比。

(1)在单元格F8的位置插入计算公式"＝B4/F2",点击回车键,在单元格F8的位置显示现金销售百分比为1%。

(2)在单元格F9的位置插入计算公式"＝B5/F2",点击回车键,在单元格F9的位置显示应收账款销售百分比为9%。

(3)在单元格F10的位置插入计算公式"＝B6/F2",点击回车键,在单元格F10的位置显示存货销售百分比为16%。

	A	B	C	D	E	F	G
1	2009年资产负债表简表　单位：万元					2009年	2010年
2	资产		负债与所有者权益		销售额（万）	20000	22000
3	项目	金额	项目	金额	净利润（万）	500	
4	现金	200	应付账款	2200	股利（万）	250	
5	应收账款	1800	预提费用	940	销售净利率		
6	存货	3200	长期负债	420			
7	预付账款	45	股本	2305		销售百分比	
8	固定资产净值	4620	留存收益	4000	现金		
9	资产总额	9865	负债与所有者权益	9865	应收账款		
10					存货		
11					固定资产		
12	2010年预计资产负债表　单位：万元				应付账款		
13	资产		负债与所有者权益		预提费用		
14	项目	金额	项目	金额			
15	现金		应付账款				
16	应收账款		预提费用				
17	存货		长期负债	420			
18	预付账款	45	股本	2305			
19	固定资产净值		留存收益				
20	资产总额		负债与所有者权益				

图 2-1　利用 Excel 表编制预计资产负债表

(4)在单元格 F11 的位置插入计算公式“＝B8/F2”,点击回车键,在单元格 F11 的位置显示固定资产销售百分比为 23.1％。

(5)在单元格 F12 的位置插入计算公式“＝D4/F2”,点击回车键,在单元格 F12 的位置显示应付账款销售百分比为 11％。

(6)在单元格 F13 的位置插入计算公式“＝D5/F2”,点击回车键,在单元格 F13 的位置显示预提费用销售百分比为 4.7％。

步骤 3:计算预计销售额下的与销售额成正比的资产、负债项目。

(1)在单元格 B15 的位置插入计算公式“＝G2 * F8”,点击回车键,在单元格 B15 的位置显示现金为 220。

(2)在单元格 B16 的位置插入计算公式“＝G2 * F9”,点击回车键,在单元格 B16 的位置显示应收账款为 1980。

(3)在单元格 B17 的位置插入计算公式“＝G2 * F10”,点击回车键,在单元格 B17 的位置显示存货为 3520。

(4)在单元格 B19 的位置插入计算公式“＝G2 * F11”,点击回车键,在单元格 B19 的位置显示固定资产净值为 5082。

(5)在单元格 D15 的位置插入计算公式“＝G2 * F12”,点击回车键,在单元格 D15 的位置显示应付账款为 2420。

(6)在单元格 D16 的位置插入计算公式“＝G2 * F13”,点击回车键,在单元格 D16 的位置显示预提费用为 1034。

步骤 4:计算预计留存收益。

(1)在单元格 F5 的位置插入计算公式“＝F3/F2”,点击回车键,在单元格 F5 的位置显示销售净利率为 2.5％。

(2)在单元格 D19 的位置插入计算公式"＝D8＋G2 * F5 *(1－F4/F3)",点击回车键,在单元格 D19 的位置显示留存收益为 4275。

步骤 5:计算预计的资产总额和预计的负债与所有者权益总额,得到 2010 年预计的资产负债表如图 2-2 所示。

(1)在单元格 B20 的位置插入计算公式"＝Sum(B15:B19)",点击回车键,在单元格 B20 的位置显示资产总额为 10847。

(2)在单元格 D20 的位置插入计算公式"＝Sum(D15:D19)",点击回车键,在单元格 D20 的位置显示负债与所有者权益为 10454。

12	2010年预计资产负债表　单位：万元			
13	资产		负债与所有者权益	
14	项目	金额	项目	金额
15	现金	220	应付账款	2420
16	应收账款	1980	预提费用	1034
17	存货	3520	长期负债	420
18	预付账款	45	股本	2305
19	固定资产净值	5082	留存收益	4275
20	资产总额	10847	负债与所有者权益	10454

图 2-2　预计资产负债表简表

步骤 6:根据会计恒等式,2010 年的外部筹资需求额＝预计资产总额－预计负债与所有者权益＝10847－10454＝393(万元)。

(二)根据销售增加额确定筹资需要量的步骤

步骤 1:在如图 2-1 所示的 Excel 表的单元格 E14、E15、E16 的位置分别输入资产销售百分比、自然性负债销售百分比和外部筹资需要额。

步骤 2:在单元格 F14 的位置插入计算公式"＝Sum(F8:F11)",点击回车键,在单元格 F14 的位置显示资产销售百分比为 49.10%。

步骤 3:在单元格 F15 的位置插入计算公式"＝Sum(F12:F13)",点击回车键,在单元格 F15 的位置显示自然性负债销售百分比为 15.70%。

步骤 4:在单元格 F16 的位置插入计算公式"＝2000 * F14－2000 * F15－F5 * G2 *(1－F4/F3)",点击回车键,在单元格 F16 的位置显示外部筹资需要额为 393 万元,计算结果如图 2-3 所示。

	销售百分比
现金	1.00%
应收账款	9.00%
存货	16.00%
固定资产	23.10%
应付账款	11.00%
预提费用	4.70%
资产销售百分比	49.10%
自然性负债销售百分比	15.70%
外部筹资需要额	393

图 2-3　外部筹资额的计算结果

五、实验练习

某企业基年资产负债表(简表)如下表 2-2 所示。

表 2-2 资产负债表(简表)

编制时间:基年 12 月 31 日 (单位:万元)

资产		负债与所有者权益	
项目	金额	项目	金额
现金	40	应付账款	18
应收账款	100	预提费用	32
存货	100	短期借款	46
预付账款	15	长期负债	67
固定资产净值	65	股本	32
		资本公积	90
		留存收益	35
资产总额	320	负债与所有者权益	320

根据历史资料考察,现金、应收账款、存货、固定资产净值、应付账款与预提费用等项目与销售收入变化成正比,其他资产、负债项目不随销售收入变化而变化。该企业基年销售收入为 4000 万元,实现净利润 100 万元,支付股利 60 万元。预测年度的销售额为 5000 万元,销售净利润率增长 10%,股利支付率保持上年度水平不变。根据现有资料,运用销售百分比法预测计划年度外部筹资额是多少。

实验项目 2 资本成本分析

资本成本也称资金成本,它是企业为筹集和使用资本而付出的代价。这种代价包括筹资费用和用资费用两部分。筹资费用是指企业在资本筹措过程中所花费的各项开支,包括发行股票及债券支付的印刷费、手续费、律师费、广告费等有关费用。通常,筹资费用是作为所筹资本额的减项扣除。用资费用是指企业因占用资本所支付的费用,如股票的股利、银行借款的利息和债券的利息等。用资费用一般与所筹资本金额和使用时间长短有关,它构成了资本成本的主要内容。资本成本是企业财务管理的重要概念,是企业确定筹资方案的重要依据,企业要选择资本成本最低的筹资方式。资本成本的计量内容主要包括个别资本成本和综合资本成本，本实验项目主要是展示如何利用 Excel 进行个别资本成本和综合资本成本的计算，并对不同的筹资方式(资本结构)进行选择。

一、实验问题

1. 如何测算债务资本成本、权益资本成本和综合资本成本？如何根据综合资本成本做出投资和筹资决策？

2. 不同债务水平对综合资本成本和企业价值有什么样的影响？

二、实验原理

本实验主要涉及长期借款成本、债券成本、普通股成本、留存收益成本和综合资本成本、每股收益的计算。

1. 长期借款成本。

不考虑货币时间价值，长期借款成本的计算公式为：$K_L = \dfrac{I_L(1-T)}{L(1-F_L)}$

式中：K_L 为长期借款成本，I_L 为长期借款年利息，T 为企业所得税税率，L 为借款总额，F_L 为长期借款筹资费用率。

2. 债券成本。

不考虑货币时间价值，债券成本的计算公式为：$K_b = \dfrac{I_b(1-T)}{B(1-F_b)}$

式中：K_b 为债券成本；I_b 为债券年利息，按债券票面值和票面利率确定；T 为企业所得税税率；B 为债券筹资总额，F_b 为债券筹资费用率。

3. 普通股成本。

普通股成本的计算公式为：$K_S = \dfrac{D_1}{P_0(1-F)} + G$ 或 $K_S = R_f + \beta(R_m - R_f)$

式中：K_S 为股票投资者要求的必要报酬率，即资本成本率；D_1 为第一年年末每股股利；P_0 为股票发行价格；F 为发行股票的筹资费率；G 为每年的股利增长率；R_f 为无风险收益率；β 为股票的贝塔系数；R_m 为平均风险股票必要报酬率。

4. 留存收益成本。

计算公式为：$K_c = \dfrac{D_1}{P_c} + G$

式中：K_c 为留存收益成本，P_c 为留存收益额。

5. 综合资本成本。

计算公式为：$K_w = \sum\limits_{j=1}^{n} K_j \cdot W_j\left(\sum W_j = 1\right)$

式中：K_w 为加权平均资本成本，K_j 为第 j 种个别资本成本，W_j 为第 j 种个别资本成本占全部资本的比重。

在各种筹资方案之间进行选择时，选择综合资本成本最小的筹资方式。若某个项目的投资回报率大于为该项目进行筹资的综合资本成本，则该种筹资方案可行。

6. 同时考虑到企业价值与风险的加权平均资本成本。

计算公式为：$K_w = K_b(1-T)\dfrac{B}{V} + K_S(\dfrac{S}{V})$

式中：K_w 为加权平均资本成本，K_b 为税前债务资本成本，T 为企业所得税税率，B 为债务总价值，V 为企业价值，S 为权益总价值，K_S 为权益资本成本。

企业价值的计算公式为：$V = S + B, S = \dfrac{(EBIT - I) \times (1-T)}{K_s}$

式中：$EBIT$ 为企业息税前利润，I 为债务利息。

权益资本成本的计算公式为：$K_S = R_f + \beta(R_m - R_f)$

三、实验资料

例 1　甲公司 2010 年拟筹资 4000 万元新建一条生产线，其中：(1) 按面值发行一批 5 年期的债券，债券总面值为 1000 万元，票面利率为 8%，筹资费率为 4%，每年付息一次，到期一次还本；(2) 取得长期借款 500 万元，期限为 5 年，年利率为 6%，每年付息一次，到期一次还本，筹资费率为 0.5%；(3) 发行普通股 2000 万元，每股 20 元，筹资费率为 6%，预计第一年发放股利 1.2 元每股，以后每年以 5% 的比例稳定增长。此外，公司保留盈余 500 万元，所得税税率为 25%。预计该生产线投产后每年可增加净收益 500 万元。

要求：计算甲公司各项筹资的个别资本成本和综合资本成本，并按加权平均资本成本分析该筹资项目是否可行。

例 2　乙公司每年的 $EBIT$ =500 万元，全部资本为普通股资本，股票账面价值 2000 万元，设所得税税率为 40%。该公司认为其目前的资本结构不合理，准备用发行债券购回部分股票的办法进行调整。经咨询调查，目前的债务利率和公司股票的贝塔值存在如表 2-3 的关系。

表 2-3　不同债务水平下公司的债务资本成本和股票贝塔值

债务的市场价值 B（百万元）	债务利息率 K_b（%）	股票贝塔值 β	无风险报酬率 R_f（%）	平均风险股票必要报酬率 R_m（%）
0	—	1.2	10	14
2	10	1.25	10	14

续　表

债务的市场价值 B（百万元）	债务利息率 K_b（%）	股票贝塔值 β	无风险报酬率 R_f（%）	平均风险股票必要报酬率 R_m（%）
4	10	1.3	10	14
6	12	1.4	10	14
8	14	1.55	10	14
10	16	2.1	10	14

要求：计算该公司在不同债务水平上的加权平均资本成本以及公司的市场价值，确定最佳的资本结构。

四、实验步骤

（一）实验资料中例 1 的解决步骤

步骤 1：创建资本成本计算的 Excel 工作表，并在相应单元格中输入原始数据，如图 2-4 所示。

	A	B	C	D	E
1	资本成本的计算				
2	筹资种类	长期债权	长期借款	普通股	留存收益
3	筹资金额（万元）	1000	500	2000	500
4	利率	8%	6%	—	—
5	期限（年）	5	5	—	—
6	股票发行价（元/股）	—	—	20	20
7	股利（元/股）	—	—	1.2	1.2
8	年增长率	—	—	5%	5%
9	筹资费率	4%	0.50%	6%	—
10	所得税税率	25%	25%	—	—
11	个别资本成本				
12	筹资总额（万）	4000	—	—	—
13	个别资本成本所占比重				
14	综合资本成本		—	—	—

图 2-4　资本成本计算工作表

步骤 2：参考表 2-4 所示的计算公式，在图 2-4 所示的工作表中相应单元格位置进行计算。

表 2-4　资本成本的计算公式

单元格	计算公式	单元格	计算公式	单元格	计算公式
B11	＝B4 * (1－B10)/(1－B9)	C11	＝C4 * (1－C10)/(1－C9)	D11	＝D7/(D6 * (1－D9))＋D8
E11	＝E7/E6＋E8	B13	＝B3/B12	C13	＝C3/B12

续 表

单元格	计算公式	单元格	计算公式	单元格	计算公式
D13	＝D3/B12	E13	＝E3/B12	B14	＝B13 * B11＋C13 * C11＋D13 * D11＋E13 * E11

步骤3:在Excel表中进行运算,计算结果如图2-5所示。

	A	B	C	D	E
1	资本成本的计算				
2	筹资种类	长期债权	长期借款	普通股	留存收益
3	筹资金额（万元）	1000	500	2000	500
4	利率	8%	6%	—	—
5	期限（年）	5	5	—	—
6	股票发行价（元/股）	—	—	20	20
7	股利（元/股）	—	—	1.2	1.2
8	年增长率	—	—	5%	5%
9	筹资费率	4%	0.50%	6%	—
10	所得税税率	25%	25%	—	—
11	个别资本成本	6.25%	4.52%	11.38%	11.00%
12	筹资总额（万）	4000	—	—	—
13	个别资本成本所占比重	25.00%	12.50%	50.00%	12.50%
14	综合资本成本	9.19%	—	—	—

图2-5　资本成本结算结果

步骤4:计算该项目的投资回报率为500/4000＝12.5%,大于为该项目筹资的综合资本成本9.19%,故该项目的筹资方案可行。

(二)实验资料中例2的解决步骤

步骤1:创建不同债务水平下的资本成本和公司价值的工作表,并在相应位置输入原始数据,如图2-6所示。

	A	B	C	D	E	F	G	H	I	J
1	不同债务水平对公司资本成本和公司价值的影响									
2	B(百万元)	K_b	β	R_f	R_m	K_s	K_w	S	V	I
3	0	—	1.2	10%	14%					
4	2	10%	1.25	10%	14%					
5	4	10%	1.3	10%	14%					
6	6	12%	1.4	10%	14%					
7	8	14%	1.55	10%	14%					
8	10	16%	2.1	10%	14%					

图2-6　不同债务水平下的资本成本和公司价值

步骤2:在单元格F3∶F8的位置分别计算不同债务水平下对应的权益资本成本,计算公式如表2-5所示。

表 2-5　不同债务水平下资本成本和公司价值的计算公式

单元格	计算公式	单元格	计算公式
F3：F8	＝D4＋C3：C8＊(E3－D3)	J3：J8	＝A3：A8＊B3：B8
H3：H8	＝(5－J3：J8)＊(1－40％)/F3：F8	I3：I8	＝A3：A8＋H3：H8
G3：G8	＝B3：B8＊(1－40％)＊A3：A8/I3：I8＋F3：F8＊H3：H8/I3：I8		

步骤 3：在单元格 J3：J8 的位置分别计算不同债务水平下对应的债务利息水平，计算公式如表 2-5 所示。

步骤 4：在单元格 H3：H8 的位置分别计算不同债务水平下对应的权益总价值，计算公式如表 2-5 所示。

步骤 5：在单元格 I3：I8 的位置分别计算不同债务水平下对应的公司总价值，计算公式如表 2-5 所示。

步骤 6：在单元格 G3：G8 的位置分别计算不同债务水平下对应的加权平均资本成本，计算公式如表 2-5 所示。计算结果如图 2-7 所示。

	A	B	C	D	E	F	G	H	I	J
1	不同债务水平对公司资本成本和公司价值的影响									
2	B(百万元)	K_b	β	R_f	R_m	K_s	K_w	S	V	I
3	0	—	1.2	10%	14%	14.80%	14.80%	20.27	20.27	0
4	2	10%	1.25	10%	14%	15.00%	14.15%	19.2	21.2	0.2
5	4	10%	1.3	10%	14%	15.20%	13.54%	18.16	22.16	0.4
6	6	12%	1.4	10%	14%	15.60%	13.36%	16.46	22.46	0.72
7	8	14%	1.55	10%	14%	16.20%	13.41%	14.37	22.37	1.12
8	10	16%	2.1	10%	14%	18.40%	14.23%	11.09	21.09	1.6

图 2-7　不同债务水平下资本成本及公司价值的计算结果

步骤 7：由图 2-7 的计算结果可以看出，当开始用债务部分替换权益时，一开始公司的加权平均资本成本下降、公司价值上升，但是当债务水平超过 600 万元以后，公司的加权平均资本成本开始上升，公司价值开始下降。因此，债务为 600 万元时的资本结构为最优资本结构。

五、实验练习

1. 某公司需要筹资 1200 万元，其中：按面值发行长期债务按 1000 万元，票面利率为 12％，发行费用率为 3％；按面值发行普通股 100 万元，筹资费率为 5％，第一年末支付股利 0.12 元，以后每年增长 4％；公司保留盈余 100 万元。假设公司所得税税率为 20％。

要求计算：(1)每种筹资方式的个别资本成本；(2)该种筹资方案的综合资本成本。

2.某公司息税前盈余300万元,资金全部由普通股资本组成,股票账面价值2000万元,所得税税率33%。企业的税后利润将全部作为股利发放,股利增长率为零。该公司认为目前的资本结构不够合理,准备用发行债券购回部分股票的办法予以调整。经测算,债务的现值等于其面值,在不同的负债水平下,债务的利息率和普通股的贝塔值,如表2-6所示。同时已知证券市场的数据为:无风险利率为10%,平均风险股票必要报酬率为14%。

要求:计算不同债务水平下的企业价值和综合资本成本,并确定企业最佳资本结构。

表2-6　不同债务规模下的债务利率和普通股β系数及其他有关资料

方案	债务(万元)	债务利率(%)	普通股β值	息税前利润 *EBIT*	300万元
1	0	0	1.10	所得税税率T(%)	33
2	100	6	1.20	无风险报酬率(%)	8
3	200	8	1.25	平均风险股票必要报酬率(%)	14
4	300	10	1.48		
5	400	12	1.85		
6	500	15	2.20		

实验项目3　杠杆与风险分析

在企业财务管理中,杠杆作用的原理是指企业通过对固定成本的运用对企业的盈亏会产生放大的作用。杠杆作用能使企业享受到一定的利益,但是同时也相应地增大了企业的风险。如何在杠杆利益和风险之间进行合理的权衡,是企业在资本结构决策中需要考虑的一个重要因素。企业杠杆包括经营杠杆、财务杠杆和总杠杆。本实验项目主要展示利用Excel电子表格软件功能,掌握各种杠杆系数的计算,并根据计算结果对风险进行分析和进行相应的决策。

一、实验问题

1.如何衡量经营杠杆、财务杠杆及总杠杆作用的大小?
2.如何根据杠杆对企业进行风险分析?

二、实验原理

本实验项目主要涉及经营杠杆系数、财务杠杆系数和总杠杆系数的计算。

经营杠杆又称营业杠杆,是指企业在经营决策时对经营成本中的固定成本的利用。对经营杠杆的利用既能给企业带来经营杠杆利益,同时也带来相应的经营风险。经营杠杆作用程度的大小用经营杠杠系数来衡量,杠杆系数值越大,经营风险就越大;反之,经营杠杆系数值越小,经营风险就越小。

经营杠杆系数是息税前利润变动率相对于销售额变动率的倍数。其计算公式为:$DOL=\dfrac{\Delta EBIT/EBIT}{\Delta S/S}=\dfrac{S-VC}{S-VC-F}=\dfrac{Q(P-V)}{Q(P-V)-F}$

式中:DOL 表示经营杠杠系数;$EBIT$ 、$\Delta EBIT$ 分别表示息税前利润、息税前利润的变动额;S、ΔS 分别表示销售额、销售额的变动额;VC 表示变动成本总额;F 表示固定成本总额;P 表示单位产品售价;V 表示单位产品变动成本;Q 表示产品销售量。

财务杠杆又称融资杠杆,是指企业在制定资本结构决策时对债务筹资的利用,利用财务杠杆可以获得一定的财务杠杆利益,同时也要承受相应的财务风险。财务杠杆的作用程度用财务杠杆系数来表示,财务杠杆系数越大,财务风险就越高;反之,财务杠杆系数值越小,财务风险就越小。

财务杠杆系数是普通股每股收益的变动率相对于息税前利润变动率的倍数。其计算公式为:$DFL=\dfrac{\Delta EPS/EPS}{\Delta EBIT/EBIT}=\dfrac{EBIT}{EBIT-I-d/(1-T)}$

式中:DFL 表示财务杠杆系数;EPS 、ΔEPS 分别表示每股收益、每股收益变动额;I 表示债务利息;T 表示企业所得税税率;d 表示优先股股利。

经营杠杆和财务杠杆的综合作用程度,用总杠杆系数来表示,它是经营杠杆系数与财务杠杆系数的乘积。

总杠杆系数是每股收益变动率相对于销售额变动率的倍数。其计算公式为:

$$DTL=DOL\times DFL=\frac{\Delta EPS/EPS}{\Delta S/S}$$

三、实验资料

例 1　甲、乙、丙三家公司的相关资料如表 2-7 所示。

表 2-7　甲、乙、丙公司相关财务数据

	甲公司	乙公司	丙公司
销售额(万元)	600	600	500
变动成本(万元)	100	200	100
固定成本(万元)	300	200	300
总成本(万元)	400	400	400

要求：计算三家公司的息税前利润总额及经营杠杆系数，并进行经营风险的分析。

例 2　已知 A、B、C 三家公司具有相同的息税前利润 60 万元，相同的资本总额 500 万元，所得税税率为 33%，但是三家公司的资本结构不同，A 公司无负债，普通股 10 万股；B 公司有 50% 的负债，债务利息率为 10%，普通股 5 万股；C 公司有 50% 的债务资本，债务利息率 15%，普通股 5 万股。

要求：计算三家公司普通股每股收益及财务杠杆系数，并进行筹资风险的分析。

四、实验步骤

（一）实验资料中例 1 的解决步骤

步骤 1：创建经营杠杆系数计算工作表，并在相应区域输入原始数据，如图 2-8 所示。

	A	B	C	D
1	经营杠杆系数的计算与分析			
2		甲公司	乙公司	丙公司
3	销售额（万元）	600	600	500
4	变动成本（万元）	100	200	100
5	固定成本（万元）	300	200	300
6	总成本	400	400	400
7	息税前利润（万元）			
8	经营杠杆系数			

图 2-8　经营杠杆系数的计算

	A	B	C	D
1	经营杠杆系数的计算与分析			
2		甲公司	乙公司	丙公司
3	销售额（万元）	600	600	500
4	变动成本（万元）	100	200	100
5	固定成本（万元）	300	200	300
6	总成本	400	400	400
7	息税前利润（万元）	200	200	100
8	经营杠杆系数	2.5	2	4

图 2-9　经营杠杆系数计算结果

步骤 2：在工作表中 B7：D8 的位置计算息税前利润总额和经营杠杆系数，计算公式如表 2-8 所示。

表 2-8　经营杠杆系数相关计算公式

单元格	计算公式	单元格	计算公式
B7：D7	＝B3：D3－B6：D6	B8：D8	＝(B3：D3－B4：D4)/ B7：D7

计算结果如图 2-9 所示。

结果分析：从图 2-9 的计算结果可以看到，甲、乙、丙三家公司的经营杠杆系数分别为 2.5、2、4，这说明当公司的销售额增长 1% 时，三个公司的息税前利润分别增长 2.5%、2%、4%。

甲和乙公司相比，甲的经营杠杆系数要大于乙公司，这说明在销售额相同的情况下，固定成本所占比重越大，经营杠杆系数越大，经营风险也越大；反之，固定成本所占比重越小，经营杠杆系数越小，经营风险也就越小。

甲公司和丙公司相比，丙公司的经营杠杆系数要大于甲公司，这说明在固定成本不变的情况下，销售额越小，经营杠杆系数就越大，经营风险越大，销售额越大；反之，经营杠杆系数就越小，经营风险也越小。

由此可见，企业一般可以通过增加销售额、降低固定成本所占比重等措施降低经营杠杆系数，从而降低经营风险。

（二）实验资料中例 2 的解决步骤

步骤 1：创建财务杠杆系数计算与分析的工作表，在相应区域输入原始数据，如图 2-10 所示。

	A	B	C	D
1	财务杠杆系数的计算与分析			
2		A公司	B公司	C公司
3	权益总额（万元）	500	250	250
4	发行股数（万股）	10	5	5
5	债务总额（万元）	0	250	250
6	利率	0	10%	15%
7	资本总额（万元）	500	500	500
8	息税前利润（力元）	60	60	60
9	计算分析			
10	债务利息（万元）			
11	税前利润（万元）			
12	所得税（万元）			
13	税后利润（万元）			
14	财务杠杆系数			
15	每股收益（元/股）			
16	总资产报酬率			
17	净资产收益率			

图 2-10　杠杆系数的计算

	A	B	C	D
1	财务杠杆系数的计算与分析			
2		A公司	B公司	C公司
3	权益总额（万元）	500	250	250
4	发行股数（万股）	10	5	5
5	债务总额（万元）	0	250	250
6	利率	0	10%	15%
7	资本总额（万元）	500	500	500
8	息税前利润（万元）	60	60	60
9	计算分析			
10	债务利息（万元）	0	25	37.5
11	税前利润（万元）	60	35	22.5
12	所得税（万元）	19.8	11.55	7.425
13	税后利润（万元）	40.2	23.45	15.075
14	财务杠杆系数	1.00	1.71	2.67
15	每股收益（元/股）	4.02	4.69	3.015
16	总资产报酬率	12.00%	12.00%	12.00%
17	净资产收益率	8.04%	9.38%	6.03%

图 2-11　杠杆系数的计算结果

步骤 2：参考表 2-9 所示的计算公式，在工作表中 B10：D17 的位置计算各财务指标。

表 2-9　指标计算公式

单元格	计算公式	单元格	计算公式
B10：D10	＝B5：D5＊B6：D6	B11：D11	＝B8：D8－B10：D10
B12：D12	＝B11：D11＊33％	B13：D13	＝B8：D8－B12：D12
B14：D14	＝B8：D8/B11：D11	B15：D15	B13：D13/B4：D4
B16：D16	＝B8：D8/B7：D7	B17：D17	＝B11：D11/B3：D3

计算结果如图 2-11 所示。

结果分析：财务杠杆系数表明 A、B、C 三家公司的财务杠杆系数分别为 1、1.71 和 2.67。也就是说，如果三家公司的息税前利润都增长 1％时，其每股收益分别增长 1％、1.71％和 2.67％。

在资本总额、息税前利润相同的情况下，负债比例越高，财务杠杆系数越大。B 公司和 C 公司的负债比例高于 A 公司，财务杠杆系数也大于 A 公司，通过债务的杠杆作用,B和C公司的股东回报(每股收益和净资产收益率)都高于A公司;但是财务风险也相应要高。

B公司和C公司的资本结构相同,但是C公司的债务利息率高于B公司。C公司的债务利息率15%高于总资产回报率12%,负债融资带来了负的财务杠杆作用,举债的风险增加,使股东遭受了损失。因此,相对来说,B公司的资本结构是较为合理的。

由此可见,当企业的总资产报酬率大于债务利息率时,借债能产生正的财务杠杆效应,股东的投资回报率得到提升;但是当总资产报酬率小于债务利息率时,借债产生了负的财务杠杆效应,股东的利益遭受损失。

五、实验练习

1. 某公司专门生产某种收音机,其产品每台售价为100元,年产量1万台,每年税前利润总额20万元,企业的固定成本为20万元,资产总额为80万元,长期负债为20万元,年利率为10%,无其他负债。公司有普通股4万股,每股面值10元。假设公司所得税税率为40%,投资报酬率为12%。

现公司准备引进一套新设备,投资20万元,每年的固定费用将增加3万元,采用新设备后可使每台收音机的变动成本降低10元,产量增加2000台,但为了确保销售任务的完成,决定产品价格降至90元。

要求:(1)以企业投资报酬率为依据,对其应否投资新设备做出决策;(2)如果该企业进行此项投资,计算其投资前后的经营杠杆系数;(3)如果公司采用发行债券20万元的方式融资,年利率为12%,每年付息一次。试计算筹资前后公司的财务杠杆系数,并从每股收益的角度判断该项投资是否可行。

2. 某公司年销售额为100万元,变动成本率为70%,全部固定成本和财务费用合计20万元,总资产50万元,负债比例40%,负债平均利息率为8%。设所得税税率为40%。该公司拟改变经营计划,追加投资40万元,每年固定成本增加5万元,可使得销售额增加20%,并促使变动成本率下降至60%。该公司以提高净资产收益率同时降低总杠杆系数作为改变经营计划的标准。如所需资金以追加股权资本取得。

要求:(1)计算经营计划改变前后的净资产收益率、经营杠杆系数、财务杠杆系数和总杠杆系数。(2)判断是否应该改变经营计划。

实验三 项目投资决策

投资是指企业以未来收回现金并取得收益为目的而发生的现金流出活动。对于创造价值而言，投资决策是财务管理三项决策中最重要的决策，其正确与否直接关系到企业的生死存亡。如何运用有限的资金来获取预期或者最大效益，是企业财务管理的中心环节。投资分成直接投资和间接投资。项目投资是企业通过购买固定资产、无形资产，直接投资于企业本身生产经营活动或企业外部投资项目的一种投资行为。它是一种直接性投资，是企业投资战略的重要内容。企业能否筹集到资金投放到收益高、回收快、风险小的项目上去，对企业的生存和发展十分重要。实验三主要是针对项目投资的资本预算、项目投资的决策方法设计不同的单项实验，以解决项目投资决策中的主要问题。

实验项目1 资本预算

资本预算是指制定长期投资决策的过程，其主要目的是评估长期投资项目的生存能力以及盈利能力，以便判断企业是否值得投资。资本预算也指企业为了今后更好地发展，获取更大的报酬而作出的资本支出计划。在项目投资决策过程中，资本预算主要就是计算有关项目的预计收入和成本，预测投资项目的现金流量。正确的资本预算是项目投资决策的关键。本实验项目主要展示如何利用Excel软件及其提供的财务函数，来编制和预测投资项目的现金流量，从而使学生掌握资本预算中现金流量的估算方法。

一、实验问题

1. 如何利用已有的企业相关项目的收入、成本等资料，通过Excel软件来计算项目投资决策相关的现金流量？

2. 在相关因素发生变动时，项目投资决策相关的现金流量会发生如何的变化？

二、实验原理

为了便于方案的评价，我们通常把投资项目整个时期的现金流量划分为三个部分，即初始现金流量、营业现金流量和终结现金流量。

1. 初始现金流量。即在项目投资期发生的现金流量，一般包括以下几项内容。

(1)固定资产上的投资,包括购建费、运输费、安装费等。对于因该项投资引起的原有固定资产的变价收入,可作为现金流入处理。

(2)营运资金的垫支额。它是为了维持正常的生产经营活动而追加的周转性资金,一般在营业终了时才能收回这些资金。

(3)无形资产上的投资。包括在专利权、商标权、非专利技术、商誉等方面的投资。

(4)其他投资。包括筹建费用、试车费用、职工培训费用等。

2.营业现金流量。它是指在整个生产寿命期内正常生产经营活动产生的现金流量。包括以下三个方面。

(1)营业收入。把某个时期的营业收入直接看做现金流入。

(2)付现成本。它是指需要支付现金的成本。

付现成本=营业成本－折旧－无形资产摊销额

(3)税金。它是指投资项目引起的销售税金及附加和所得税。

年营业现金净流量=年营业收入－年付现成本－年税金

=年营业收入－(年营业成本－年折旧－年摊销)－年税金

=年净利润＋年折旧＋年摊销

3.终结现金流量。它是指投资项目生产寿命期结束时发生的现金流量。主要包括以下两个方面。

(1)固定资产残值的变价净收入。

(2)收回垫支的营运资金。

三、实验资料

甲皮包厂是生产皮包的中型企业,该厂生产的皮包款式新颖,质量优良,长期以来供不应求。为扩大生产能力,该厂准备新建一条生产线。负责这项投资决策工作的财务科周峰经过调查研究后,得到如下有关资料。

资料1:该生产线的投资总额为600万元。其中,固定资产投资500万元,分两年投入,第一年初投入450万元,第二年初投入50万元。第二年末项目完工可正式投产使用。投产后每年可生产皮包20万个,平均售价为每个40元,每年可获得销售收入800万元。投资项目可使用8年。8年后可获残值20万元。直线法计提折旧。项目经营期初需垫支流动资金100万元。该项目生产的产品年生产成本构成如下。

材料费用　　200万元

人工费用　　350万元

制造费用　　100万元(其中:折旧60万元)

共计　　650万元

该厂投资报酬率为12%，所得税率为33%。

资料2：周峰认为该项目可行，并将可行性报告提交厂部中层干部讨论。在讨论会上，厂部中层干部提出了以下意见。

（1）财务处长认为，未来10年间将会发生通货膨胀，预计通货膨胀率10%。

（2）基建处长认为，由于受物价变动的影响，初始投资将增加10%。

（3）生产处长认为，由于物价变动的影响，材料费用每年将增加7%，人工费用也将每年增加8%。

（4）财务处长认为，扣除折旧后的制造费用，每年将增加6%，设备残值将增加到70万元，可收回的流动资金预计为120万元。

（5）销售处长认为，产品的销售价格预计每年可增加8%。

依据以上资料，本实验中待解决的问题有两个方面。

（1）计算该投资项目营业现金流量。

（2）计算该投资项目现金流量。

四、实验步骤

（一）投资项目营业现金流量估算的实验步骤

步骤1：按照图3-1所示样式在Excel中建立甲皮包厂该投资项目的原始数据。A栏按项目名称依次填写好各项目名称。

	A	B	C	D	E	F	G	H	I
1	项目　时间	1	2	3	4	5	6	7	8
2	销售收入	800	800	800	800	800	800	800	800
3	付现成本								
4	其中：材料费	200	200	200	200	200	200	200	200
5	人工费用	350	350	350	350	350	350	350	350
6	制造费用	40	40	40	40	40	40	40	40
7	折旧费用	60	60	60	60	60	60	60	60

图3-1　该项目原始数据图

步骤2：计算该项目的付现成本、税前利润、所得税、净利润和营业现金流量。

（1）在单元格B3中输入"＝B4＋B5＋B6"，回车；然后鼠标放在单元格B3的右下方，按住鼠标左键，一直拖到I3。

（2）在单元格A8中输入"税前利润"，回车；然后在B8中输入"＝B2－B4－B5－B6－B7"，回车；最后鼠标放在单元格B8的右下方，按住鼠标左键，一直拖到I8。

（3）在单元格A9中输入"所得税（所得税税率＝33%）"，回车；然后在B9中输入"＝B8＊33%"，回车；最后鼠标放在单元格B9的右下方，按住鼠标左键，一直拖到 I9。

(4)在单元格 A10 中输入“净利润”,回车;然后在 B10 中输入“＝B8－B9”,回车;最后鼠标放在单元格 B10 的右下方,按住鼠标左键,一直拖到 I10。

(5)在单元格 A11 中输入“营业现金流量”,回车;然后在 B11 中输入“＝B10＋B7”,回车;最后鼠标放在单元格 B11 的右下方,按住鼠标左键,一直拖到 I11。

至此,甲公司该投资方案的营业现金流量在 Excel 内完成,如图 3-2 所示。

	A	B	C	D	E	F	G	H	I
1	项目 时间	1	2	3	4	5	6	7	8
2	销售收入	800	800	800	800	800	800	800	800
3	付现成本	590	590	590	590	590	590	590	590
4	其中：材料费用	200	200	200	200	200	200	200	200
5	人工费用	350	350	350	350	350	350	350	350
6	制造费用	40	40	40	40	40	40	40	40
7	折旧费用	60	60	60	60	60	60	60	60
8	税前利润	150	150	150	150	150	150	150	150
9	所得税（所得税税率=33%	49.5	49.5	49.5	49.5	49.5	49.5	49.5	49.5
10	净利润	100.5	100.5	100.5	100.5	100.5	100.5	100.5	100.5
11	营业现金流量	160.5	160.5	160.5	160.5	160.5	160.5	160.5	160.5

图 3-2　投资项目营业现金流量计算表

(二)投资项目现金流量估算的实验步骤

步骤 1:按照图 3-3 所示样式在 Excel 中建立甲皮包厂该投资项目的现金流量估算的表格。A 栏按项目名称依次填写好各项目名称,并依据资料,填入相应的数据。

A	B	C	D	E	F	G	H	I	J	K	L
项目 时间	建设期			投产期							
	0	1	2	3	4	5	6	7	8	9	10
初始投资	-450	-50									
垫支流动资金			-100								
营业现金净流量				160.5	160.5	160.5	160.5	160.5	160.5	160.5	160.5
设备残值											20
收回流动资金											100
现金流量合计											

图 3-3　投资项目现金流量估算的数据

步骤 2:计算投资项目现金流量。在单元格 B8 中输入“＝Sum(B3：B7)”,回车;然后鼠标放在单元格 B8 的右下方,按住鼠标左键,一直拖到 I8。

至此,甲公司投资项目现金流量表在 Excel 内完成,如图 3-4 所示。

A	B	C	D	E	F	G	H	I	J	K	L
项目 时间	建设期			投产期							
	0	1	2	3	4	5	6	7	8	9	10
初始投资	-450	-50									
垫支流动资金			-100								
营业现金净流量				160.5	160.5	160.5	160.5	160.5	160.5	160.5	160.5
设备残值											20
收回流动资金											100
现金流量合计	-450	-50	-100	160.5	160.5	160.5	160.5	160.5	160.5	160.5	280.5

图 3-4　投资项目现金流量估算表

五、实验练习

1.请按照资料1的实验资料,参考“四、实验步骤”的内容,在计算机上独立完成相关问题的解答。

2.请按照资料2中给出的条件,根据该厂中层干部的意见,对投资方案的营业现金流量和现金流量进行重新估算。

实验项目2　项目投资决策方法

资本预算方法是项目投资决策中所运用的技术方法,该方法是通过对投资项目的未来现金流量进行估算,确定贴现率,对投资方案进行分析和选择的一种方法。一个投资项目是否可行既要考虑经济效益,也要考虑其他非经济因素,如与企业战略是否相符,技术上是否先进等,最后才能做出决策判断。因此,在正确的资本预算的前提下,选择合适的项目投资决策方法对项目投资的成败十分重要。本实验项目主要展示利用 Excel 提供的函数指标进行投资项目可行性分析和固定资产更新决策的方法。

一、实验问题

1.如何利用 Excel 提供的函数指标计算出投资项目决策的净现值、现值指数、内涵报酬率和动态投资回收期,并运用这些指标进行投资决策分析?

2.如何利用 Excel 公式计算并对固定资产更新进行决策?

二、实验原理

(一)投资项目评价的基本原理

投资项目的收益率超过资本成本时,企业的价值将增加,反之则减少。这一原理涉及资本成本、项目收益与股价的关系,即企业投资取得高于资本成本的收益,就为企业创造了价值;反之,则摧毁了企业价值。因此,投资者要求的收益率即资本成本,是评价项目能否为企业创造价值的标准。项目投资决策方法按是否考虑货币时间价值分为静态评价法和动态评价法两类。

1.静态评价法。静态评价法是指不考虑货币时间价值的评价方法,又称非贴现法。这类方法主要有投资回收期法和平均报酬率法。

(1)投资回收期法。投资回收期法是以投资回收期的长短作为评价指标的决策分析方法。所谓投资回收期,是指投资项目收回全部原始投资所需要的时间,通常以年为单位。

由于投资项目每年预计产生的营业现金净流量可能相等,也可能不相等。因此,计算投资回收期的方法有以下两种。

①如果每年的营业现金净流量相等,则投资回收期可按以下公式计算。

$$投资回收期 = \frac{初始投资总额}{每年现金净流量}$$

②如果每年现金净流量不相等,那么计算投资回收期则根据每年年末尚未收回的投资额来确定。计算公式为:

$$\sum_{t=0}^{PP} NCF_t = 0 \text{ 或}$$

$$静态投资回收期 = T - 1 + \frac{第(T-1)年的累计现金净流量的绝对值}{第\ T\ 年的现金净流量}$$

式中,T 为累计现金净流量开始出现正值的年份。

决策者在判定投资项目是否可行时,事先会设定一个企业可接受的投资回收期,称为基准回收期。当选取的项目是独立项目时,只要投资项目回收期短于基准回收期,则项目可行;反之,则不可行。若选取的项目是互斥项目时,首先应考虑其回收期短于设定的期限,然后选择回收期最短的投资项目。

(2)平均报酬率法。平均报酬率法是以平均报酬率作为评价指标的资本预算决策标准。所谓平均报酬率,是指投资项目寿命周期内年平均净收益与初始投资额的比例。计算公式为:

$$平均报酬率 = \frac{经营期年均净利润总额}{初始投资额}$$

平均报酬率越高,投资项目的投资价值可能就越大。决策者利用这一指标进行决策时,事先会设定一个企业要求达到的报酬率,称为基准平均报酬率。当选取的项目是独立项目时,只要投资项目的平均报酬率大于基准平均报酬率,则投资可行;反之,则不可行。若选取的项目是互斥项目时,首先应考虑其平均报酬率高于设定的报酬率,然后选择平均报酬率最高的投资项目。

2.动态评价法。动态评价法是指考虑了货币时间价值的评价方法,又称贴现法。这类方法主要有净现值法、现值指数法和内含报酬率法等。

(1)净现值法。净现值(net present value, NPV),是指特定方案未来现金流入的现值与未来现值流出现值之间的差额。计算公式为:

$$NPV = \sum_{t=0}^{n} \frac{NCF_t}{(1+i)^t}$$

式中:i 为贴现率,NCF_t 为第 t 年的现金净流量。

对于独立项目,当净现值大于零时,项目是可行的;反之,则项目不可行。当从互斥项目中择优时,首先要满足净现值大于零,在此基础上,选择净现值较高的项目。

(2)现值指数法。现值指数法是以现值指数为评价指标的资本预算决策方法。所谓现值指数(PVI),是指投资项目未来报酬的总现值与初始投资额的现值之比。计算公式为:

$$PVI = \frac{\text{未来报酬的总现值}}{\text{初始投资的现值}}$$

评价独立项目时现值指数大于1,表明未来报酬的总现值超过初始投资的现值,项目可行,此时项目的净现值为正;反之,项目不可行。在评价互斥项目时,同等投资规模下,现值指数越大,净现值越大,项目对企业越有利。但当互斥项目的投资规模不同时,现值指数法与净现值法的评价结论有可能出现矛盾。

(3)内含报酬率法。内含报酬率法是以内含报酬率为评价指标的资本预算决策方法。所谓内含报酬率(IRR),是指使投资项目的净现值等于零时的贴现率。计算公式为:

$$NPV = \sum_{t=0}^{n} \frac{NCF_t}{(1+IRR)^t} = 0$$

式中:IRR 为内部收益率,NCF_t 为第 t 年的现金净流量。

评价独立项目时,只要内含报酬率大于或等于企业的资本成本或必要报酬率时,投资项目是可行的;反之,则项目不可行。

(二)固定资产更新决策的基本原理

固定资产更新决策不同于一般的投资决策。由于没有适当的现金流入,无法计算项目的现值和内含报酬率。通常,在收入相同时,认为成本较低的方案是好方案;但要注意,在比较方案的总成本时,应当比较某一年的成本,即获得一年的生产能力所付出的代价,据以判断方案的优劣。最普通的分析方法是,比较连续使用和更新的年平均成本。以年平均成本低者作为较好的方案。年平均成本的计算公式:

1. 如果不考虑时间价值,计算公式为:

$$\text{年平均成本} = \frac{\text{变现价值} + \text{使用年限} \times \text{年运行成本} - \text{残值}}{\text{使用年限}}$$

2. 如果考虑时间价值,计算公式为:

$$\text{年平均成本} = \frac{\text{变现价值} + \text{年运行成本} \times \text{年金现值系数} - \text{残值} \times \text{复利现值系数}}{\text{年金现值系数}}$$

三、实验资料

资料1　同实验项目1中的资料1和2。

资料2　星海公司拟用新设备取代已使用3年的旧设备。旧设备原价14950元,当前估计尚可使用5年,每年运行成本2150元,预计最终残值1750元,目前变现价值为8500元;购置新设备需花费13750元,预计可使用6年,每年操作成本850元,预计最终残值2500元。该公司预期报酬率12%,所得税税率30%。税法规定该类设备应采用直线法折旧,折旧年限6年,残值为原价的10%。设备更新方案对比情况如表3-1所示。

表3-1　设备更新方案对比情况表

	旧设备(元)	新设备(元)
原价	14950	13750
预计使用年限	8	6
已经使用年限	3	0
最终残值	1750	2500
变现价值	8500	
年运行成本	2150	850

四、实验步骤

(一)投资项目评价的实验步骤

1. 投资回收期的计算。

步骤1:把实验项目1的数据复制过来,如图3-5所示。

A	B	C	D	E	F	G	H	I	J	K	L
项目＼时间	建设期			投产期							
	0	1	2	3	4	5	6	7	8	9	10
初始投资	-450	-50									
垫支流动资金			-100								
营业现金净流量				160.5	160.5	160.5	160.5	160.5	160.5	160.5	160.5
设备残值											20
收回流动资金											100
现金流量合计	-450	-50	-100	160.5	160.5	160.5	160.5	160.5	160.5	160.5	280.5

图3-5　资料1的现金流量信息

步骤2:在方格A9中输入"累计现金流量",单元格C9＝B8＋C8;D9＝C9＋D8;E9＝D9＋E8,…以下类推,得到结果如图3-6所示。

A	B	C	D	E	F	G	H	I	J	K	L
项目＼时间	建设期			投产期							
	0	1	2	3	4	5	6	7	8	9	10
初始投资	-450	-50									
垫支流动资金			-100								
营业现金净流量				160.5	160.5	160.5	160.5	160.5	160.5	160.5	160.5
设备残值											20
收回流动资金											100
现金流量合计	-450	-50	-100	160.5	160.5	160.5	160.5	160.5	160.5	160.5	280.5
累计现金流量		-500	-600	-439.5	-279	-118.5	42	202.5	363	523.5	804

图3-6　计算累计现金流量

从图 3-6 可以看出，累计现金流量出现正值的年份是第 6 年。因此，套用基本原理中的计算公式，该投资项目的投资回收期 $= 6 - 1 + \frac{|-118.5|}{160.5} = 5.74$（年）。

2. 平均报酬率的计算。

平均报酬率＝AVERAGE（营业现金流量！B10：I10）/（－（B3＋C3＋D4）/2）＝33.5％

其中，营业现金流量就是图 3-2 投资项目营业现金流量计算表，分母中数据来自图 3-5。

3. 净现值（NPV）的计算。

净现值的计算借助于 Excel 中的 NPV 函数，结果如下：

NPV＝NPV（12％，B8，C8，D8，E8，F8，G8，H8，I8，J8，K8，L8）＝89.18＞0，项目可行。

4. 现值指数（PI）的计算。

PI＝NPV（12％，E8，F8，G8，H8，I8，J8，K8，L8）/（－NPV（12％，B8，C8，D8））＝1.65＞1，项目可行。

5. 内部（含）报酬率（IRR）的计算。

内部（含）报酬率的计算借助于 Excel 中的 IRR 函数，结果如下：

IRR＝IRR（B8：L8）＝15％

这样的话，该投资项目的决策指标计算完毕。如果碰到不同投资项目时，只需分别计算出各个项目的决策指标，进行对比分析，得到决策结果。

（二）固定资产更新决策的实验步骤

1. 计算新旧设备的折旧、折旧抵税额、残值收益和旧设备变现收益。

（1）旧设备的年折旧额 $= (14950 - 14950 \times 10\%) \div 6 = 2242.50$（元）

（2）旧设备每年折旧抵税额 $= 2242.5 \times 30\% = 672.75$（元）

（3）残值收益 $= 1750 - (1750 - 14950 \times 10\%) \times 30\% = 1673.50$（元）

（4）旧设备变现收益 $=8500-[8500-(14950-2242.5\times3)]\times30\%=8416.75$（元）

（5）新设备的年折旧额 $= (13750 - 13750 \times 10\%) \div 6 = 2062.50$（元）

（6）新设备每年折旧抵税额 $= 2062.50 \times 30\% = 618.75$（元）

（7）残值收益 $= 2500 - (2500 - 13750 \times 10\%) \times 30\% = 2162.50$（元）

2. 旧设备平均成本。

步骤 1：依据资料中有关旧设备的数据建立 Excel 表格，如图 3-7 所示。

步骤 2：在表格 A12 中输入“年税后操作成本现值”，并在表格 B12 中输入“－NPV（12％，C4，D4，E4，F4，G4）”后按回车键，得到结果。

步骤 3：在表格 A13 中输入“年折旧抵税现值”，并在表格 B13 中输入“＝－

	A	B	C	D	E	F	G
1	项目 \ 年份	0	1	2	3	4	5
2	旧设备:						
3	设备原值	14950					
4	每年税后操作成本		1505	1505	1505	1505	1505
5	年折旧额		2242.5	2242.5	2242.5		
6	预计设备残值(原值的10%)						1495
7	设备残值变现收入						1750
8	残值收益						1673.5
9	旧设备变现收入	8500.00					
10	年折旧抵税		672.75	672.75	672.75		
11	折现率(12%)						

图 3-7　有关旧设备数据的 Excel 表

NPV(12%,C10,D10,E10)”后按回车键,得到结果。

步骤 4:在表格 A14 中输入“残值收益的现值”,并在表格 B14 中输入“=PV(12%,5,0,G8,0)”后按回车键,得到结果。

步骤 5:在表格 A15 中输入“旧设备变现收益”,并在表格 B15 中输入“=B9-(B9-(B3-C5 * 3)) * 30%”后按回车键,得到结果。

步骤 6:在表格 A16 中输入“现金流出的总现值”,并在表格 B16 中输入“=Sum(B12:B15)”后按回车键,得到结果。

步骤 7:在表格 A17 中输入“平均年成本”,并在表格 B17 中输入“=B16/PV(12%,5,1)”后按回车键,得到结果,具体计算结果如图 3-8 所示。

	A	B	C	D	E	F	G
1	项目 \ 年份	0	1	2	3	4	5
2	旧设备:						
3	设备原值	14950					
4	每年税后操作成本		1505	1505	1505	1505	1505
5	年折旧额		2242.5	2242.5	2242.5		
6	预计设备残值(原值的10%)						1495
7	设备残值变现收入						1750
8	残值收益						1673.5
9	旧设备变现收入	8500.00					
10	年折旧抵税		672.75	672.75	672.75		
11	折现率(12%)						
12	年税后操作成本现值	5425.19					
13	年折旧抵税现值	(1615.83)					
14	残值收益的现值	(949.59)					
15	旧设备变现收益	8416.75					
16	现金流出的总现值	11276.52					
17	平均年成本	(3128.22)					

图 3-8　使用旧设备的平均年成本计算结果

3. 新设备平均成本的实验步骤。

步骤 1:依据资料中有关新设备的数据建立 Excel 表格,如图 3-9 所示。

步骤 2:在表格 A28 中输入“年税后操作成本现值”,并在表格 B28 中输入“=NPV(12%,C21,D21,E21,F21,G21,H21)”后按回车键,得到结果。

步骤 3:在表格 A29 中输入“年折旧抵税现值”,并在表格 B29 中输入“=-NPV(12%,C26,D26,E26,F26,G26,H26)”后按回车键,得到结果。

19	新设备：							
20	购置成本	13750						
21	年税后操作成本		595	595	595	595	595	595
22	年折旧额		2062.5	2062.5	2062.5	2062.5	2062.5	2062.5
23	预计设备残值							1375
24	设备残值变现收入							2500
25	残值收益							2162.5
26	年折旧抵税额		618.75	618.75	618.75	618.75	618.75	618.75
27	折现率（12%）							

图 3-9　有关新设备数据的 Excel 表

步骤 4：在表格 A30 中输入“残值收益的现值”，并在表格 B30 中输入“＝PV(12%,6,0,H25,0)”后按回车键，得到结果。

步骤 5：在表格 A31 中输入“现金流出的总现值”，并在表格 B31 中输入“＝Sum(B20：B30)”后按回车键，得到结果。

步骤 6：在表格 A32 中输入“平均年成本”，并在表格 B32 中输入“＝B31/PV(12%,6,1)”后按回车键，得到结果。具体计算结果如图 3-10 所示。

19	新设备：							
20	购置成本	13750						
21	年税后操作成本		595	595	595	595	595	595
22	年折旧额		2062.5	2062.5	2062.5	2062.5	2062.5	2062.5
23	预计设备残值							1375
24	设备残值变现收入							2500
25	残值收益							2162.5
26	年折旧抵税额		618.75	618.75	618.75	618.75	618.75	618.75
27	折现率（12%）							
28	年税后操作成本现值	2446.29						
29	年折旧抵税额现值	(2543.93)						
30	残值收益的现值	(1095.59)						
31	现金流出的总现值	12556.76						
32	平均年成本	(3054.13)						

图 3-10　更换设备的平均年成本计算结果

最后，根据图 3-8 和图 3-10 的结果，因为更换设备的平均成本 3054.13 元比继续使用旧设备的平均年成本 3128.22 元小，故应更换新设备。

五、实验练习

1. 请按照资料 1 的实验资料，参考“四、实验步骤”的内容，在计算机上独立完成相关问题的解答。

2. 请按照以下资料，参考实验项目 2 的基本原理和实验步骤，完成相关问题的解答。

(1)某公司准备购入一套设备以扩充生产能力，现有甲、乙两个方案可供选择。甲方案需投资 30000 元，使用寿命为 5 年，采用直线法折旧，5 年后设备无残值，5 年中每年销售收入为 15000 元，每年付现成本为 5000 元。乙方案需投资 36000 元，采用直线法折旧，使用寿命也是 5 年，5 年后有残值收入 6000 元，5 年中每年销售收入为 17000 元，付现成本第 1 年为 6000 元，以后每年增加 300 元，另需垫支营运资本 3000 元。假设所得税税率为 40%，贴现率为 10%。

要求：计算两个方案的回收期、会计收益率、净现值、现值指数和内部收益率，并进行投资方案的选择。

(2)某公司拟采用新设备取代已使用 3 年的旧设备，旧设备原价 14950 元，当前估计尚可使用 5 年，每年操作成本 2150 元，预计最终残值 1750 元。目前变现价值 8500 元，购置新设备需花费 13750 元，预计可使用 6 年，每年操作成本 850 元，预计最终残值 2500 元。该公司预期报酬率 12%，所得税率 30%，税法规定该类设备应采用直线法折旧，折旧年限 6 年，残值为原值的 10%。

要求：进行是否应该更换设备的分析决策。

实验四　证券投资估价与收益分析

金融投资是企业或个人用货币资金购买股票、债券等有价证券或其他金融资产，期望获得投资收益的行为。它是一种以金融市场为依托的投资形式，包括证券投资、基金投资和期权投资。与项目投资相比，金融投资（主要是证券投资）具有独立性强、回收时间较短、投资风险较大等特点。证券是有价证券的简称，它是根据国家有关法律规定由发行人发行，票面上载有一定金额，代表财产所有权或债权，可以依法有偿转让的一种信用凭证；在我国主要指股票、公司债券。实验四主要针对证券投资中的两类——债券投资和股票投资设计不同的单项实验，以解决债券投资和股票投资中的估价和收益分析问题。

实验项目 1　债券估价与收益分析

债券是政府、金融机构、工商企业等机构直接向社会借债筹措资金时，向投资者发行，并且承诺按规定利率支付利息并按约定条件偿还本金的债权债务凭证。债券的本质是债务的证明书，具有法律效力。债券购买者与发行者之间是一种债权债务关系，债券发行人即债务人，投资者（或债券持有人）即债权人。我国的债券面值都是 100 元一张，但是购买价格每个投资者不一定是一样的。我国债券的发行可以分为平价发行（债券的购买价格＝债券的内在价值）、折价发行（债券的购买价格＜债券的内在价值）和溢价发行（债券的购买价格＞债券的内在价值）。本实验项目主要展示如何利用 Excel 软件来测算债券的发行价格和债券的收益计算，从而便于学生掌握债券投资的估价方法和收益率的计算方法。

一、实验问题

1. 如何根据上市公司债券发行条件测算债券的内在价值？
2. 如何根据投资者投资债券的具体情况，分析该债券投资的收益水平？

二、实验原理

（一）债券的估价

债券投资的现金流出是其购买价格，现金流入是利息和本金的归还，或出售时得到的现金。债券的价值或债券的内在价值，是指债券未来现金流入按投资者要求的必要投资收益率进行贴现的现值，即债券各期利息收入的现值加上债券到期偿还本金的现值之和。只有债券的价值大于市场价格才值得购买，才能获取投资收益。因此，债券投资决策就是估算债券内在价值、并在比较内在价值和市场价格的基础上做出的。当内在价值大于市场价格，就进行投资，否则就放弃，相等时则意味着获得等同于市场利率的预期投资收益率。当市场利率变化时，债券的价值也会发生相应的变化。债券估价模型主要有以下几种。

1. 债券估价的一般模型：每年年末付息，到期一次还本的债券估价模型。

$$P_b = \sum_{t=1}^{n} \frac{I_t}{(1+i)^t} + \frac{P_n}{(1+i)^n}$$

式中：P_b 为债券的价值；I_t 为第 t 期的利息支付，等于债券票面价值与票面利率的乘积；i 为贴现率，或投资者要求的必要报酬率；P_n 为到期日的本金支付额，即债券的面值；n 为投资日起至债券到期的剩余期数。

2. 一次性还本付息且单利计息的债券估价模型。

$$P = \frac{F + F \times i \times N}{(1+K)^n}$$

3. 纯贴现债券的估价模型。

$$P = \frac{F}{(1+K)^n}$$

4. 半年付息，到期一次还本的债券估价模型。

$$P = \sum_{t=1}^{2n} \frac{F \times \frac{i}{2}}{(1+\frac{K}{2})^t} + \frac{F}{(1+K)^n}$$

5. 永续债券的估价模型。

$$P = \frac{F \times i}{K}$$

式中：P 为债券的内在价值，i 为债券票面利率，F 为债券面值（本金），K 为贴现率，N 为债券总计息期数，n 为投资起至债券到期的剩余期数。

（二）债券投资的收益

债券投资的收益是投资于债券所获得的全部投资报酬，一般用债券到期收益率表示。其基本计算公式如下：

$$P_0 = \sum_{t=1}^{n} \frac{I_t}{(1+i_b)^t} + \frac{P_n}{(1+i_b)^n}$$

式中：P_0 为债券的当前市场价格，i_b 为债券的到期投资收益率。但不同类型的债券，因计息方式不同，投资时间不同，其投资收益率的计算方法也有所差异。这里以长期债券收益率的计算方法为例。

三、实验资料

(一)债券估价的实验资料

1. 每年年末付息,到期一次还本的债券。

(1)债券名称:2008 年某房地产(集团)股份有限公司公司债券(第一期);(2)发行总额:430000 万元;(3)债券品种:5 年期固定利率债券;(4)票面金额及发行价格:本期债券面值 100 元,按面值平价发行;(5)债券利率或其确定方式:本期债券票面利率询价区间为 6.50%~7.00%,最终票面年利率将根据网下询价簿记结果,由发行人与保荐人(主承销商)按照国家有关规定协商一致,并经监管部门备案后在上述利率询价区间内确定为 7%,在债券存续期内固定不变;(6)还本付息的期限和方式:本期债券采用复利按年计息,不计复利,每年付息一次,到期一次还本,最后一期利息随本金的兑付一起支付;(7)支付金额:本期债券于每年的付息日向投资者支付的利息为投资者截至利息登记日收市时各自所持有的本期债券票面总额与票面年利率的乘积之和,于兑付日向投资者支付的本息为投资者截至兑付登记日收市时各自持有的本期债券到期最后一期利息及等于票面总额的本金;(8)起息日:2008 年 7 月 11 日;(9)利息登记日:2009 年至 2012 年每年 7 月 11 日之前的第一个工作日为上一个计息年度的利息登记日,在利息登记日当日收市后登记在册的本期债券持有人,均有权就所持本期债券获得该利息登记日所在计息年度的利息(最后一个计息年度的利息随本金一起支付);(10)付息日:2009 年至 2013 年每年的 7 月 11 日为上一个计息年度的付息日(如遇法定节假日或休息日,则顺延至其后的第一个工作日);(11)担保人及担保方式:该集团为本期债券的还本付息提供全额无条件不可撤销的连带责任保证担保,担保范围包括本期债券本金及其利息、违约金、损害赔偿金和实现债权的费用;(12)信用级别及资信评级机构:经中诚信证券评估有限公司综合评定,本期债券的信用级别为 AA+,发行人的主体信用等级为 AA;(13)债券受托管理人:中信证券股份有限公司;(14)承销方式:本期债券由保荐人(主承销商)中信证券股份有限公司组织承销团,采取承销团余额包销的方式承销;(15)拟上市地:上海证券交易所。当时市场利率为 10%。根据有关资料,测算该房地产公司 2008 债券的内在价值。

2. 某债券面值 1000 元,票面利率 8%,计算复利,市场利率 14%,期限 3 年,半年计息一次,计算该债券的价格。

3. X 企业拟购买 A 债券,该债券的面值为 100 元,期限为 5 年,票面利率 6%,不计复利,当前的市场利率为 12%,到期一次还本付息。A 债券的发行价格为多少时,X 企业才能购买?

4. B 债券面值为 1500 元,期限为 3 年,以贴现方式发行,到期按面值偿还,市场利率为 8%。企业在其价格为多少时购买才值得投资?

(二)债券收益的实验资料

Z公司于2005年6月1日以1105元价格购买一张面值为1000元、5年期的债券,其票面利率为8%,每年计算并支付一次。该债券的到期收益率是多少?

四、实验步骤

(一)债券估价的实验步骤

步骤1:依据资料1中的四种债券的未来现金流量情况,建立Excel表格,如图4-1所示。

	A	B	C	D	E	F	G	H
1	债券1:(折现率10%)							
2	时间(年)	0	1	2	3	4	5	
3	现金流量		7	7	7	7	107	
4	债券内在价值							
5								
6	债券2:(折现率14%/2)							
7	时间(半年)	0	1	2	3	4	5	6
8	现金流量		40	40	40	40	40	40
9	债券内在价值							
10								
11	债券3:(折现率12%)							
12	时间(年)	0	1	2	3	4	5	
13	现金流量						130	
14	债券内在价值							
15								
16	债券4:(折现率8%)							
17	时间(年)	0	1	2	3			
18	现金流量				1500			
19	债券内在价值							

图4-1 债券价值计算(一)

步骤2:在单元格B4中输入"=PV(10%,5,C3)+PV(10%,5,,G3)",按回车键确认,得到结果。该房地产公司2008债券每张价值为92.97元。

步骤3:在单元格B9中输入"=PV(7%,6,C8)+PV(7%,6,,H8)",按回车键确认,得到结果。该债券每张价值为883.66元。

步骤4:在单元格B14中输入"=PV(12%,5,,G13)",按回车键确认,得到结果。A债券的发行价格为73.77元,X企业才能购买。

步骤5:在单元格B19中输入"=PV(8%,3,,E18)",按回车键确认,得到结果。企业在该债券价格为1190.75元时,才可购买。

计算结果如图4-2所示。

(二)债券收益的实验步骤

步骤1:依据资料2中债券的未来现金流量情况,建立Excel表格,见图4-3。

步骤2:在单元格B4中输入"=IRR(B3:G3)",按回车键确认,得到结果。该债券的到期收益率为5.54%。

	A	B	C	D	E	F	G	H
1	债券1：（折现率10%）							
2	时间（年）	0	1	2	3	4	5	
3	现金流量		7	7	7	7	107	
4	债券内在价值	(92.97)						
5								
6	债券2：（折现率14%/2）							
7	时间（半年）	0	1	2	3	4	5	6
8	现金流量		40	40	40	40	40	1040
9	债券内在价值	(883.66)						
10								
11	债券3：（折现率12%）							
12	时间（年）	0	1	2	3	4	5	
13	现金流量						130	
14	债券内在价值	(73.77)						
15								
16	债券4：（折现率8%）							
17	时间（年）	0	1	2	3			
18	现金流量				1500			
19	债券内在价值	(1190.75)						

图 4-2　债券价值计算(二)

	A	B	C	D	E	F	G
1	债券1：（折现率10%）						
2	时间（年）	0	1	2	3	4	5
3	现金流量	(1105)	80	80	80	80	1080
4	债券的到期收益率	5.54%					

图 4-3　债券收益计算

五、实验练习

1.请按照资料 1 和 2 的实验资料，参考“四、实验步骤”的内容，在计算机上独立完成相关问题的解答。

2.请按照以下给出的资料在计算机上完成相关问题的解答。

某公司 2005 年 1 月 1 日发行新债券，每张面值 100 元，票面利率为 10%，期限为 6 年，单利计息，到期按面值还本。要求：

(1)假定发行时市场利率是 12%，公司到期一次还本付息，那么发行价低于多少时公司可能会取消该债券发行计划?

(2)假定发行时市场利率为 8%，公司每半年支付一次利息，则发行价格高于多少时，投资者不愿意认购?

(3)假定债券每年年末付息一次，2007 年 1 月 1 日该债券的市场价格为 105 元，某投资者期望的投资报酬率是 6%，他是否愿意购买?

实验项目 2　股票估价与收益分析

股票是股份公司发给股东的所有权凭证，是股东获得利益的一种有价证券。

股票的价格主要由预期股利和当时的市场利率决定,即股利的资本化价值决定了股票价格。此外股票价格还受整个经济环境变化和投资者心理等复杂因素的影响。股市上的价格分为开盘价、收盘价、最高价和最低价等,投资人在进行股票估价时主要使用收盘价。股票的价值是指股票期望提供的所有未来现金流量的现值。股票未来现金流量的现值包括两部分,即每期预期股利和出售时得到的价格收入。本实验项目主要展示如何利用 Excel 软件来测算股票的发行价格和股票的收益的计算,从而便于学生掌握股票投资的估价方法和收益率的计算方法。

一、实验问题

1. 如何根据上市公司股票发行条件测算股票的内在价值?

2. 如何根据投资者投资股票的具体情况,分析该股票投资的收益水平?

二、实验原理

(一)股票的估价

股票价值有股票面值、账面价值、股票市场价格和股票内在价值等表现形式。股票内在价值是投资股票期间获得的相关现金流量的现值,是股票的真实价值,也是形成股票市场价格的基础。股票估价模型有四种。

1. 股票估价的基本模型。

$$P_n = \sum_{t=1}^{\infty} \frac{D_t}{(1+i)^t}$$

式中:P_n 为股票的内在价值,D_t 为第 t 年的现金股利,i 为投资者要求的必要报酬率。

2. 固定股利模型。

在未来每年股利稳定不变,投资者持有期间很长的情况下,投资者未来所获得的现金流入是一个永续年金,则股票的估价模型为:

$$P_n = \frac{D}{I}$$

3. 股利固定增长模型。

如果公司当期的股利为 D_0,未来各期的股利以固定的增长率 g 呈几何级数增长。此时,股票的估价模型为:

$$P_n = \sum_{t=1}^{\infty} \frac{D_0(1+g)^t}{(1+i)^t} = \frac{D_0(1+g)}{i-g}$$

4. 股利非固定增长模型。

在现实生活中,有的公司股利并不是固定的,在一段时间里高速成长,在另一段时间里正常固定成长或固定不变。在这种情况下,就要分段计算,才能确定股票的价值。

(二)股票投资的收益

股票的收益率就是股票投资未来现金流量贴现值等于目前购买价格时的贴现率。在前面股票估价的模型中,用股票的购买价格 P_0 代替其内在价值 P_n,运用“逐步测试法”和“内插法”就可以近似地计算股票投资的内部收益率。

三、实验资料

(一)股票估价的实验资料

1. 某投资者持有 A 股票,每年分配每股股利为 2 元,最低报酬率为 10%。试计算股票的价值。

2. D 公司准备投资购买 A 股票,该股票上年每股股利为 3 元,预计以后每年增长率为 5%,该公司要求的报酬率为 12%,当时的股票价格为 30 元。请做出是否投资该股票的决策。

3. E 公司发行股票,预期公司未来 5 年高速增长,年增长率为 20%。在此以后转为正常增长,年增产率为 6%。普通股的最低收益率为 12%,最近支付的股利是 2 元。试计算该公司股票的价值。

(二)股票收益的实验资料

小张于 2005 年 3 月 20 日认购 A 公司发行的新股,每股 4 元。该公司在其后几年中每年 3 月下旬都向股东分配现金股利 0.3 元/股。2010 年 3 月 20 日,因急需资金,小张以每股 10 元的价格将股票全部卖出,而此时公司还未进行股利分配。要求:计算这些年中小张投资 A 股股票的实际投资收益率。

四、实验步骤

(一)股票估价的实验步骤

1. 固定股利股。

步骤 1:建立如图 4-4-1 的 Excel 表格。

	A	B
1	1. 固定股利股	
2	年股利	2
3	必要投资报酬率	10%
4	股票的内在价值	

图 4-4-1　建立固定股利股 Excel 表

	A	B
1	1. 固定股利股	
2	年股利	2
3	必要投资报酬率	10%
4	股票的内在价值	20

图 4-4-2　计算结果(1)

步骤 2：在单元格 B4 中输入"＝B2/B3"，按回车键确认，得到结果如图 4-4-2 所示。

2. 股利固定增长股。

步骤 1：建立如图 4-5-1 的 Excel 表格。

	A	B
1	2. 股利固定增长股	
2		
3	年初股利（元/股）	3
4	投资报酬率	12%
5	股利增长率	5%
6	股票的内在价值	

图4-5-1　建立股利固定增长股 Excel 表

	A	B
1	2. 股利固定增长股	
2		
3	年初股利（元/股）	3
4	投资报酬率	12%
5	股利增长率	5%
6	股票的内在价值	45

图 4-5-2　计算结果(2)

步骤 2：在单元格 B6 中输入"＝B3 * (1＋B5)/(B4－B5)"，按回车键确认，得到结果如图 4-5-2 所示。

3. 分阶段增长股。

步骤 1：建立如图 4-6-1 的 Excel 表格。

	A	B	C	D	E	F	G
1	3. 分阶段增长股						
2							
3	第一阶段：						
4	时间	0	1	2	3	4	5
5	年初股利	2					
6	投资报酬率	12%					
7	股利增长率	20%					
8							
9	第二阶段：						
10	股利的永续增长率	6%					
11	从第几年开始永续增长？	6					
12	第二阶段股票内在价值						
13							
14	股票的内在价值						

图 4-6-1　建立分阶段增长股 Excel 表

步骤 2：在第一阶段需要逐年折现，在单元格 C5、D5、E5、F5 和 G5 中分别输入"＝B5 * (1＋B7)"、"＝C5 * (1＋B7)"、"＝D5 * (1＋B7)"、"＝E5 * (1＋B7)"和"＝F5 * (1＋B7)"，各自按回车键确认得到结果。

步骤 3：第二阶段相当于永续年金的计算。在单元格 B12 中输入"＝(G5 * (1＋B10)/(B6－B10))"，按回车键确认得到结果。

步骤 4：在单元格 B14 中输入"＝PV(B6,1,C5)＋PV(B6,2,D5)＋PV(B6,3,,E5)＋PV(B6,4,F5)＋PV(B6,5,G5)＋PV(B6,B11－1,B12)"，按回车键确认得到结果，详细计算结果如图 4-6-2 所示。

	A	B	C	D	E	F	G
1	3.分阶段增长股						
2							
3	第一阶段：						
4	时间	0	1	2	3	4	5
5	年初股利	2	2.4	2.88	3.456	4.1472	4.97664
6	投资报酬率	12%					
7	股利增长率	20%					
8							
9	第二阶段：						
10	股利的永续增长率	6%					
11	从第几年开始永续增长？	6					
12	第二阶段股票内在价值	87.92					
13							
14	股票的内在价值	(62.25)					

图 4-6-2　计算结果(3)

(二)股票收益的实验步骤

步骤 1：依据股票收益的实验资料中的股票未来现金流量情况，建立 Excel 表格，见图 4-7。

步骤 2：在单元格 B4 中输入"＝IRR(B3：G3)"，按回车键确认，得到结果。该债券的到期收益率为 24.90％。

	A	B	C	D	E	F	G
1	时间（年）	2005	2006	2007	2008	2009	2010
2	折现率						
3	现金流量	(4)	0.3	0.3	0.3	0.3	10
4	股票的实际收益率	24.90%					

图 4-7　计算结果(4)

五、实验练习

1. 请按照资料 1 和 2 的实验资料，参考"四、实验步骤"的内容，在计算机上独立完成相关问题的解答。

2. 请按照以下给出的资料在计算机上完成相关问题的解答。

(1)某公司发行的股票，其年末股利为 3 元/股，预计以后每年增长 6％，报酬率为 10％，计算股票价格。

(2)某股票年初每股股利为 10 元，预计从今年起在 5 年内其股利每年增长 10％，投资报酬率为 12％；而从第 6 年起，该股票的股利预计将以 5％的增长率永续增长下去，计算该股票的价格。

(3)某企业计划将长期不用的资金 500 万元投资股票，预计投资第一年可获得现金股利 70 万元，第二年无现金股利。为配合企业投资计划，第二年末需将部分股票卖出，收回 300 万元的资金。预计第三年有现金收入 50 万元，期末将剩余的股票全部卖出，可再收回 400 万元的资金。问：这一股票投资方案的实际报酬率是多少？

实验五 流动资产投资管理

流动资产是指一年内或超过一年的一个营业周期内变现或运用的资产，其主要项目包括现金、短期金融资产、应收及预付账款、存货等。与固定资产、长期资产相比，流动资产具有种类多、周转速度快、数量变化大、投资频繁等特点。因此各类流动资产投资决策都具有本身的特点和要求。实验五专门针对流动资产中的三类主要资产——现金、应收账款和存货，设计不同的单项实验，以解决流动资产投资决策的主要问题。

实验项目1 现金预算与最佳余额分析

现金是企业流动性最强而盈利性最弱的流动资产。现金持有量过多，会降低企业的收益，而现金持有量过少，又可能导致现金短缺，增加企业经营风险。现金管理的目标就是要在降低风险与增加收益之间寻求一个平衡点，在保证满足生产经营活动所需现金的同时，尽可能节约现金，减少现金持有量。这种目的主要是通过编制现金预算、确定最佳现金余额、完善现金日常管理三个方面来达成的。本实验项目主要展示如何利用 Excel 和泽源公司分析决策系统来编制现金预算和确定最佳现金余额，从而便于学生掌握现金管理的基本方法。

一、实验问题

1. 如何用现金收支法完成现金预算表的编制？如何编制动态的现金预算表？如何测定某些项目变动后对现金预算的影响？

2. 如何测算出每个预算期最佳现金余额？当某些影响因素发生变动时，最佳余额会有怎么样的变化？

二、实验原理

(一)现金预算

现金预算是在对企业现金流量进行合理预测的基础上，对各预算期的期初、期末现金余额、现金收入和支出金额、现金余缺额等主要项目进行测算和列示的一种现金管理计划。

现金预算可按年、月、旬或按日编制，主要采用现金收支法进行编制。现金收支法编制现金预算的步骤主要是：

第一步，预测企业的现金流量。根据销售预算和自身的生产经营情况等因素，测算出预测期的现金流入量。

第二步，预测企业的现金流出量。根据生产经营的目标，预测为实现既定的经营目标所需要购入的资产、支付的费用等所要发生的现金流出量。

第三步，确定现金余缺额。

现金余缺额＝预测期期末现金余额－最佳现金余额

＝预测期期初余额＋(现金收入－现金支出)－最佳现金余额

＝预测期期初余额＋净现金流量－最佳现金余额

(二)最佳现金余额

确定最佳现金余额的方法主要有以下四种。

1.现金周转期模式。现金周转期模式就是从现金周转的角度出发，根据现金的周转速度来确定最佳现金余额。利用这一模式确定最佳现金余额，包括三个步骤：

(1)计算现金周转期。现金周转期是指企业从购买原材料支付现金到销售商品收回现金的时间。

现金周转期＝存货周转期＋应收账款周转期－应付账款周转期

(2)计算现金周转率。现金周转率是指一年中现金的周转次数。

现金周转率＝计算期天数(360)÷现金周转期

(3)计算最佳余额。

最佳现金余额＝年现金需求额÷现金周转率

2.成本分析模式。成本分析模式是根据现金有关成本，分析预测其相关总成本最低时现金余额的一种方法。运用成本分析模式确定最佳现金余额，只考虑因持有一定量的现金而产生的机会成本和短缺成本，前者和现金余额成正比，后者与现金余额成反比。

成本分析模式确定现金最佳余额的具体步骤为：

(1)根据不同现金持有量测算并确定有关成本数值；

(2)按照不同现金持有量及其有关成本资料编制最佳现金余额测算表；

(3)在测算表中找出相关总成本最低的现金余额，即为最佳现金余额。

3.存货模式。存货模式又称鲍姆模式，它是由美国经济学家威廉姆·鲍姆首先提出的，他认为公司现金持有量在许多方面与存货相似，存货经济批量模型可用于确定最佳现金余额，并以此为出发点建立鲍姆模型。

鲍姆模型的着眼点是现金有关成本最低。现金有关成本主要包括持有现金的机会成本和将多余的现金进行短期有价证券投资而形成的转换成本，而不考虑不确定性较大的短缺成本。持有现金的机会成本与现金持有量成正比，转换成本与现金余额成反比，因此两者之和就和现金余额有一个最佳配比，使现金的机会成本和转换成本之和最小的现金余额就是最佳现金余额。

存货模型如下：

$$TC = \frac{Q}{2}K + \frac{T}{Q}F$$

式中：T 为年现金总需求量，F 为每次转换有价证券的固定成本，Q 为最佳现金余额（每次有价证券变现的数量），K 为有价证券年收益率（机会成本），TC 为现金相关总成本。

最佳现金余额的计算公式即为：

$$Q = \sqrt{\frac{2TF}{K}}$$

4. 随机模式。随机模式（米勒—奥尔模式）是在企业现金需求量难以预知的情况下进行现金持有量控制的方法。它根据企业的历史经验和现实需要，测算出现金余额的上限 H 和下限 L，以此作为现金余额控制范围。当实际现金余额超过上下限时，通过投资或出售有价证券来调节现金余额，将现金余额直接调整到目标控制线 R 的水平。其中，下限 L：根据企业每日最低现金需求量的历史情况，结合企业管理人员的风险承受能力等因素进行确定。

目标控制量：$R = \sqrt[3]{\frac{3b\sigma^2}{4i}} + L$

式中：b 为有价证券每次固定转换成本，i 为有价证券的日收益率，σ 为预期每日现金余额变化标准差。

上限：$H = 3R - 2L$

三、实验资料

（一）现金预算的实验资料及问题

例 1　甲公司现金管理实行月度预算管理制度，本预算年度额定每月最佳现金余额为 200 万元。经财务预测，预算年度 1 月与预算期相关的收入和支出项目如表 5-1 所示。

表 5-1　预算期 1 月现金预算中相关的收入和支出　（单位：万元）

项目	金额	项目	金额	项目	金额
营业现金收入		营业现金支出		其他现金支出	
现销和当月应收账款的收回	800	材料采购支出	500	厂房、设备投资支出	200

续　表

项目	金额	项目	金额	项目	金额
以前月份应收账款的收回	450	其中：当月支付的采购材料支出	300	税款支出	30
其他现金收入		本月付款的以前月份采购材料支出	200	归还债务	80
固定资产变价收入	50	工资支出	150	股利支出	50
利息收入	5	管理费用支出	50	证券投资	120
租金收入	70	营业费用支出	40	期初现金余额	150
股利收入	15	财务费用支出	10	最佳现金余额	200

依据以上资料，本实验中待解决的问题有：

问题一：如何编制甲公司的预算年度1月的现金预算表？

问题二：如果甲公司在预算年度内每月收入项目递增5%，支出项目递增3%，从1月起，每月最佳余额维持200万元不变，每月余缺的金额通过投融资进行调剂，将月末余额调整为最佳余额。则如何编制本预算年度内连续各月的现金预算？

问题三：如果甲公司在预算年度内的某些月份中，现金收支项目出现异常波动，如何测算和调整相应的现金预算金额？如预算年度2月内预测到现销收入减少100万元，归还债务增加50万元，最佳余额增加30万元，其余项目按照1月预测数不变。

(二)最佳现金余额测算资料

1.存货模型的实验资料及问题。

例2　B公司现金收支情况比较稳定，现有现金余额为10000元。预计全年(按360天计算)需用现金100000元，现金与有价证券的转换成本为每次200元，有价证券的年收益率为10%。

问题一：根据存货模型计算该公司现金的最佳余额。

问题二：测算当现金总需求量、现金与有价证券的转换成本以及有价证券年收益率变动时对现金最佳余额的影响。

2.随机模式的实验资料及问题。

例3　B公司每月经营业务波动较大，现金需求很难用定额进行控制，因此财务部门采用随机模式预测现金最佳余额。预测期相关资料如下：该公司有价证券的年利率为5%，每次有价证券转换成本为100元。历史资料显示，现金余额波动的方差为640000元^2。根据管理层会议讨论确定可接受的最低现金持有量应为10000元。

问题一：根据随机模型测算该公司的现金目标控制线和现金控制上限？

问题二：测算有价证券年利率、固定转换成本和现金余额波动的变化对现金目标控制线的影响。

四、实验步骤

（一）现金预算的实验步骤

1. 解决问题一：现金预算表的编制。

步骤 1：按照图 5-1 所示样式在 Excel 中建立甲公司预算年度 1 月的现金预算表。A 栏填写序号，B 栏按现金收支项目名称依次填写好各项目名称。

步骤 2：根据表 5-1 给列示的预算期现金收支项目的金额，依次填入 C 栏中序号为 3、4、7、8、9、10、15、16、17、18、19、20、21、24、25、26、27、28 所对应的本月预算数金额以及序号为 34 和 37 对应的“期初现金余额”和“最佳现金余额”的金额。

步骤 3：在单元格 C6 中输入“＝C4＋C5”，回车。

步骤 4：在单元格 C12 中输入“＝Sum(C8：C11)”，回车。

步骤 5：在单元格 C13 中输入“＝C6＋C12”，回车。

步骤 6：在单元格 C16 中输入“＝C17＋C18”，回车。

步骤 7：在单元格 C23 中输入“＝C16＋Sum(C19：C22)”，回车。

步骤 8：在单元格 C30 中输入“＝Sum(C25：C29)”，回车。

步骤 9：在单元格 C31 中输入“＝C23＋C30”，回车。

步骤 10：在单元格 C33 中输入“＝C13－C31”，回车。

步骤 11：在单元格 C36 中输入“＝C33”，回车。

步骤 12：在单元格 C37 中输入“＝C35＋C36”，回车。

步骤 13：在单元格 C39 中输入“＝C37－C38”，回车。

至此，甲公司预算年度 1 月现金预算表在 Excel 内完成，如图 5-1 所示。

2. 解决问题二：滚动编制现金预算表。

步骤 1：在 1 月现金预算表的基础上增加 D 栏为 2 月现金预算数。将 1 月预算表 C 栏的格式复制到 2 月预算对应的 D 栏内。

步骤 2：在单元格 D4 中键入“＝C4＊(1＋5％)”，回车。

步骤 3：选择单元格 D4，将光标停在 D4 右下角，待光标变成黑十字时，按住鼠标左键，向下拖拽至单元格 D13，放开鼠标左键。可见单元格 D4 至 D13 的数据变成图 5-2 所示的金额。

步骤 4：选择单元格 D16，键入“＝C16＊(1＋3％)”，回车。

步骤 5：选择单元格 D16，将光标停在 D16 右下角，待光标变成黑十字时，按住鼠标左键，向下拖拽至单元格 D31，放开鼠标左键。可见单元格 D16 至 D31 的数据变成图 5-2 所示的金额。

步骤 6：在单元格 D33 中输入"＝D13－D31"，回车。

步骤 7：将单元格 D35 中期初现金余额改为 200。

A	B	C
序号	现金收支项目	1月
1	现金收入	
2	营业现金收入	
3	现销和当月应收账款的收回	800
4	以前月份应收账款的收回	450
5	营业现金收入合计	1250
6	其他现金收入	
7	固定资产变价收入	50
8	利息收入	5
9	租金收入	70
10	股利收入	15
11	其他现金收入合计	140
12	现金收入合计	1390
13	现金支出	
14	营业现金支出	
15	材料采购支出	500
16	当月支付的采购材料支出	300
17	本月付款的以前月份采购材料支出	200
18	工资支出	150
19	管理费用支出	50
20	营业费用支出	40
21	财务费用支出	10
22	营业现金支出合计	750
23	其他现金支出	
24	厂房、设备投资支出	200
25	税款支出	30
26	归还债务	80
27	股利支出	50
28	证券投资	120
29	其他现金支出合计	480
30	现金支出合计	1230
31	净现金流量	
32	现金收入减现金支出	160
33	现金余缺	
34	期初现金余额	150
35	净现金流量	160
36	期末现金余额	310
37	最佳现金余额	200
38	现金多余或短缺	110

图 5-1　1 月的现金预算表

A	B	C	D
序号	现金收支项目	1月	2月
1	现金收入		
2	营业现金收入		
3	现销和当月应收账款的收回	800	840
4	以前月份应收账款的收回	450	472.5
5	营业现金收入合计	1250	1312.5
6	其他现金收入		
7	固定资产变价收入	50	52.5
8	利息收入	5	5.25
9	租金收入	70	73.5
10	股利收入	15	15.75
11	其他现金收入合计	140	147
12	现金收入合计	1390	1459.5
13	现金支出		
14	营业现金支出		
15	材料采购支出	500	515
16	当月支付的采购材料支出	300	309
17	本月付款的以前月份采购材料支出	200	206
18	工资支出	150	154.5
19	管理费用支出	50	51.5
20	营业费用支出	40	41.2
21	财务费用支出	10	10.3
22	营业现金支出合计	750	772.5
23	其他现金支出		
24	厂房、设备投资支出	200	206
25	税款支出	30	30.9
26	归还债务	80	82.4
27	股利支出	50	51.5
28	证券投资	120	123.6
29	其他现金支出合计	480	494.4
30	现金支出合计	1230	1266.9
31	净现金流量		
32	现金收入减现金支出	160	192.6
33	现金余缺		
34	期初现金余额	150	200
35	净现金流量	160	192.6
36	期末现金余额	310	392.6
37	最佳现金余额	200	200
38	现金多余或短缺	110	192.6

图 5-2　1～2 月的现金预算表

步骤 8：在单元格 D36 中输入"＝D33"，回车。

步骤 9：在单元格 D37 中输入"＝D35＋D36"，回车。

步骤 10：在单元格 D39 中输入"＝D37－D38"，回车。

步骤 11：删除单元格 D7、D24 内的"0"，整理表格边框，得到如图 5-2 所示的滚动编制的 1～2 月现金预算表。

至此，在收入支出变化的情况下，完成滚动编制的 2 月份现金预算表。如果收支变化不变，还可按照以上步骤编制 2 月之后各月的现金预算。

A	B	C	D
序号	现金收支项目	1月	2月
3	现销和当月应收账款的收回	800	700
5	营业现金收入合计	1250	1150
12	现金收入合计	1390	1290
26	归还债务	80	130
29	其他现金支出合计	480	530
30	现金支出合计	1230	1280
32	现金收入减现金支出	160	10
33	现金余缺		
34	期初现金余额	150	150
35	净现金流量	160	10
36	期末现金余额	310	160
37	最佳现金余额	200	230
38	现金多余或短缺	110	-70

图 5-3　部分项目改变后的现金预算

3. 解决问题三:部分项目变动对现金预算的影响。

步骤 1:在 1 月现金预算表的基础上增加 D 栏为 2 月现金预算数。将 1 月预算表 C 栏的数据复制到 2 月预算对应的 D 栏内。

步骤 2:在单元格 D4 中输入"＝C4－100",回车。

步骤 3:在单元格 D27 中输入"＝C27＋50",回车。

步骤 4:在单元格 D33 中输入"＝D13－D31",回车。

步骤 5:在单元格 D36 中输入"＝D33",回车。

步骤 6:在单元格 D37 中输入"＝D35＋D36",回车。

步骤 7:在单元格 D38 中输入"＝C38＋30",回车。

步骤 8:在单元格 D39 中输入"＝D37－D38",回车。

至此,部分项目预算改变后得到的 2 月份预算表完成。图 5-3 显示了相比 1 月现金预算改变的项目及其金额。可见,在收入下降、支出和最佳余额增加的条件下,现金余缺额出现了"－70"万元的短缺,这就需要进行在 2 月安排短期融资了。

(二)存货模式预测最佳现金余额的实验步骤

1. 解决问题一:存货模式预测最佳现金余额。

步骤 1:打开泽源公司分析决策系统,左侧"客户类型"选"自身分析公司",点击左匹配,在"名称"中选择"B 公司",报表日期区间选择系统自定义日期。在菜单栏内点击"经营分析预测",待其展开后点击"现金管理与分析",点击"鲍姆模型"标签,出现如图 5-4 的界面。

步骤 2:根据例 2 给出的信息,分别在"鲍姆模型"栏内的"现金余额""每次现金交易固定成本""持有现金机会成本""经营活动所需现金总额"的"原始值"框内输

图 5-4　鲍姆模型

入 10000、200、10％、100000 等数据。

步骤 3：点击“原始值计算”按钮，得到如图 5-5 所示的结果。

现金管理

分析客户名称：B 公司　Cho　报表日期区间：2012-10-28 — 2012-10-28

现金运行情况　鲍莫模型　米勒—奥模型

	原始值	预测值	变动百分比	动态模拟器
现金余额(C)：	10000			
每次现金交易固定成本(F)	200			
持有现金机会成本(K)：	10%			
经营活动所需现金总额(T)	100000			

现金持有成本(C*K/2)：	6,000.00
现金交易成本((T*F)/C)：	2,000.00
现金总成本：	8,000.00
最优现金余额：	20,000.00

原始值计算

图 5-5　鲍姆模型预测最佳现金余额

从计算结果可以看到，在例 2 给出的条件下，最佳现金余额为 20000 元。而现金持有成本 6000 元，现金交易成本 2000 元和现金总成本 8000 元，则是在目前的现金余额 10000 元下的相关成本。

2. 解决问题二：各参数变化时对相关成本和最佳现金余额的影响。

通过光标拖拽“动态模拟器”滑块，可实现对各因素预测值的连续改变，从而可观察最佳现金余额等指标的变动，如图 5-6 所示。

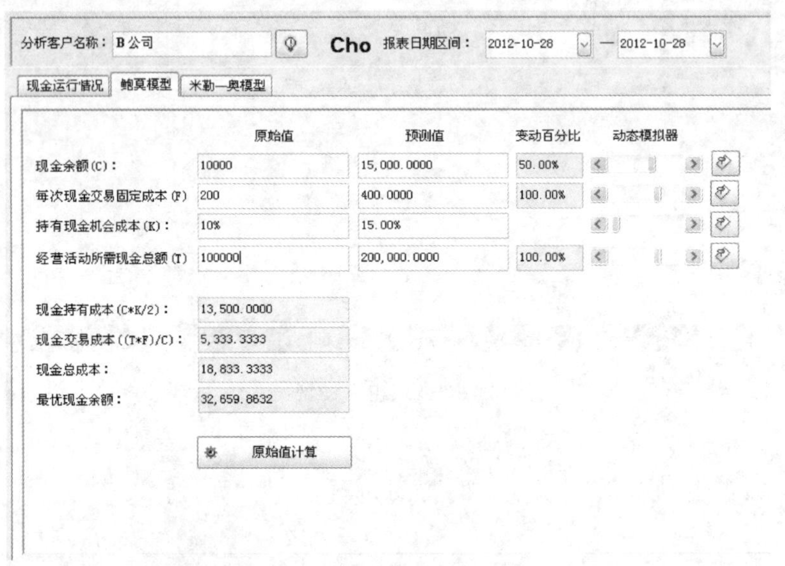

图 5-6　各因素变动对最佳现金余额的影响

(三)随机模式预测最佳现金余额的实验步骤

1. 解决问题一：随机模式预测最佳现金余额。

步骤 1：打开泽源公司分析决策系统，左侧“客户类型”选“自身分析公司”，点击左匹配，在“名称”中选择“B 公司”，报表日期区间选择系统自定义日期。在菜单栏内点击“经营分析预测”，待其展开后点击“现金管理与分析”。

步骤 2：点击“米勒—奥模型”标签，出现如图 5-7 的界面。根据例 3 随机模型实验资料给出的信息，在“现金金额下限”“固定交易成本”“每日机会成本”“每天现金流量方差”中分别填入 10000、100、0.01389%(5%÷360=0.01389%)和 640000。

步骤 3：点击“原始值计算”按钮，可得问题一的答案：现金余额目标控制量为 17017.46 元，现金余额上限为 31052.37 元，如图 5-7 所示。

2. 解决问题二：各因素变化对现金目标控制线的影响。

通过光标拖拽“动态模拟器”滑块，可实现对各因素预测值的连续改变，从而可观察现金余额目标控制线的变动，如图 5-8 所示。

步骤 1：光标拖拽“现金金额下限”的动态模拟器至变动百分比为－50%，则可得到目标控制量为 12017.46 元。

每天现金流量标准差：				
	原始值	预测值	变动百分比	动态模拟器
现金金额下限(L)：	10000	10000		
固定交易成本(F)：	100	100		
每天机会成本(K)：	0.01389%	0.01389%		
每天现金流量方差(S)：	640000	640000		
目标现金余额(Z)：	17,017.4554			
现金金额上限(H)：	31,052.3663			

原始值计算

图 5-7　随机模型预测现金最佳余额

步骤 2：清零。光标拖拽"固定交易成本"的动态模拟器至变动百分比为 20%，则可得到目标控制量为 17457.16 元。

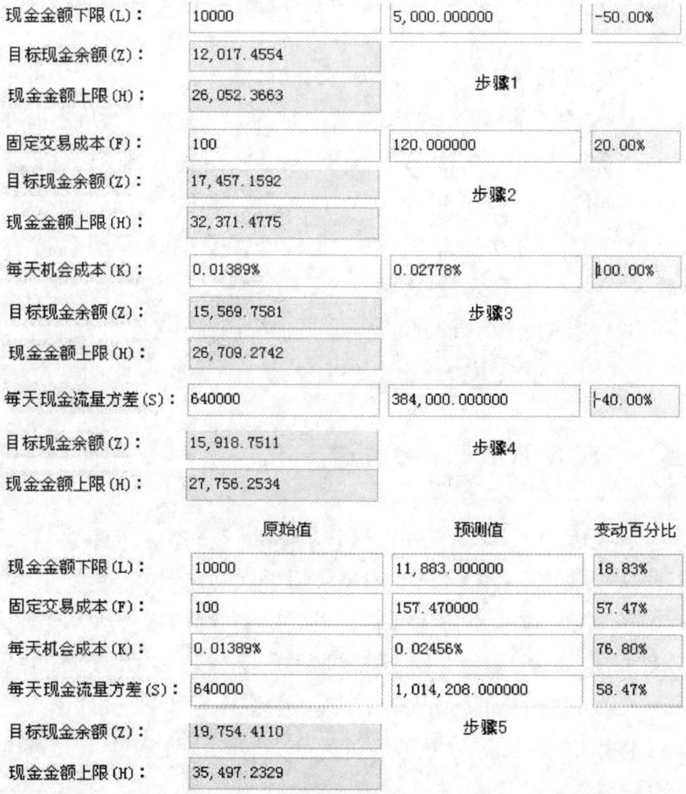

	原始值	预测值	变动百分比
现金金额下限(L)：	10000	5,000.000000	-50.00%
目标现金余额(Z)：	12,017.4554	步骤1	
现金金额上限(H)：	26,052.3663		
固定交易成本(F)：	100	120.000000	20.00%
目标现金余额(Z)：	17,457.1592	步骤2	
现金金额上限(H)：	32,371.4775		
每天机会成本(K)：	0.01389%	0.02778%	100.00%
目标现金余额(Z)：	15,569.7581	步骤3	
现金金额上限(H)：	26,709.2742		
每天现金流量方差(S)：	640000	384,000.000000	-40.00%
目标现金余额(Z)：	15,918.7511	步骤4	
现金金额上限(H)：	27,756.2534		

	原始值	预测值	变动百分比
现金金额下限(L)：	10000	11,883.000000	18.83%
固定交易成本(F)：	100	157.470000	57.47%
每天机会成本(K)：	0.01389%	0.02456%	76.80%
每天现金流量方差(S)：	640000	1,014,208.000000	58.47%
目标现金余额(Z)：	19,754.4110	步骤5	
现金金额上限(H)：	35,497.2329		

图 5-8　各因素依次变化对目标控制量和现金余额上限的影响

步骤 3:清零。光标拖拽"每天机会成本"的动态模拟器至变动百分比为 100%,则可得到目标控制量为 15569.76 元。

步骤 4:清零。光标拖拽"每天现金流量方差"的动态模拟器至变动百分比为 −40%,则可得到目标控制量为 15918.75 元。

步骤 5:清零。光标拖拽各因素的动态模拟器至任意百分比(如图 5-8 中的步骤 5 所示),得目标控制量为 19754.41 元。

五、实验练习

1. 请按照例 1、例 2 和例 3 的实验资料,参考"四、实验步骤"的内容,在计算机上独立完成相关问题的解答。

2. 请按照例 1 中问题二给出的条件,完成甲公司 3~6 月份的滚动现金预算表。总结现金预算编制的规律。

3. 如果例 1 给出的其他条件不变,2 月营业现金收入增长 20%,营业现金支出增加 10%,股利支出增加 30 万元,2 月份期初期末余额都保持最佳余额 200 万元。请通过编制现金预算,总结 2 月现金预算和 1 月现金预算的差异,并对现金余缺额给出调整建议。

4. 已知甲公司目前持有现金余额为 100000 元,每年需要支付的现金总额为 2000000 元,现金与国债投资每次转换的固定成本为 1600 元,现行国债的年利率大约为 4%。请通过泽源公司分析决策系统确定甲公司最佳现金余额。

5. 已知乙公司有价证券的年利率为 12%,每次有价证券转换成本为 250 元。历史资料显示现金余额波动的方差为 810000 元^2,可接受的最低现金持有量应为 30000 元。请通过泽源公司分析决策系统确定乙公司现金目标控制量和现金余额上限。

6. 根据练习 5 给出的乙公司的情况,请调整 4 个影响现金目标控制量因素的变动百分比,观察目标控制量变化的规律,给出乙公司现金管理的建议。

实验项目 2　应收账款政策分析

应收账款是企业因对外赊销产品、材料、提供劳务等而应向购货或接受劳务的单位收取的款项。应收账款本身是企业赊销政策的产物。企业采取赊销政策,一方面可以扩大销售,增加收入和利润,同时加快存货周转;另一方面又因为占用了资金,增加了收账的成本和风险。财务管理就是要权衡这两方面的利弊,制定和执行合理的信用政策,加强对应收账款的控制,实施对应收账款的管理。本实验主要进行信用政策制定和应收账款分析两方面的实验,帮助学生系统掌握应收账款管理的信息化处理方法。

一、实验问题

当企业面临新的需求和竞争条件时，如何对新的信用政策，诸如信用标准、信用条件、收账政策进行决策，制定出对企业最有利的信用政策？

二、实验原理

(一)信用政策分析

信用政策又称应收账款政策，是指企业为对应收账款进行规划与控制而确立的基本原则和行为规范，它包括信用标准、信用条件和收账政策三部分内容。

信用标准是客户获得企业商业信用所应具备的最低条件，通常以预期的坏账损失率表示。信用条件是企业要求客户支付赊销款项的条件，包括信用期限、折扣期限和现金折扣率等。收账政策是指企业信用条件被违反时，拖欠甚至拒付账款时所采取的收账策略与措施。改变信用政策的这些内容，将会改变企业的销售收入和相关成本。因此，信用政策的制定要详细分析因信用政策变动而引起的相关收入和成本的变动，综合考虑总收益的变化进行决策。

根据应收账款产生的过程，分析其相关的收益和成本项目主要有：

1.销售产品的边际贡献变动。

采取赊销经营的企业改变信用政策时，会导致销售量或销售收入的变动，从而引起销售产品的边际贡献的改变。

边际贡献变动＝销售量的变动×(单位产品售价－单位产品变动成本)

＝销售额的变动×边际贡献率

＝销售额的变动×(1－变动成本率)

2.应收账款的成本。

(1)机会成本。应收账款的机会成本是指引资金投放在应收账款上而丧失的其他收入。其计算公式为：

应收账款的机会成本＝应收账款占用资金×资金成本

＝应收账款平均余额×变动成本率×资金成本

＝日销售额×平均收账期×变动成本率×资金成本

日销售额＝预算年度销售额÷360天

平均收账期＝∑各类应收账款的收账期×各类应收账款占总应收账款的百分比

资金成本：一般取有价证券的利息率或者企业最低投资报酬率

(2)管理成本。应收账款的管理成本是指企业对应收账款进行日常管理而发生的成本。管理成本主要包括对客户信用调查的费用、应收账款账簿记录的费用、催收拖欠账款发生的费用等。

(3)坏账成本。坏账成本是指因应收账款无法收回而产生的坏账损失。其计算公式为:

应收账款的坏账成本＝预计销售收入×坏账损失率

此外,调整信用条件中的现金折扣条件,会导致现金折扣变动,进而影响总收益,因此应收账款决策时也必须考虑。

(二)应收账款账龄监控

1.应收账款账龄分析。应收账款账龄分析就是对应收账款的账龄结构进行分析。应收账款的账龄结构是指企业在某一时点,将所发生在外的各笔应收账款按照开票日期进行归类,并计算出各账龄应收账款余额占总计余额的比重。

一般而言,账龄越长的应收账款发生坏账的可能性越大,收账时产生的收账费用越高,占用资金量大的应收账款机会成本越大。因此,综合分析应收账款的总体账龄结构有助于分析企业应收账款的质量,账龄越长,应收账款的质量越差,管理应当加强;分析各类应收账款的账龄有助于企业调整各类产品的销售政策,采取合理的信用政策,增加收益,降低成本和风险;分析各主要客户的应收账款账龄,可对客户的信用情况进行详细分析,便于有针对性地采取不同的信用政策,加强各个客户的应收账款的催收管理等。

2.应收账款敏感分析。应收账款的敏感分析是通过调整企业预测期销售收入、销售利润率、资金成本率、应收账款余额等指标,测算对企业利润总额的影响。通过泽源公司分析决策系统,可以直接观察企业实际资料和预测数据,从而推测应收账款对企业利润的影响。

三、实验资料

(一)信用政策分析资料及问题

例1　B企业目前采取的信用政策如下:企业接受预期坏账损失率在10%以下的客户进行赊销,对于这些客户给予“2/10,n/30”的信用条件。在此信用政策下,公司上年度完成赊销收入5000万元,平均坏账损失率为8%,平均收账期为45天,发生现金折扣40万元,发生收账费用50万元。企业对暂时闲置的资金进行短期证券投资,平均投资收益率为9%。企业生产能力有剩余,产品的变动成本率为70%。

问题一:B企业计划修改信用政策,以扩大销售,增加收益。拟将信用标准放宽到“可接受预期坏账损失率在15%以下的客户”,赊销仍采用原来的信用条件。预计销售收入将增加50%,预计有30%的客户在折扣期付款,平均收账期将延长到50天,平均坏账损失率估计将达到13%,预计收账费用也将提高到85万元。其他条件不变的情况下,问B企业采取的新信用标准是否可行?

问题二：B企业为增加销售，计划对符合赊销条件的客户改变信用条件，采取“1/20，n/60”的新政策。预计销售收入会增加30%，平均坏账损失率预计为10%，预计收账费用为40万元，估计约有40%的客户会选择在折扣期付款，剩余客户的平均收账期约为80天。其他条件不变的情况下，问B企业是否会采取这种新的信用政策？

问题三：如果面对问题一和问题二提出的新信用政策，B企业该如何决策？

(二)应收账款账龄分析资料及问题

例2 B企业目前有A、B、C、D、E五个客户，他们的应收账款情况如表5-2所示。

表5-2 应收账款账龄表

账龄	票据数量	总金额	比例(%)	A客户	B客户	C客户	D客户	E客户
信用期内	30	2340000	43.43	765000	546000	424000	325000	280000
超过信用期1～30天	21	1487000	27.60	555000	334000	346000	127000	125000
超过信用期30～90天	14	610000	11.32	245000	123000	98000	85000	59000
超过信用期90～180天	11	419000	7.78	120000	96000	80000	70000	53000
超过信用期180～360天	7	378000	7.02	99000	86000	75000	60000	58000
超过信用期一年以上	3	154000	2.86	50000	40000	30000	20000	14000
应收账款余额	86	5388000	100.00	1834000	1225000	1053000	687000	589000

请使用泽源公司分析决策系统解决以下问题。

问题一：分析该企业应收账款的账龄结构。

问题二：评估该企业应收账款的风险。

四、实验步骤

(一)信用政策分析的实验步骤

1. 解决问题一：改变信用标准的决策。

表 5-3 信用政策分析条件

项目	现行政策	新政策一	新政策二
销售收入增长率(%)		50	30
变动成本率(%)	70	70	70
有价证券投资收益率(%)	9	9	9
平均收账期(单位:天)	45	50	
预计的坏账损失率(%)	8	13	10
收账费用(万元)	50	85	40
取得现金折扣的客户比例(%)		30	40
现金折扣率(%)	2	2	1

表 5-4 改变信用标准的决策表 (单位:万元)

项目	现行政策	新政策一	新政策二
边际贡献变动:			
销售收入	5000.00	7500.00	6500.00
边际贡献	1500.00	2250.00	1950.00
边际贡献的增加		750.00	450.00
应收账款成本:			
机会成本	39.38	65.63	63.70
坏账损失	400.00	975.00	650.00
收账费用	50.00	85.00	40.00
现金折扣	40.00	45.00	26.00
应收账款成本小计	529.38	1170.63	779.70
应收账款成本增加		641.25	250.33
政策变动对收益的影响		108.75	199.67

步骤 1:按照表 5-3 所示样式在 Excel 工作表的 A1:D9 区域内建立信用政策分析条件表。根据实验资料(一)例 1 中给出的各项已知条件,填入有关数据。结果如表 5-3 所示。

步骤 2:在同一工作表的 A11:A23 区域内,按表 5-4 的样式,输入项目名称。

在单元格 C11 中输入“新政策一”。

步骤 3:根据例 1 的已知条件,在单元格 B13 中输入“5000”,回车。

步骤 4:在单元格 C13 中输入“=B13 * (1+C2)”,回车。

步骤 5:在单元格 B14 中输入“=B13 * (1-B3)”,回车。

步骤 6:在单元格 C14 中输入“=C13 * (1-C3)”,回车。

步骤 7:在单元格 C15 中输入“=C14-B14”,回车。

步骤 8:在单元格 B17 中输入“=B13/360 * B5 * B3 * B4”,回车。

步骤 9:在单元格 C17 中输入“=C13/360 * C5 * C3 * C4”,回车。

步骤 10:在单元格 B18 中输入“=B13 * B6”,回车。

步骤 11:在单元格 C18 中输入“=C13 * C6”,回车。

步骤 12:在单元格 B19 中输入“=B7”,回车。

步骤 13:在单元格 C19 中输入“=C7”,回车。

步骤 14:根据例 1 给出的条件在单元格 B20 中输入“40”,回车。

步骤 15:在单元格 C20 中输入“=C13 * C8 * C9”,回车。

步骤 16:在单元格 B21 中输入“=B17+B18+B19+B20”,回车。

步骤 17:在单元格 C21 中输入“=C17+C18+C19+C20”,回车。

步骤 18:在单元格 C22 中输入“=C21-B21”,回车。

步骤 19:在单元格 C23 中输入“=C15-C22”,回车。

步骤 20:选择单元格区域 B13∶C23,单击鼠标右键,在菜单中选择“设置单元格格式”,跳出“单元格格式”小窗口。在该窗口中,单击“数字”标签下的分类选项“数值”,“小数位数”选择“2”位,然后点击“确定”按钮。

经上述步骤,改变信用标准的决策过程已经计算完毕,结果如表 5-4 列 1～列 3 所示。从表 5-4 中,我们可以看到执行例 1 问题一给出的新信用标准后,边际贡献将比现行信用政策增加 750 万元,但同时应收账款成本也将增加 641.25 万元。因此执行新信用标准将使企业总收益增加 108.75 万元。由此,可得出问题一的结论,B 企业应当改变信用标准。

2.解决问题二:改变信用条件的决策。改变信用条件的决策可以在上述 Excel 工作表中继续进行。

步骤 1:在单元格 D11 中输入“新政策二”,回车。

步骤 2:在单元格 D13 中输入“=B13 * (1+D2)”,回车。

步骤 3:在单元格 D14 中输入“=D13 * (1-D3)”,回车。

步骤 4:在单元格 D15 中输入“=D14-B14”,回车。

步骤 5:根据资料(一)问题二给出的条件,需要先计算执行改变信用条件后企业的平均收账期。因此在单元格 D5 中输入“=20 * 40%+80 * (1-40%)”,回车。

得到执行新的信用条件后,预计的平均收账期为 56 天。

步骤 6:在单元格 D17 中输入"=D13/360 * D5 * D3 * D4",回车。

步骤 7:在单元格 D18 中输入"=D13 * D6",回车。

步骤 8:在单元格 D19 中输入"=D7",回车。

步骤 9:在单元格 D20 中输入"=D13 * D8 * D9",回车。

步骤 10:在单元格 D21 中输入"=D17+D18+D19+D20",回车。

步骤 11:在单元格 D22 中输入"=D21-B21",回车。

步骤 12:在单元格 D23 中输入"=D15-D22",回车。

步骤 13:选择单元格区域 D13:D23,单击鼠标右键,在菜单中选择"设置单元格格式",跳出"单元格格式"小窗口。在该窗口中,单击"数字"标签下的分类选项"数值","小数位数"选择"2"位,然后点击"确定"按钮。

经上述步骤,改变信用条件的决策过程已经计算完毕,结果如表 5-4 列 4 所示。从表 5-4 中,我们可以看到执行例 1 问题二给出的新信用条件后,边际贡献将比现行信用政策增加 450.00 万元,但同时应收账款成本也将增加 250.33 万元,因此执行新信用标准将使企业总收益增加 199.67 万元。由此,可得出问题二的结论,B 企业应当改变信用条件,采取"1/20,n/60"的信用条件。

3. 解决问题三:两种新信用政策的比较。

我们可以从上述已经建立的新信用政策决策表 5-4 得到比较的结论。由于执行新政策一比现行政策增加总收益 108.75 万元,而执行新政策二比现行政策增加总收益 199.67 万元。后者大于前者,因此执行新政策二对企业更有利。

(二)应收账款账龄分析

1. 解决问题一:应收账款账龄的结构分析。

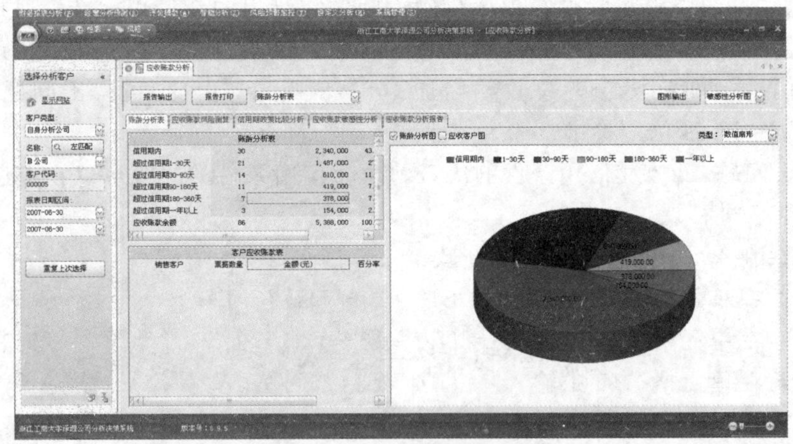

图 5-9 应收账款账龄分析

步骤 1：打开泽源公司分析决策系统，左侧“客户类型”选“自身分析公司”，点击左匹配，在“名称”中选择“B 公司”，报表日期区间选择系统自定义日期。在菜单栏内点击“经营分析预测”，待其展开后点击“应收账款分析”，可得到如图 5-9 所示界面。

步骤 2：将例 2 表 5-2 中的部分数据，即“票据数量”“总金额”“比例”三列数据复制到泽源公司分析决策系统：“账龄分析表”的数据区。

步骤 3：在账龄分析图的选择框内打钩，在“类型”上可做图形选择。例如，选择“数值扇形”，则出现如图 5-9 右下的图形。变换“类型”选项，还可获得“比例扇形”“数值环形”“比例环形”的图形。

这一应收账款按账龄分类的扇形图，可以清楚地表示出企业不同账龄阶段的应收账款的金额和大致的比例。

2. 解决问题二：应收账款风险分析。

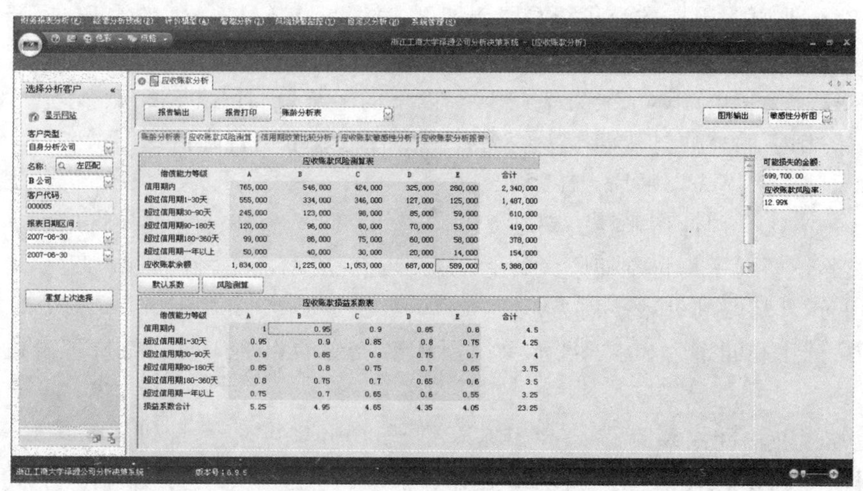

应收账款风险测算表

偿债能力等级	A	B	C	D	E	合计
信用期内	765,000	546,000	424,000	325,000	280,000	2,340,000
超过信用期1-30天	555,000	334,000	346,000	127,000	125,000	1,487,000
超过信用期30-90天	245,000	123,000	98,000	85,000	59,000	610,000
超过信用期90-180天	120,000	96,000	80,000	70,000	53,000	419,000
超过信用期180-360天	99,000	86,000	75,000	60,000	58,000	378,000
超过信用期一年以上	50,000	40,000	30,000	20,000	14,000	154,000
应收账款余额	1,834,000	1,225,000	1,053,000	687,000	589,000	5,388,000

应收账款损益系数表

偿债能力等级	A	B	C	D	E	合计
信用期内	1	0.95	0.9	0.85	0.8	4.5
超过信用期1-30天	0.95	0.9	0.85	0.8	0.75	4.25
超过信用期30-90天	0.9	0.85	0.8	0.75	0.7	4
超过信用期90-180天	0.85	0.8	0.75	0.7	0.65	3.75
超过信用期180-360天	0.8	0.75	0.7	0.65	0.6	3.5
超过信用期一年以上	0.75	0.7	0.65	0.6	0.55	3.25
损益系数合计	5.25	4.95	4.65	4.35	4.05	23.25

图 5-10　应收账款风险分析

步骤 1：接着上述步骤继续，点击标签“应收账款风险测算”标签，则获得如图 5-10所示界面。

步骤 2：将表 5-2 中 A～E 类客户的应收账款按账龄归类数据复制到对应的数据区内。

步骤 3：点击“默认系数”，则系统显示出应收账款损益系数表。该表的数据显示各类客户对应账龄的应收账款的安全系数。1 表示该类应收账款估计 100％能够收回，0.95 表示该类应收账款估计 95％能够收回。这些安全系数还可根据企业实际情况予以手工调整。

步骤 4:点击“风险测算”,则可得到“可能发生的损失”为 699700 元,“应收账款风险率”为 12.99%,如图 5-10 右侧所示。

五、实验练习

1.请按照例 1 和例 3 的实验资料,参考“四、实验步骤”的内容,在计算机上独立完成相关问题的解答。

2.某公司预计新一年度的赊销收入为 8000 万元,计划实施信用条件为(2/10,n/60)的信用条件,预计占赊销额 70%的客户会利用 2%的现金折扣,剩余的客户则选择在 60 天付款。一年按 360 天计算,同期有价证券年利率为 9%。如果实施这一信用条件,预计应收账款的管理成本为 100 万元,预计坏账损失率为 3%。产品的销售毛利率为 30%。

要求通过分析软件计算实施这一信用条件对企业的毛利润产生的影响。

3.某企业原信用标准为只接受预计坏账损失率在 12%以下的客户,由于市场情况有变动,拟定实施新信用标准,现有以下两个备选方案。

方案一,接受预计坏账损失率在 10%以下的客户,预计销售收入将下降 100 万元,增减赊销额的平均付款期限大约为 60 天,管理成本也将降低 10 万元,减少的赊销额的预计坏账损失率平均为 11%。

方案二,接受预计坏账损失率在 15%以下的客户,预计销售收入将增加 200 万元,增减赊销额的平均付款期限大约为 75 天,管理成本也随之增加 15 万元,增加的赊销额的预计坏账损失率平均为 14%。

产品销售利润率为 30%,且不受信用标准改变的影响。同期有价证券的收益率为 9%。

要求:(1)分析计算方案一和方案二改变信用政策对企业利润的综合影响。(2)根据(1)的结果,选择较好的方案。

实验项目 3　存货经济批量分析

存货是指企业在日常经营中持有以备出售的产成品或商品、处于生产过程中的在产品、在生产过程或提供劳务过程中耗用的材料和物料等。企业投资存货不仅有利于生产过程的顺利进行,节约订货成本和生产时间,而且能够迅速地满足客户各种订货的需要,从而为企业带来生产经营的较大机动性,避免因存货不足而产生机会损失。但投资存货占用大量资金,产生相应的成本。因此,如何在存货的功能和成本之间进行利弊平衡,实现它们的最佳组合,是存货管理的基本目标。财务管理上,主要是通过分析与存货有关的经济订货批量来达成这一投资管理的目标。

一、实验问题

1. 如何在一定的已知条件和假设下，确定达成存货投资目标的订货相关指标？

2. 现实经济环境中，当出现与假设条件不同的情况时，如何确定相应的订货批量和订货时间等存货投资相关指标？

二、实验原理

（一）存货相关成本

存货经济订货批量是指能够使一定时期存货的相关总成本达到最低点的订货数量。

存货的有关成本主要包括：

（1）进货成本。

进货成本＝采购成本＋订货成本

即：$TC_a = DU + (\frac{D}{Q}K + F_1)$

式中：TC_a 为进货成本，D 为存货年总需求量，U 为存货的订货单价，K 为每次订货的变动成本，F_1 为全年固定性订货费用，Q 为存货每次订货批量。

（2）储存成本。

储存成本＝变动性储存成本＋固定性储存成本

即：$TC_c = \frac{Q}{2}K_c + F_2$

式中：TC_c 为储存成本，K_c 为单位存货变动性储存成本，F_2 为全年存货固定性储存成本。

（3）缺货成本。

缺货成本是指因存货不足而给企业造成的停产损失，延误发货的信誉损失及丧失销售机会的损失等，一般视不同情况而定。

（二）存货经济订货批量模型

根据上述存货成本的性质，在一定的假设条件下，为确定使存货总成本最低的订货批量，建立经济订货批量基本模型。该模型为：

存货相关总成本＝变动性订货成本＋变动性储存成本

即：$TC = \frac{D}{Q}K + \frac{Q}{2}K_c$

该模型表明，随着订货批量的增加，存货相关总成本先减少后增加，存在一个最合理的订货批量，使得相关总成本最低。此时的订货批量就是经济订货批量，它可以通过下述等式求出：

经济订货批量 $Q=\sqrt{\frac{2DK}{K_c}}$

经济订货批量的存货相关总成本 $TC=\sqrt{2DKK_c}$

经济订货批量平均占用的资金 $W=U\cdot\frac{Q}{2}=U\sqrt{\frac{DK}{2K_c}}$

年度最佳订货批次 $N=\frac{D}{Q}=\sqrt{\frac{DK_c}{2K}}$

(三)经济订货批量模型的拓展应用

1.存货陆续供应和使用。基本模型中假设存货一次性全部入库，而事实上，各批存货也可能陆续到货。尤其是产成品入库和在产品转移，几乎总是陆续供应和陆续耗用的。假设每批订货数量为 Q，由于每日送货量为 P，故该批存货全部送达所需的日数为 $\frac{Q}{p}$，称之为送货期。假定存货每日耗用量为 d，则由于边送货边耗用，当每批存货送达完毕时，达到的最高库存量为 $Q-(\frac{Q}{p})\times d$，平均库存量为 $\frac{Q(1-\frac{d}{p})}{2}$。这样与订货批量有关的相关总成本为：

$TC=\frac{D}{Q}K+\frac{Q}{2}(1-\frac{d}{p})\times K_c$

相应地，经济订货批量 $Q=\sqrt{\frac{2DK}{K_c}\times\frac{p}{p-d}}$

经济订货批量的相关总成本 $TC=\sqrt{2DKK_c(1-\frac{d}{p})}$

经济订货批量平均占用的资金 $W=U\cdot\frac{Q}{2}=U\sqrt{\frac{DK}{2K_c}\times\frac{p}{p-d}}$

年度最佳订货批次 $N=\frac{D}{Q}=\sqrt{\frac{2DK_c}{K}\times(1-\frac{d}{p})}$

2.存在数量折扣。如果供应商对一定订货超过额定数量时予以价格折扣，那么企业在确定最佳订货批量时就不仅需要考虑基本模型中的变动性订货成本和变动性储存成本，还需要考虑采购成本。决策就在以下两个方案中选择。

方案一：按经济订货批量基本模型推算的经济订货批量订货，其相关总成本＝经济订货批量下的变动订货成本＋变动储存成本＋按正常价格计算的采购成本。

方案二：按供应商给出的获得价格折扣的最低订货批量（一般情况下，这个订货批量比经济订货批量大)订货,其相关总成本＝按获得价格折扣的最低订货批量计算的变动订货成本＋变动储存成本＋按价格折扣计算的采购成本。

比较两个方案的相关总成本,哪个方案总成本低就选哪个方案。

3.订货提前期、保险储备和再订货点。订货提前期是指从企业发出订单,至存货到货的时间间隔。一般情况下,企业向供应商发出订单后,供应商需要为交货进行准备才能发货,并且存货还需要运输。这段时间企业存货被继续耗用,因此不能得到存货的库存为零时再发出订单,必须提前发出订单。订货提前期必须考虑供应商接受订单准备交货的时间和存货在途运输的时间,也称为存货交货期。

保险储备是当企业存货的供应量和每日消耗量不均匀时,为满足需求大增或送货延迟,而多储备的存货量。保险储备是为防止发生缺货额外多储备的存货量,在正常情况下不动用,只要当存货过量使用或送货延迟时才动用。保险储备需要企业根据存货使用的实际情况、风险承受能力以及缺货成本综合确定。

再订货点是指企业向供应商发出订单时,存货剩余的库存量。日常在使用存货时,一旦发现存货库存量下降到再订货点时,企业就必须向供应商发出存货订单。

再订货点＝订货提前期(L)×每日耗用量(d)＋保险储备

三、实验资料

(一)基本模型应用的实验资料及问题

例1　A公司每年需耗用某材料810000千克,该材料的单位采购价格为300元,单位年储存成本4元,平均每次订货费用800元。

问题一:求经济订货批量和经济订货批量下的相关总成本。

问题二:求经济订货批量下的资金占用额、年度最佳订货批次和订货周期。

(二)模型拓展应用的实验资料及问题

例2　B企业全年需要耗用乙材料86400千克,乙材料采购价格为250元/千克。每次订货费用700元,单位年储存成本20元,该企业的订货陆续到货,每日到货量1200千克。

问题一:求陆续供应和使用情况下的经济订货批量和经济订货批量下的相关总成本?

问题二:求经济订货批量下的资金占用额、年度最佳订货批次和订货周期?

问题三:如果企业发出订单后,供应商的交货期为10天(含在途运输时间);根据企业日常生产变动,额定的存货保险储备为600千克。求企业的再订货点是多少?

例3　C公司每年需要采购甲材料4000件,每次订货费用为200元,每件材料年储存成本为10元,该材料的采购价格为80元,一次订货数量在500件以上(含500件)时,可以获得5%的价格折扣。

问题一:计算无数量折扣时的经济订货批量。

问题二:计算经济订货批量下,包含采购成本在内的相关总成本。

问题三:按照价格折扣要求的订货批量计算包含采购成本在内的相关总成本。

问题四:请问公司应当采取怎样的订货方案?

四、实验步骤

(一)基本模型应用的实验步骤

表 5-5　经济订货批量模型的计算

项目	参数
年总需求量(D)	810000
单位价格(U)	300
每次订货费用(K)	800
单位产品年储存成本(Kc)	4
计算结果:	
$2DK/Kc$	324000000
经济订货批量(Q)	18000
相关总成本(TC)	72000
平均占用资金(W)	2700000
年度最佳订货次数(N)	45
年度最佳订货周期(天)	8

1. 解决问题一:经济订货批量和相关总成本。

步骤 1:按照表 5-5 所示样式在 Excel 工作表的 A1∶B12 区域内建立经济订货批量模型的计算表。在表第 1 列和第 1 行依次输入各指标名称。

步骤 2:按照例 1 给出的已知条件,在单元格 B2、B3、B4、B5 中依次输入“810000”“300”“800”“4”。

步骤 3:在单元格 B7 中输入“=2 * B2 * B4/B5”,回车。

步骤 4:在单元格 B8 中输入“=”,鼠标点击菜单中的“插入”,在其选项中选择“函数”这一项,则跳出“插入函数”的标签,如图 5-11(a)。

步骤 5:在“插入函数”标签的“或选择类别”的下拉选项中选择“数学与三角函数”,然后在“选择函数”的选项中向下滑动滑块,点击出现的“SQRT”(返回数值的平方根),再点击“确定”,如图 5-11(b)。

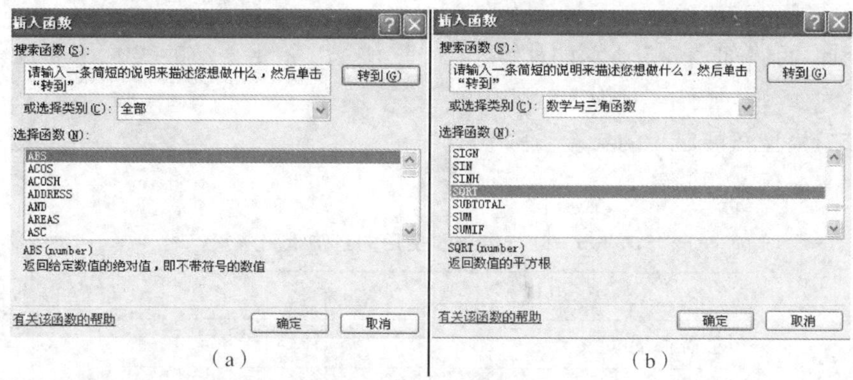

图 5-11　插入"SQRT"函数

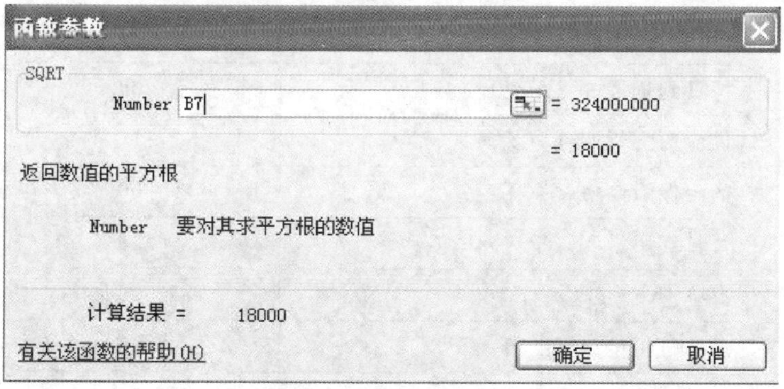

图 5-12　引用"SQRT"函数

步骤 6：按步骤 5 点击"确定"后，会跳出如图 5-12 所示的"函数参数"小标签。在标签的填入项中输入参数所在的单元格名称，这里对应的是"B7"，点击"确定"，回车。

步骤 7：在单元格 B9 中输入"＝B2/B8＊B4＋B8/2＊B5"，回车。

至此，可得问题一要求的经济订货批量为 18000 千克，经济订货批量下的相关总成本为 72000 元。

2. 解决问题二：计算其他相关指标的实验步骤。

步骤 1：接着上述步骤，在单元格 B10 中输入"＝B3＊B8/2"，回车。

步骤 2：在单元格 B11 中输入"＝B2/B8"，回车。

步骤 3：在单元格 B12 中输入"＝360/B11"，回车。

步骤 4：选择区域 B7：B12，点击鼠标右键，在菜单中选择"设置单元格格式"。在跳出的"单元格格式"小窗口中的"数字"标签分类项目中选择"数值"，"小数位数”选择“0”,点击“确定”。

至此,可得如表5-5所示的计算结果,平均占用资金为2700000元,年度最佳订货次数为45次,最佳订货周期为8天。

(二)模型拓展应用的实验步骤

1.解决例2的问题。

表5-6　陆续供应和使用的经济批量决策

项目	参数
年总需求量(D)(千克)	86400
单位价格(U)(元)	250
每次订货费用(K)(元)	700
单位产品年储存成本(Kc)(元)	20
每日到货量(p)(千克)	1200
供应商交货期(L)(天)	15
额定保险储备(B)(千克)	600
每日耗用量(d)(千克)	240
$2DK/Kc*p/(p-d)$	7560000
经济订货批量(Q)(千克)	2750
相关总成本(TC)(元)	43993
平均占用资金(W)(元)	274955
年度最佳订货次数(N)(次)	31
年度最佳订货周期(T)(天)	11
再订货点(R)(千克)	4200

步骤1:按照表5-6所示样式在Excel工作表的A1:B17区域内建立陆续供应和使用的经济订货批量模型的计算表。在表第一列和第一行依次输入各指标名称。

步骤2:按照例2给出的已知条件,在单元格B2、B3、B4、B5、B6、B7、B8中依次输入“86400”“250”“700”“20”“1200”“15”“600”。

步骤3:在单元格B10中输入“=B2/360”,回车。

步骤4:在单元格B11中输入“=2*B2*B4/B5*B6/(B6-B10)”,回车。

步骤5:按前例,在单元格B12内输入函数“=SQRT(B11)”,回车。

步骤 6：在单元格 B13 中输入"＝B2/B12 * B4＋B12/2 * B5 *（1－B10/B6）"，回车。

步骤 7：在单元格 B14 中输入"＝B3 * B12/2 *（1－B10/B6）"，回车。

步骤 8：在单元格 B15 中输入"＝B2/B12"，回车。

步骤 9：在单元格 B16 中输入"＝360/B15"，回车。

步骤 10：在单元格 B17 中输入"＝B7 * B10＋B8"，回车。

至此，可得如表 5-6 所示的计算结果，即陆续供应和使用情况下的经济订货批量为 2750 千克，经济订货批量下的相关总成本为 43993 元，平均占用资金为 274955 元，年度最佳订货次数为 31 次，最佳订货周期为 11 天，再订货点为 4200 千克。

2. 解决例 3 的问题。

表 5-7　存在数量折扣的经济批量决策

项目	参数
年总需求量(D)(件)	4000
单位价格(U)(元)	80
每次订货费用(K)(元)	200
单位产品年储存成本(Kc)(元)	10
大批量采购的价格折扣率(%)	5.00
获得数量折扣的最低采购批量(q)(件)	500
$2DK/Kc$	160000
经济订货批量(Q^*)(件)	400
按 Q^* 采购的采购成本(元)	320000
按 Q^* 采购的订货成本(元)	2000
按 Q^* 采购的储存成本(元)	2000
按 Q^* 采购的总成本(元)	324000
按 q 采购的采购成本(元)	304000
按 q 采购的订货成本(元)	1600
按 q 采购的储存成本(元)	2500
按 q 采购的总成本(元)	308100

步骤 1：按照表 5-7 所示样式在 Excel 工作表的 A1∶B18 区域内建立存在数量折扣下的经济订货批量模型的计算表。在表第 1 列和第 1 行依次输入各指标名称。

步骤 2:按照例 3 给出的已知条件,在单元格 B2、B3、B4、B5、B6、B7 中依次输入"4000""80""200""10""5.00%"和"500"。

步骤 3:在单元格 B9 中输入"=2 * B2 * B4/B5",回车。

步骤 4:按前例,在单元格 B10 中输入函数"=SQRT(B9)",回车。

步骤 5:在单元格 B11 中输入"=B2 * B3",回车。

步骤 6:在单元格 B12 中输入"=B2/B10 * B4",回车。

步骤 7:在单元格 B13 中输入"=B10/2 * B5",回车。

步骤 8:在单元格 B14 中输入"=B11+B12+B13",回车。

步骤 9:在单元格 B15 中输入"=B2 * B3 * (1-5%)",回车。

步骤 10:在单元格 B16 中输入"=B2/B7 * B4",回车。

步骤 11:在单元格 B17 中输入"=B7/2 * B5",回车。

步骤 12:在单元格 B18 中输入"=B15+B16+B17",回车。

至此,可得如表 5-7 所示的计算结果,即无数量折扣时的经济订货批量为 400 件,经济订货批量下包括采购成本在内的相关总成本为 324000 元,按照数量折扣要求的订货批量计算的包括采购成本在内的相关总成本为 308100 元。由此比较可以看出,公司应当按照获得价格折扣的最低批量 500 件进行采购,成本更低。

五、实验练习

1. 请按照例 1、例 2 和例 3 的实验资料,参考"四、实验步骤"的内容,在计算机上独立完成相关问题的解答。

2. 在 Excel 软件上,完成以下存货管理决策的相关问题。

(1)A、B、C 公司每年需耗用某材料 30000 单位,该材料的单位采购价格为 100 元,单位年储存成本是其买价的 30%,平均每次订货费用 500 元。假定一年按 360 天算。要求回答:

问题一:求经济订货批量和经济订货批量下的相关总成本。

问题二:求经济订货批量下的资金占用额、年度最佳订货批次和订货周期。

(2)冀中企业全年需要耗用甲材料 3600 吨,甲材料每吨进价 1500 元。每次订货费用 1800 元,单位年储存保管费用为 100 元,该企业的订货陆续供应,每日到货量为 30 吨。假定该企业每日耗用甲材料 22.5 吨。要求回答:

问题一:求陆续供应和使用情况下的经济订货批量和经济订货批量下的相关总成本。

问题二:求经济订货批量下的资金占用额、年度最佳订货批次和订货周期。

问题三:如果企业发出订单后,供应商的交货期为 10 天(含在途运输时间);根据企业日常生产变动,额定的存货保险储备为 150 吨。求企业的再订货点是多少?

(3)K 公司每年需要采购甲材料 81000 件,每次订货费用为 2000 元,每件材料年储存成本为 4 元,该种材料的采购价格为 120 元,一次订货数量在 12000 件以上(含 1200 件)时,可以获得 5%的价格折扣。

问题一:计算无数量折扣时的经济订货批量。

问题二:计算经济订货批量下,包含采购成本在内的相关总成本。

问题三:按照价格折扣要求的订货批量计算包含采购成本在内的相关总成本。

问题四:请问公司应当采取怎样的订货方案?

实验六　收益及其分配

收益是企业的经营成果，利润是企业资本收益的具体形式。在资本运动中，收益的实现及其分配是资本运动前一环节的终点，也是后一环节的起点。企业实现投入资本的保值增值，是企业盈利的基础，也是实现企业价值最大化的必要条件。财务管理对收益的管理主要体现在两个方面：一是对收益进行规划；二是合理安排收益的分配。后者是股份公司股利政策的主要内容。研究表明，股利政策对公司和股东都有重大意义。

实验项目 1　利润规划与分配

利润是企业在一定时期从事生产经营和非经营活动所取得的净收益，在数量上表现为全部收入抵减全部相关支出后的余额。财务管理关心的利润指标主要有营业利润、利润总额和净利润，一般可以通过检查《利润表》得到一定时期的利润额。

为更好地实现盈利，企业需要对将来的利润进行规划，主要包括利润预测和利润预算两种手段。当某个营业期结束时，企业还要在相关法规的规定下，对利润进行有序合理地分配，以实现企业的目标。本实验项目就是通过学习和练习利润规划的几种方法，以及通过查阅实际资料了解企业利润分配的内容，让学生掌握利润的基本管理方法。

一、实验问题

1. 如何获得企业利润资料并分析利润构成？
2. 已知某企业的相关资料，怎样预测将来的利润？
3. 已知某个企业的实际数据，如何实现利润预算？
4. 如何得到与企业利润分配相关的信息，并分析其利润分配的内容？

二、实验原理

1. 利润的构成。企业利润是一定会计期间的经营成果，包括营业利润、利润总额和净利润。

（1）营业利润等于营业收入减去营业成本、营业税金及附加、期间费用、资产减值损失，加上公允价值变动收益(减损失)与投资收益(减损失)。

(2)利润总额等于营业利润加上营业外收入减去营业外支出。

(3)净利润则等于利润总额减去所得税费用。

2.利润预测。利润预测是对企业未来某一时期可以实现的利润的预计和测算。在利润总额中，营业利润所占比重较大，是利润预测的重点。进行营业利润预测有两个方向：一是根据相关信息预测将来的利润；二是根据已经确定的目标利润，倒推出完成目标利润任务所应达到的营业收入(或业务量)或相关成本。进行利润预测的主要方法有量本利分析法、比率预测法和因素分析法三种。

(1)量本利分析法。量本利分析法是指将产品成本按其对产销量的依存关系分为变动成本和固定成本两部分，根据业务量、成本和利润的关系来确定目标利润的方法。其基本关系式为：

目标利润＝预计销量×(单位售价－单位变动成本)－固定成本总额

＝预计销量×单位边际贡献－固定成本总额

＝预计销售额×边际贡献率－固定成本总额

如果企业从事多产品生产，则应当先计算加权平均边际贡献率，然后再预测利润。

加权平均边际贡献率＝∑(各产品边际贡献率×该产品占总销售的比重)

目标利润＝预计销售总额×加权平均边际贡献率－固定成本总额

(2)比率预测法。比率预测法是按照先进合理的利润率来预测目标利润的方法。例如，根据销售利润率、资产利润率等指标的先进合理水平预测目标利润。如目标利润＝预计销售收入×销售利润率，目标利润＝预计资产平均占用额×资产利润率

(3)因素分析法。因素分析法是在上年产品销售利润的基础上，考虑计划年影响利润变动的各种因素，测算企业计划年度产品销售利润数额。影响产品销售利润增减变动的因素主要有产品销售数量、品种结构、成本水平、期间费用、价格和税金等。

计划年度产品销售利润＝上年产品销售利润±计划年度由于各项因素变动而增加或减少的利润。

3.利润预算。利润预算也称利润计划，是根据利润预测的结果，利用一定的表格形式，以货币为统一的计量单位，反映预测期营业活动及其财务成果的综合性计划。利润预算是企业用于控制未来营业活动并使之达到预定财务成果的一种重要手段，是企业财务预算的重要组成部分。

利润预算主要包括营业利润预算和利润总额预算两部分，其中营业利润预算是重点。

企业利润预算的编制，是以企业预测期的销售预算和成本预算为主要依据，结合其他有关资料来进行的。为了便于对利润预算完成情况进行检查和分析，利润预算一般按会计报表中利润表的格式编制。

4. 利润分配。企业年净利润，除法律、行政法规另有规定外，按照以下顺序分配：

(1)弥补以前年度亏损。

(2)提取10%法定公积金。法定公积金累计额达到注册资本50%以后，可以不再提取。

(3)提取任意公积金。任意公积金提取比例由投资者决议。

(4)向投资者分配利润。企业以前年度未分配的利润，并入本年度利润，在充分考虑现金流量状况后，向投资者分配。当年没有可供分配的利润时，不得向投资者分配利润，但法律、行政法规另有规定的除外。

股份有限(责任)公司的税后利润在弥补亏损和提取法定公积金后，按照下列顺序进行分配。

(1)支付优先股股利。

(2)提取任意公积金。

(3)支付普通股股利。

三、实验资料

本实验以佛山电器照明股份有限公司为例，来分析其利润分配活动。

资料1：佛山电器照明股份有限公司(简称佛山照明)是由佛山市电器照明公司、南海市务庄彩釉砖厂、佛山市鄱阳印刷实业公司共同发起，经有关部门批准，通过定向募集方式设立的由法人与自然人混合持股的股份有限公司，成立于1992年10月20日。1993年10月，获准公开发行社会公众股(A股)1930万股，并于1993年11月23日在深圳证券交易所挂牌交易，股票代码为000541。

佛山照明的前身是一家成立于1958年的全民所有制国有企业，经营范围为研究、开发、生产电光源产品、电光源设备、电光源配套器件、电光源原材料、灯具及配件、电工材料、机动车配件、家用电器、电器开关、插座、消防产品、通风及换气设备、LED产品、锂离子电池及其材料，在国内外市场上销售上述产品；有关的工程咨询业务等。

在上市前，佛山照明就是全国电光源行业的大型骨干企业，国务院批准机电产品出口基地。自1990年以来，公司连续被评为全国经济效益最佳的500家大中型工业企业、全国电器及机械制造业第1名，是全国电光源行业中规模最大、质量最好、创汇最高、效益最佳的外向型企业。1997年入选全国轻工业10强，1999～2004

年连续六届被上海亚商、《中国证券报》评为中国最具发展潜力上市公司50强。其光源产品总产量、出口创汇、净利润、人均劳动生产率等主要指标均居全国同行首位，在全行业中也是唯一一家能与国际著名三大照明公司（美国GE、荷兰PHILIPS、德国OSRAM）产品竞争的国家民族工业企业。

资料2：A公司是佛山照明股份公司的一家子公司，甲车间是它下设的一个产品组装车间。2010年，甲车间全年发生固定成本100万元，只生产一种产品，该产品的市场销售价格为400元，单位变动成本为300元。A公司整体生产甲、乙、丙三种产品，全年共发生固定成本600万元。乙、丙两种产品2010年的市场销售价格分别为200元和80元，单位变动成本分别为120元和45元。甲、乙、丙三种产品占A公司产品销售收入的比重分别为30％、50％和20％。

问题一：利用资料1和公开信息，查阅佛山照明2008～2010年三年的相关利润信息，分析其营业利润、利润总额和净利润的情况。

问题二：资料2中，预计甲产品2011年可完成销售收入500万元，A公司整体能完成销售收入2000万元，不考虑流转税，甲、乙、丙三种产品生产技术稳定，产品成本结构基本保持2010年的水平，保守估计三种产品的市场销售价格不变。那么2011年甲产品能实现多少利润？A公司2011年能完成多少销售利润？

问题三：利用佛山照明2008～2010年的利润表数据，计算三年平均的营业利润率、销售总利率，销售净利率。假定公司2011年全年销售收入比2010年增长10％，则利用前三年的平均利润率指标预测2011年的利润（销售总利率＝利润总额÷营业收入）。

问题四：利用公开信息，查阅佛山照明2010年的利润分配信息和资料，分析其利润分配的状况。

四、实验步骤

1.解决问题一：佛山照明的2008～2010年利润分析。

步骤1：打开泽源公司分析决策系统，“客户类型”选择“上市对标公司”，“名称”输入“000541”，点击“左匹配”，“客户代码”框出现数据“1”，点击“1”，“名称”框内变为“佛山照明”，“客户代码”变为“000541”。“报表日期区间”点击选择“2008-12-31”和“2010-12-31”，如图6-1左侧所示。

步骤2：点击菜单“财务报表分析”栏，点击“多功能比较”，调出“多功能比较”栏，如图6-1所示的数据区域。

步骤3：找到“多功能比较”栏的左侧、“指标确认”按钮左侧的选择框，点击选择“损益表”，在下列财务指标中显示出损益表相关的项目。点击其中的“营业收入”“营业利润”“利润总额”“净利润”四个指标前的小方格，小方格内出现“√”，点击

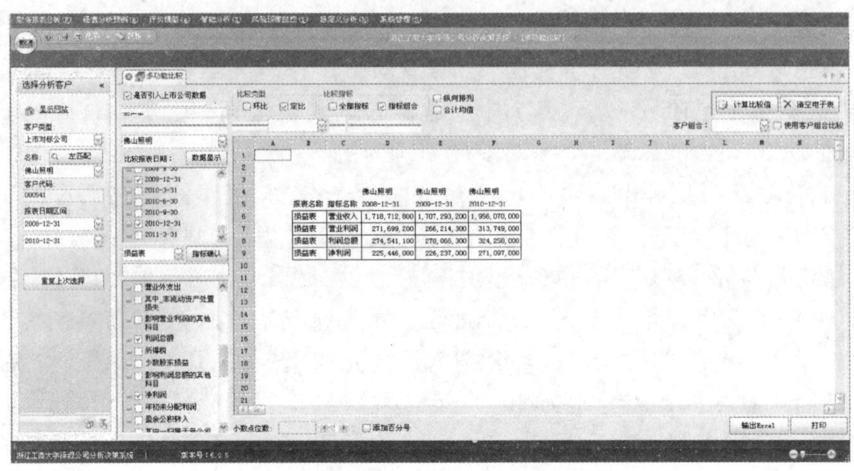

图 6-1　佛山照明 2008～2010 年利润

“指标确认”。

步骤 4:找到“多功能比较”栏的左上侧“比较报表日期”,点击框内“2008-12-31”“2009-12-31”“2010-12-31”三个日期前的小方格,小方格内出现“√”。点击“数据显示”按钮。栏目右侧出现佛山照明公司 2008～2010 年的四项指标及数据,如图 6-1 所示。

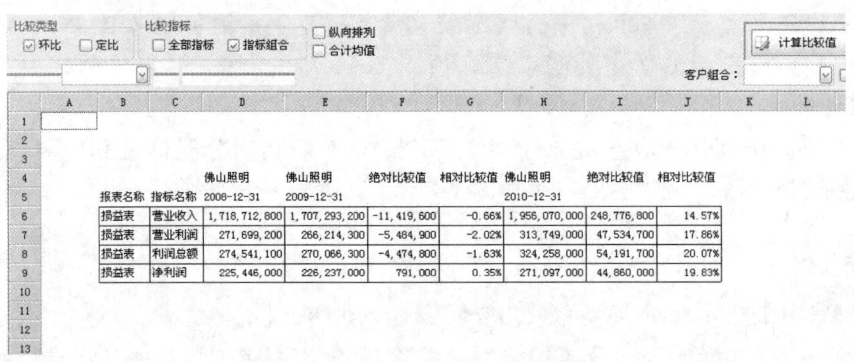

报表名称	指标名称	佛山照明 2008-12-31	佛山照明 2009-12-31	绝对比较值	相对比较值	佛山照明 2010-12-31	绝对比较值	相对比较值
损益表	营业收入	1,718,712,800	1,707,293,200	-11,419,600	-0.66%	1,956,070,000	248,776,800	14.57%
损益表	营业利润	271,699,200	266,214,300	-5,484,900	-2.02%	313,749,000	47,534,700	17.86%
损益表	利润总额	274,541,100	270,066,300	-4,474,800	-1.63%	324,258,000	54,191,700	20.07%
损益表	净利润	225,446,000	226,237,000	791,000	0.35%	271,097,000	44,860,000	19.83%

图 6-2　佛山照明 2008～2010 年利润的比较

步骤 5:在“多功能比较”栏上部的“比较类型”内点击选择“环比”小方格,点击右侧“计算比较值”,出现营业收入等四项指标 2009 年和 2010 年的环比增长额与增长率指标,如图 6-2 所示。

由此可以得到佛山照明三年的利润情况,其中 2009 年的收入与利润比前一年有所下降,其中营业利润下降最多,降幅为 2.02%;2010 年佛山照明的收入与利润都有较大增长,其中利润总额的增幅高达 20.07%,营业利润也增长了 17.68%。

2. 解决问题二:量本利分析法预测利润。

表 6-1　甲产品和 A 公司利润预测的基本数据

	甲产品	乙产品	丙产品	A 公司
预计销售收入(万元)	500			2000
单价(元)	400	200	80	
单位变动成本(元)	300	120	45	
边际贡献率				
产品销售比重(%)	30	50	20	
固定成本总额(万元)	100			600
预计目标利润(万元)				

步骤 1:打开 Excel 软件,在工作表 A1∶E8 区域内建立表格,输入表各行和各列的名称,如表 6-1 所示。按照资料 2 和问题二给出的相关条件,输入有关指标相应的数据。

步骤 2:计算甲、乙、丙三种产品的边际贡献率,在单元格 B5 内输入"=(B3-B4)/B3"。将光标移至单元格 B5 右下角,但光标变成黑十字时,按住鼠标左键向右侧单元格拖拉至单元格 D5,放开鼠标左键,则三产品的边际贡献率已得,调整单元格格式为百分比形式,得到如表格 6-2 所示的结果。

表 6-2　甲产品和 A 公司的产品销售利润预测

	甲产品	乙产品	丙产品	A 公司
预计销售收入(万元)	500			2000
单价(元)	400	200	80	
单位变动成本(元)	300	120	45	
边际贡献率(%)	25.00	40.00	43.75	36.25
产品销售比重(%)	30	50	20	
固定成本总额(万元)	100			600
预计目标利润(万元)	25			125

步骤 3:计算甲产品的预测利润,在单元格 B8 中输入"=B2 * B5-B7",回车,得到甲产品 2011 年预计的销售利润为 25 万元。

步骤 4:计算 A 公司产品的加权平均边际贡献率,在单元格 E5 中输入"=B5 * B6+C5 * C6+D5 * D6",回车,得到加权平均边际贡献率为 36.25%。

步骤 5:计算 A 公司的预测利润,在单元格 E8 中输入"=E2 * E5-E7",回车,得到A公司2011年的预计销售利润为125万元。

3. 解决问题三:比率预测法预测利润。

步骤1～4:重复"1. 佛山照明的2008～2010年利润分析"实验步骤1到步骤4,得到与图6-1相同的数据表。

步骤5:点击数据区域右下角"输出Excel表",按提示保存数据在Excel文件内。打开该文件。在表的横向和纵向增加"营业利润率""销售总利率""销售净利率""平均值""预测值"等项目名称,按表6-3所示。

表6-3 比率预测法预测利润的数据准备 (单元:元)

	佛山照明			三年	2011年
指标名称	2008-12-31	2009-12-31	2010-12-31	平均值	预测值
营业收入	1718712800	1707293200	1956070000		
营业利润	271699200	266214300	313749000		
利润总额	274541100	270066300	324258000		
净利润	225446000	226237000	271097000		
营业利润率					
销售总利率					
销售净利率					

步骤6:计算2008～2010年的营业利润率,在单元格D10中输入"=D7/D6",将光标移至单元格D10右下角,当光标变成黑十字时,按住鼠标左键向右侧单元格拖拉至单元格F10,放开鼠标左键,则得三年各自的营业利润率。

步骤7:计算2008～2010年的销售总利率,在单元格D11中输入"=D8/D6",将光标移至单元格D11右下角,当光标变成黑十字时,按住鼠标左键向右侧单元格拖拉至单元格F11,放开鼠标左键,则得三年各自的销售总利率。

步骤8:计算2008～2010年的销售净利率,在单元格D12中输入"=D9/D6",将光标移至单元格D12右下角,当光标变成黑十字时,按住鼠标左键向右侧单元格拖拉至单元格F12,放开鼠标左键,则得三年各自的销售净利率。

步骤9:计算三项利润率指标三年的平均值,在单元格G10中调用平均值函数,即输入"=",在函数框的下拉菜单中选择"AVERAGE",自动获得正确的计算区域"D10:F10",点击确定,得到三年平均的营业利润率,如图6-3所示。

步骤10:然后将光标移至单元格G10右下角,当光标变成黑十字时,按住鼠标

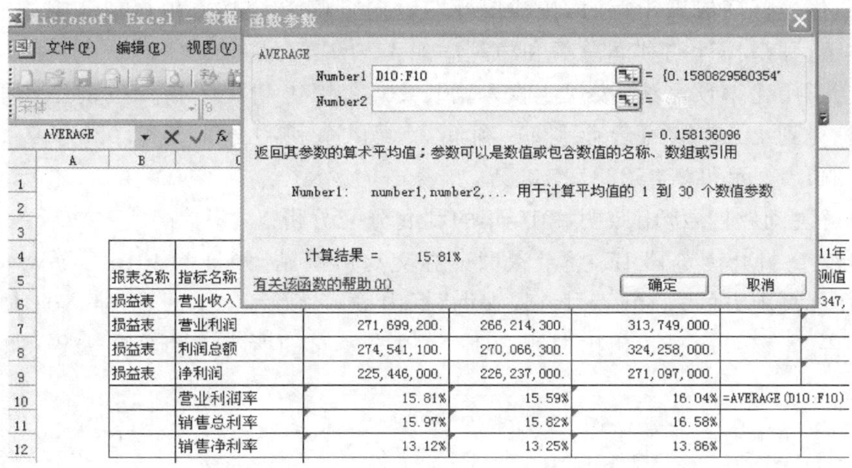

图 6-3 调用“AVERAGE”函数

左键向下侧单元格拖拉至单元格 G12，放开鼠标左键，则得销售总利率和销售净利率的平均值。鼠标选择平均值数据区域，调整格式为“百分数”形式。至此得到三个销售利润率指标的平均值，如表 6-4 所示。

表 6-4 比率预测法预计 2011 年利润的结果 （单位：元）

	佛山照明			三年	2011 年
指标名称	2008-12-31	2009-12-31	2010-12-31	平均值	预测值
营业收入	1718712800	1707293200	1956070000		2151677000.00
营业利润	271699200	266214300	313749000		340257801.32
利润总额	274541100	270066300	324258000		346915244.14
净利润	225446000	226237000	271097000		288522819.32
营业利润率(%)	15.81	15.59	16.04	15.81	
销售总利率(%)	15.97	15.82	16.58	16.12	
销售净利率(%)	13.12	13.25	13.86	13.41	

步骤 11：计算 2011 年预计营业收入，在单元格 H6 中输入“＝F6 * (1＋10%)”，回车，得到 2011 年预计营业收入为 2151677000 元。

步骤 12：按预计营业收入和平均利润率指标计算 2011 年的三项利润，在单元格 H7 中输入“＝H6 * G10”，回车，得到预计的营业利润。将光标移至单元格 H7

右下角,但光标变成黑十字时,按住鼠标左键向下侧单元格拖拉至单元格 G9,放开鼠标左键,则得预计的利润总额和净利润。

至此,用比率预测法,按营业收入增长 20%,销售利润率指标按前三年取平均值,计算得到 2011 年的营业利润、利润总额和净利润分别是 340257801.32 元、346915244.14 元和 288522819.32 元,如表 6-4 所示。

4. 解决问题四:佛山照明 2010 年的利润分配分析。

步骤 1:打开浏览器 IE,登录深圳证券交易所网站,网址为 http://www.szse.cn/。在首页上方的"上市公司公告查询"框内输入"000541",回车,进入页面"上市公司公告"。该页面显示佛山照明 2011 年以来发布的所有上市公司公告,如图 6-4 所示。

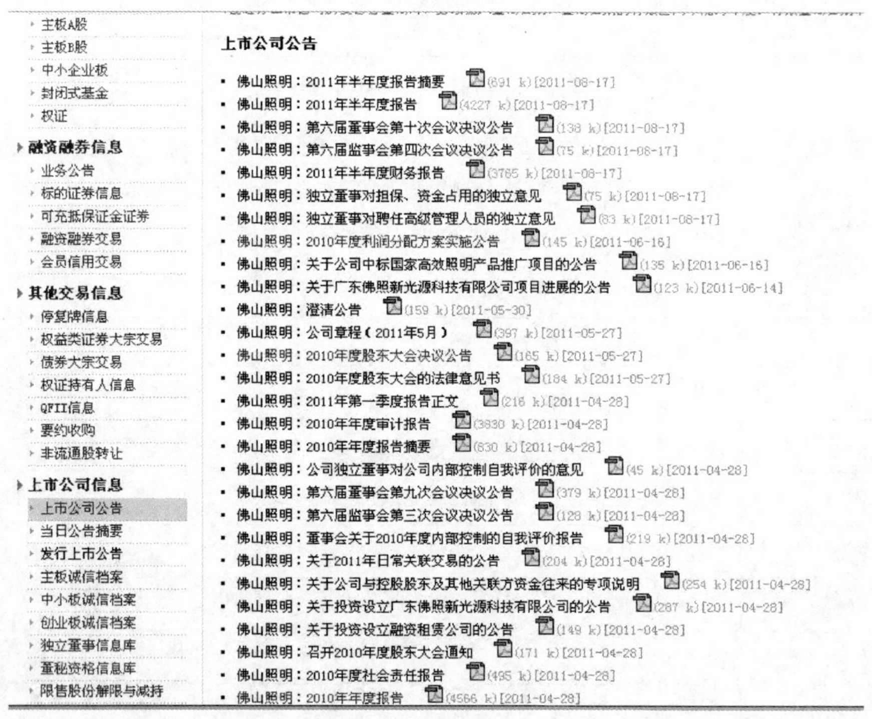

图 6-4 佛山照明在深圳证券交易所发布的上市公司公告

步骤 2:在上市公司公告中,找到三个和佛山照明 2010 年利润分配有关的文件,它们是:(1)《佛山照明 2010 年度报告》;(2)《2010 年股东大会决议公告》;(3)《2010年度利润分配方案实施公告》。

步骤 3:下载并阅读《佛山照明 2010 年度报告》,其中和利润分配相关的内容有:(1)第七部分董事会报告中第六项 2010 年度利润分配预案;(2)第十部分财务报告第四张报表“所有者权益变动表”;(3)第十部分财务报告财务报表附注第三项“公司主要会计政策、会计估计以及合并财务报表编制方法”中表明的公司“利润分配方法”;(4)财务报表附注第六项“合并财务报表主要项目注释”第23条“盈余公积”和第24条“未分配利润”;(5)财务报表附注第十二项“资产负债表日后事项”:利润分配预案。

综合这些信息,我们可以了解到:

(1)根据公司章程,佛山照明的利润按以下顺序分配:

——弥补以前年度亏损;

——提取10%法定公积金,累计已提取金额超过注册资本的50%时可不再提取;

——经股东大会决议,提取任意公积金;

——剩余利润根据股东大会决议予以分配。

这一利润分配方法完全符合国家财务法规的要求。

(2)2011年,佛山照明的利润分配方案是:本公司2010年度母公司实现净利润为269591790.53元,在提取10%的法定盈余公积金26959179.05元后,本年度可供股东分配的利润为575715515.70元(含上年未分配利润333082904.22元)。

公司董事会拟按2010年末总股本978563745股计,向A、B股全体股东每10股派发现金红利人民币2.50元(含税,B股红利折成港币支付),实发红利总金额244640936.25元,剩余331074579.45元结转下年度。

(3)本次分配方案对公司所有者权益的影响主要体现在“盈余公积”和“未分配利润”上,其变动如图6-5所示。

从这些数据可以看出,2010年度利润分配后,提取法定盈余公积金增加“盈余公积”26959179.05元;在执行利润分配方案,并扣除在2010年度内支付的2009年现金股利215284023.90元后,“未分配利润”年末数为587668581.79元。两项对所有者权益的影响也可以从“所有者权益变动表”中得以验证。

步骤4:下载并阅读《2010年股东大会决议公告》,其中第四项“议案审议与表决情况”的第6点“关于2010年度利润分配预案的议案”显示表决情况如下:

同意251322195股,占出席会议所有股东所持表决权99.60%;反对0股,占出席会议所有股东所持表决权0%;弃权1013644股,占出席会议所有股东所持表决权0.4%。表明该分配预案表决通过。

步骤5:下载并阅读《2010年度利润分配方案实施公告》,该公告详细说明了本次分配方案实施办法,详细说明了利润分配方案、利润分配对象、股权登记日和除权除息日和利润分配办法等内容。

至此,佛山照明2010年度利润分配的有关事项全部查阅完毕。

23、盈余公积

项　目	年初数	本期增加	本期减少	期末数
法定盈余公积	391,588,178.56	26,959,179.05	-	418,547,357.61
任意盈余公积	136,886,568.36	-	-	136,886,568.36
合　计	528,474,746.92	26,959,179.05	-	555,433,925.97

24、未分配利润

项　目	本期数	上期数
调整前上年末未分配利润	566,135,541.76	527,878,059.71
调整年初未分配利润合计数	-	-
调整后年初未分配利润	566,135,541.76	527,878,059.71
加：本期归属于母公司的净利润	263,776,242.98	212,179,203.83
减：提取法定盈余公积金	26,959,179.05	20,147,418.90
分配普通股股利	215,284,023.90	153,774,302.88
期末未分配利润	587,668,581.79	566,135,541.76
其中：拟分配现金股利	244,640,936.25	215,284,023.90

图 6-5　利润分配对盈余公积和未分配利润的影响

五、实验练习

1. 搜集和分析佛山照明 2008 年度和 2009 年度利润分配的方案及其实施情况，并与 2010 年相比较，看 2008 年和 2009 年度利润分配是否符合规定？与 2010 年相比有何异同？

2. 找到一家你感兴趣的上市公司（例如万科，股票代码：000002），利用泽源公司分析决策系统找出 2008～2010 年间利润的有关数据，进行三年利润的比较分析；计算这三年中，公司反映销售获利能力或资产投资获利能力的财务比率指标（如销售利润率或资产利润率），利用比率预测法来预测该公司 2011 年的预计利润额。（业务增长率可根据该公司的资料自行设定，可多设定几种不同的情况。）

3. 假定 A、B、C 公司常年生产 15 种产品，这些产品的生产工艺稳定，下一年度产品单位变动生产成本基本保持不变，有关资料如表 6-5 所示。公司计划在下年度在新的地区推广这些产品，销售价格保持现有水平，只求销售量同比例增长，根据对不同情况的市场需求进行分析后，估计公司总体的销售收入可能有三种情况：增长 10%、增长 20%、增长 35%。同时，固定成本总额也会随之变动，分别比现在增长 0、30%、50%。要求：用量本利分析法分析这三种情况下，预测公司的营业利润（不考虑流转税的影响）。

表 6-5　本年度有关产品、成本和收入的数据

	产品1	产品2	产品3	产品4	产品5	产品6	产品7	产品8	产品9	产品10	产品11	产品12	产品13	产品14	产品15
销售价格（元/件）	8	11	13	10	14	15	13	20	22	24	23	26	30	30	35
产品变动成本（元/件）	5.5	7	9.2	7.6	9.5	10	8.7	13	15	16	17	19	21	22	23
该产品占总销售的比重（%）	2	3	5	5	5	8	8	15	15	4	8	3	9	5	5
固定成本总额（万元）			3000			产品销售收入（万元）							10000		

实验项目 2　股利政策分析

上市公司的股利分配与股东的投资利益直接相关，是财务管理的重点问题。本实验项目旨在引导学生深入认识股利政策的相关问题，增强实务分析能力。

一、实验问题

1. 股利政策有哪些类型，不同股利政策对公司的财务指标有何影响？

2. 如何了解上市公司的股利支付方式？这些不同的支付方式对公司的财务指标有何影响？

二、实验原理

股利政策是关于股份公司是否发放股利、发放多少股利、何时发放股利以及以何种形式发放股利等方面的方针和政策。在股份公司的财务管理问题中，股利政策始终占重要地位。这是因为股利的发放既关系到公司股东的当前经济利益，又关系到公司未来的发展。

（一）股利理论

围绕股利政策对公司股价或公司价值有无影响问题的研究，形成了股利政策的基本理论。主要观点有两大派：

1. 股利无关论。这种理论认为，公司的股利政策不会对公司的股票价值产生任何影响。这一理论是由美国财务学家米勒和莫迪格莱尼提出的，该理论的成立以满足一系列假设条件为前提。满足假设条件的情况下，投资者不会关心公司股利分配的问题，公司的股价完全取决于公司投资的获利能力。股利政策与股票价值无关。

2.股利相关论。支持股利相关论的众多学者认为,公司的股利政策会影响公司股票的价值。其代表性的观点有"在手之鸟"论、投资者类别效应论、信息效应论、税收效应论。他们从研究资本市场的某些实际情况入手,证明股利无关论的假设前提是不存在的。因此,股利政策会影响公司股票的价值。

(二)股利政策

根据确定发放现金股利的支付率的依据不同,可将股利政策分为四种:

1.剩余股利政策。该政策是在公司有良好投资机会时,根据公司设定的最佳资本结构,测算出最佳资本结构下投资所需要的权益资本,首先最大限度地使用留存收益来满足投资方案所需要的权益资本,然后将剩余的收益作为股利发放给股东。"剩余"的意思是先满足企业投资的资金需要,股利只能用收益的"多余部分"来发放。这种政策能保持企业最佳的资本结构状态,追求的是资本成本的最低和企业长期价值的最大化。

2.固定股利支付率政策。这种政策是将每年盈利的某一固定百分比(股利支付率)作为股利分配给股东。股利支付率一旦确定,不能任意修改。因此只要公司的税后利润一旦计算确定,每年发放的现金股利也就确定了。这种政策可操作性强,股利分配与企业业绩变动一致,股票价格受业绩变动的影响很大,不容易稳定股价。因此这种政策适合那些处于稳定发展且财务状况也稳定的公司。

3.固定或稳定增长股利政策。这种政策主张每股股利支付额相对固定或稳定增长。不论经济情况,也不论企业经营好坏,都将股利支付维持在一定水平上。这种政策的可操作性也很强,但是容易使股利支付与公司盈利和财力相脱节,给企业带来较大的风险和较高的资本成本,因此也适合那些盈利稳定或处于成长期的企业。

4.低正常股利加额外股利政策。这种政策主张公司应当每年都支付一定的但数额较少的现金股利,当公司盈利较好时,再追加额外股利。它是介于固定股利政策和固定股利支付率政策之间的一种比较灵活的股利政策,适用于盈利与现金流量不够稳定的企业,因而被大多数企业采用。

公司采取何种股利政策,受到多种因素的影响。这些影响因素主要集中在:(1)法律规定;(2)公司状况;(3)股东;(4)其他诸如债务合约、通货膨胀等因素。分析公司股利政策时必须考虑它们的影响。

(三)股利支付

股份公司向股东支付股利,前后有个过程,主要经历股利宣告日、股权登记日、除息(除权)日和股利发放日。股利宣告日是公司公布利润分配实施方案的日期。股权登记日是确定有权领取股利的股东名单的截止日期,只有在股权登记日在册的股东才能获得股利。除息(除权)日是股票所有权和领取股利权的分离日,这一天开始领取股利权不再从属于股票，股票的价格中也就不应再包含此次股利的价值。股利发放日是公司实际向股东支付股利的日期。

我国《公司法》规定，股份公司支付股利的形式主要有现金股利和股票股利两种。

现金股利是指公司以现金的方式向股东支付股利。公司支付现金股利，则现金资产减少，相应的未分配利润也减少，资产总额和股东权益总额都减少。

股票股利是公司以发放股票作为股利的支付方式。对公司而言，发放股票股利，既不增减公司的资产，也不增加其负债，只是对普通股股东权益中的股本、资本公积、盈余公积和未分配利润进行调整，对股东权益总额没有影响。对股东而言，得到股票股利，只是增加了所持有的股票数量，并不会改变股东持股比例。但是由于普通股股数增加，股票的每股收益会被稀释，进而影响股票每股市价等指标。

我国还有一种影响股票数量的操作方式，称为“资本公积金转增股本”。它是将资本公积金按普通股股票面值折算成股本，从而使公司股本增加、普通股股数增加，资本公积金减少。但不影响盈余公积、未分配利润和股东权益总额。普通股股数增加后，每股收益同样被稀释，进而影响每股市价等指标。

三、实验资料

(一)股利发放对公司股东权益的影响

例 1　F 公司 2010 年股利分配前的有关资料如表 6-6 所示。

若 F 公司决定发放 10%的股票股利，并按发放股票股利后的股数支付现金股利，每股 0.1 元，该公司股票目前市场价格为 10 元/股。

问题一：计算分析发放股利后该公司所有者权益的变化(假设股票股利按市价计算)。

表 6-6　F 公司所有者权益

项　目	金　额(万元)
股本(面值 1 元)	2000
盈余公积	1000
资本公积	8000
未分配利润	3000
所有者权益合计	14000

问题二：若 2011 年净利润比 2010 年 2000 万元增长 10%，且保持 2010 年的股利支付政策，计算确定 2011 年发放的现金股利总额。

问题三:若 2011 年净利润比 2010 年 2000 万元增长 6%,且年底将要有一个大型项目上马,该项目需要资金 5000 万元。若公司要保持资产负债率为 40%的目标资本结构,判断公司 2011 年的净利润能否用来发放现金股利。

(二)不同股利政策的比较

例 2　H 公司制定了未来 5 年的投资计划,相关信息如表 6-7 所示。

表 6-7　H 公司未来 5 年的预计投资额与预计净利润　　(单位:万元)

年份	各年的总投资额	各年的净利润
1	3500	2500
2	4750	4500
3	2000	6000
4	9800	6500
5	6000	3900

公司目标资本结构为负债∶权益＝2∶3,公司流通在外的普通股有 1250 万股,在未来 5 年中公司没有股本扩张的计划。

问题一:若公司每年采用剩余股利政策,每年可发放的每股股利为多少?

问题二:若在规划的 5 年内总体采用剩余股利政策,每年平均可发放的每股股利为多少?

问题三:若公司采用每年“每股 0.5 元加额外股利”的政策,额外股利为净利润超过 2500 万元部分的 50%,则每年应发放的现金股利是多少?

问题四:若企业的股权资本成本率为 10%,从股利现值比较看,哪种政策股利现值比较小?

(三)上市公司股利政策的分析

例 3　万科企业股份有限公司成立于 1984 年 5 月,是目前中国最大的专业住宅开发企业。1988 年 11 月 1 日在深圳现代企业有限公司基础上改组设立股份有限公司,名为“深圳万科企业股份有限公司”。1991 年 1 月 29 日,公司发行 A 股在深圳证券交易所上市,股票代码:000002。1993 年 5 月 28 日,本公司发行之 B 股在深圳证券交易所上市。1993 年 12 月 28 日经深圳市工商行政管理局批准更名为“万科企业股份有限公司”。经营范围为:兴办实业;国内商业;物资供销业;进出口业务;房地产开发。控股子公司主营业务包括房地产开发、物业管理、投资咨询等。

问题一:查阅万科公司 2001～2010 年报及股利分配的相关资料,确定各年度的每股收益和每股股利。

问题二：根据获得的数据和资料，计算万科 2001～2010 年的股利支付率等数据，分析股利政策。

四、实验步骤

(一)股利发放对公司所有者权益的影响

1. 解决问题一：股利发放后所有者权益的变化。

表 6-8　股利发放前的所有者权益和股利支付政策

发放前	金　额(万元)
股本(面值 1 元)	2000
盈余公积	1000
资本公积	8000
未分配利润	3000
所有者权益合计	14000
股票市价	10

步骤 1：打开 Excel 软件，在工作表 A1：B7 建立如表 6-8 所示表格，填入表的横向和纵向项目名称，根据例 1 给出的条件，填入相关数据，如表 6-8 所示。

表 6-9　股利发放及发放后的所有者权益分析表

股利发放	金　额(万元)
发放股票股数(万股)	200
发放现金股利	220
发放后	—
股本(面值 1 元)	2200
盈余公积	1000
资本公积	9800
未分配利润	780
所有者权益合计	13780

步骤 2：在步骤 1 建立的表下方区域 A8：B16 内继续建新表分析股利分配的结果，如表 6-9 所示。在其表的左侧输入各项目名称，如表 6-9 所示。

步骤 3：由资料已知“发放 10％的股票股利”，则在单元格 B9 中输入“＝B2 * 10％”，回车。

步骤 4：由资料已知“按发放股票股利后的总股数发放每股 0.1 元的现金股利”，则在单元格 B10 中输入“=(B2+B9) * 0.1”，回车。

步骤 5：在单元格 B12 中输入“=(B2+B9 * 1)”，回车。

步骤 6：在单元格 B13 中输入“=B3”，回车。

步骤 7：在单元格 B14 中输入“=B4+B9 * (B7−1)”，回车。

步骤 8：在单元格 B15 中输入“=B5−B9 * 10−B10”，回车。

步骤 9：在单元格 B16 中输入“=B12+B13+B14+B15”，回车。

至此，得到发放股票股利和现金股利之后的所有者权益各项目的金额，如表6-9所示。其中，发放后的所有者权益合计比发放前少 220 万元，正好是发放的现金股利的数额。

2. 解决问题二：预测现金股利总额。

表 6-10 预测 2011 年现金股利总额

股利预测	金额(万元)
2010 年净利润	2000
2010 年股利支付率(%)	0.11
预计 2011 年净利润	2200
预计 2011 年现金股利总额	242

步骤 1：接解决问题一的步骤 2，在同一工作表的区域 A17：B21 内，建立新表预测 2011 年现金股利总额。在表的左侧区域 A17：A21 内输入项目名称，如表 6-10 所示。

步骤 2：根据资料给出的已知条件，在单元格 B18 中输入“2000”，回车。

步骤 3：在单元格 B19 中输入“=B10/B18”，回车。

步骤 4：在单元格 B20 中输入“=B18 * (1+10%)”，回车。

步骤 5：在单元格 B21 中输入“=B19 * B20”，回车。

至此，可得到 2011 年 F 公司的净利润预测值为 242 万元。

3. 解决问题三：预测现金股利并判断。

表 6-11 预测能否发放现金股利

股利预测	金额(万元)
目标资本结构(负债比率%)	40
新项目投资总额	5000
新项目所需权益资本	3000
预计 2011 年净利润	2120

步骤 1：接解决问题一的步骤 2，在同一工作表的区域 A22：B26 内，建立新表判断 2011 年股份发放。在表的左侧区域 A22：A26 内输入项目名称，如表 6-11 所示。

步骤 2：根据资料给出的已知条件，在单元格 B23 和 B24 中输入"40％"和"5000"。

步骤 3：在单元格 B25 中输入"＝B24＊(1－40％)"，回车。

步骤 4：在单元格 B26 中输入"＝B18＊(1＋6％)"，回车。

至此，得到新项目需要的权益资本为 3000 万元，而 2011 年的净利润为 2120 万元，即使不发放现金股利，新项目所需权益资金仍然不够，因此不能发放现金股利。

(二)不同股利政策的比较

	A	B	C	D	E	F	G	H
1	年份	各年的总投资额	各年的净利润	投资需要的权益资本	剩余股利政策下的现金股利总额	剩余股利政策下的每股股利(元)	总体剩余股利政策下的每股股利（元）	低正常股利加额外股利的每股股利（元）
2	1	3500	2500	2100	400	0.32	1.2432	0.5
3	2	4750	4500	2850	1650	1.32	1.2432	1.3
4	3	2000	6000	1200	4800	3.84	1.2432	1.9
5	4	9800	6500	5880	620	0.496	1.2432	2.1
6	5	6000	3900	3600	300	0.24	1.2432	1.06
7	合计	26050	23400	15630	7770	4.75	4.71	5.05

图 6-6　三种不同的股利政策下各年每股股利及它们的现值比较

1. 解决问题一：各年执行剩余股利政策下的现金股利。

步骤 1：将表 6-7 的内容和数据复制到在新工作表的区域 A1：C6 内，建立如图 6-6 所示的新表，表的各列新项目名称按图 6-6 所示输入。

步骤 2：由资料已知"目标资本结构为负债：权益＝2：3"，可推断出目标资本结构的权益比率(权益比率＝权益总额/总资产)为 60％，因此在单元格 D2 中输入"＝B2＊60％"，回车。

步骤 3：点击单元格 D2，将光标放在 D2 右下角，当光标变成黑十字时，按住左键向下拖拉鼠标，直到 D6 为止放开。则在区域 D2：D6 内得到预测期 1～5 年各年的"投资所需的权益资本"金额。

步骤 4：在单元格 E2 中输入"＝C2－D2"，回车。点击单元格 E2，将光标放在 E2 右下角，当光标变成黑十字时，按住左键向下拖拉鼠标，直到 E6 为止放开，则在区域 E2：E6 内得到预测期 1～5 年的"各年现金股利总额"的数值。

步骤 5：由资料可知"普通股股数为 1250 万股"，则在单元格 F2 中输入"＝E2/1250"，回车。点击单元格 F2，将光标放在 F2 右下角，当光标变成黑十字时，按住左键向下拖拉鼠标，直到 F6 为止放开，则在区域 F2：F6 内得到预测期 1～5 年各年的"每股股利"的数值。整理数据显示方式，得到如图 6-6 所示的结果。

2. 解决问题二：执行总体剩余股利政策的各年每股股利。

步骤1:接解决问题一的同一张工作表,在单元格B7中输入"=",调用求和函数"Sum",其计算区域自动生成"B2:B6"(即在B7单元格中自动生成"=Sum(B2:B6)"),回车。得到1~5年预计投资额的合计数。

步骤2:在单元格C7中调用求和函数"Sum",调用后自动生成"=Sum(C2:C6)",回车。得到1~5年预计的净利润合计数。

步骤3:在单元格D7中输入"=B7*60%",回车。

步骤4:在单元格E7中输入"=C7-D7",回车。

步骤5:在单元格G2中输入"=E7/1250/5",回车。

步骤6:在单元格G3:G6内都输入"=G2",回车。

至此,得到在总体执行剩余股利政策下,1~5年各年的每股现金股利为1.2432元,如图6-6所示。

3.解决问题三:执行低正常股利加额外股利政策。

步骤1:接解决问题二的同一张工作表,根据资料的已知条件"每年0.5再加净利润超过2500万元发放50%的额外利润",在单元格H7中输入"=0.5+(C2-2500)/1250*50%",回车。

步骤2:点击单元格H2,将光标放在H2右下角,当光标变成黑十字时,按住左键向下拖拉鼠标,直到H6为止放开。

至此,在单元格区域H2:H6内得到预测期1~5年各年的"低正常股利加额外股利的每股股利"金额,如图6-6所示。

4.不同股利政策下每股收益的现值比较。

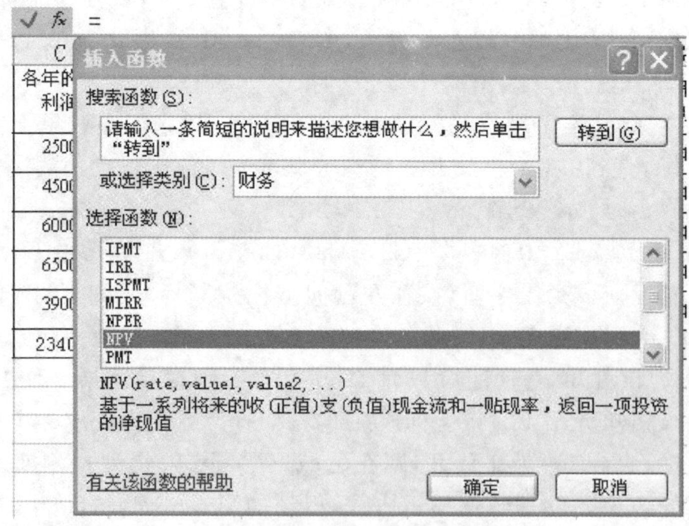

图6-7 调用现值计算函数NPV

步骤1：接解决问题三的同一张工作表，点击单元格F7，在此调用现值函数。在单元格F7中输入"="，在工作表上方的数值输入框左侧的"fx"函数调用符，弹出"插入函数"小窗，在"或选择类别"框内选择"财务"，在"选择函数"框内选择"NPV"，如图6-7所示。点击"确定"，则弹出"函数参数"小窗，如图6-8所示。

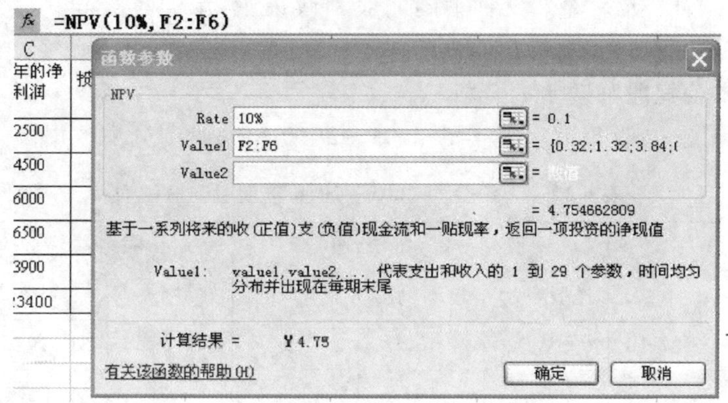

图6-8　输入现值函数NPV的参数

步骤2：根据资料给出条件"企业的股权资本成本率为10%"，在"函数参数"小窗的"Rate"输入框内输入"10%"。在"Value1"内选择单元格区域"F2：F6"输入。点击确定。则得到剩余股利政策下1～5年的各年每股股利的现值和。

步骤3：点击单元格F7，将光标放在F7右下角，当光标变成黑十字时，按住左键向右拖拉鼠标，直到H7为止放开。

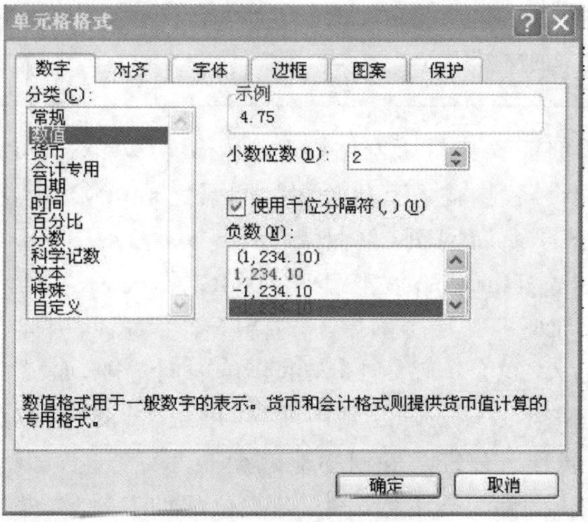

图6-9　整理单元格格式

步骤 4:整理单元格区域 F7:H7 的格式。选择单元格 F7:H7 区域,点击鼠标右键,在菜单中选择“设置单元格格式”。在弹出的“单元格格式”小窗的“数字”标签内选择“数值”,“小数位数”选择“2”,如图 6-9 所示。点击“确定”。

至此,获得三种不同股利政策下,1～5 年每股现金股利的现值和分别为 4.75 元、4.71 元和 5.05 元。显然三种不同的股利政策中,第二种 5 年内实行总体剩余股利政策得到的每股股利的现值和最小。

(三)上市公司股利政策的分析

1. 解决问题一:收集万科公司的 2001～2010 年的股利分配数据。

表 6-12　万科公司 2001～2010 年度股利分配表

分配年度	公告日期	股利分配(每 10 股)			每股现金股利(元)	每股收益(元)	股利支付率(%)
		送股(股)	转增(股)	派息(元)			
2001	2002-07-10	0	0	2.0	0.20	0.592	33.78
2002	2003-05-19	0	10	2.0	0.20	0.606	33.00
2003	2004-05-14	1	4	0.5	0.05	0.388	12.89
2004	2005-06-21	0	5	1.5	0.15	0.386	38.86
2005	2006-07-14	0	0	1.5	0.15	0.363	41.32
2006	2007-05-09	0	5	1.5	0.15	0.493	30.43
2007	2008-06-05	0	6	1.0	0.10	0.730	13.70
2008	2009-05-27	0	0	0.5	0.05	0.370	13.51
2009	2010-05-10	0	0	0.7	0.07	0.480	14.58
2010	2011-05-20	0	0	1.0	0.10	0.660	15.15

步骤 1:登录深圳证券交易所网站(网址 http://www.szse.cn/),在首页上方的“上市公司公告查询”栏内输入万科公司的股票代码 000002,点击旁边的链接符,进入万科公司的公告查询网页(网址 http://www.szse.cn/szseWeb/common-szsewebservice/Home_Hqcx.jsp? TYPE=GGCX&txtStockCode=000002)。

步骤 2:由于深圳证券交易所网站不支持跨年度查询,因此在该查询网页的公告查询栏内,依次输入 2002 年到 2011 年的年度时间范围,如“2002-01-01”至“2002-12-31”,按年度查询各年公司公告的上年度“年度报告”和“分红派息及资本公积金转增实施公告”,下载这些公告文件到本地磁盘上,保存。

步骤 3:在 Excel 文件的新工作表中,建立格式如表 6-12 的表格,填好第一行各数据项目名称。

步骤 4:依次打开 2001～2010 年度分红派息及资本公积金转增实施公告,查询 2001～2010 年度股利分配方案,将分配方案所显示的按每 10 股派发的股票股利、现金股利以及资本公积金转增数量,填入步骤 3 所建立的 Excel 表格的相关单元格内,没有相关内容的按 0 填入。

步骤 5:计算 2001～2010 年各年度的每股现金股利。点击单元格 F3,输入"=E3/10",回车。点击单元格 F3,将光标放在 F3 右下角,当光标变成黑十字时,按住左键向下拖拉鼠标,直到 F12 为止放开。则得到各年的每股现金股利。

步骤 6:依次打开 2001～2010 年度报告,查询 2001～2010 年度每股收益,填入同一工作表的 G3∶G12 区域内。则完成各年度每股收益的收集整理。

2. 解决问题二:万科公司股份政策分析。

步骤 1:接解决问题一的同一张工作表,计算股利支付率。点击单元格 H3,输入"=F3/G3",回车。整理单元格格式,用百分数形式表示。

步骤 2:点击单元格 H3,将光标放在 H3 右下角,当光标变成黑十字时,按住左键向下拖拉鼠标,直到 H12 为止放开。则得到各年的股利支付率。

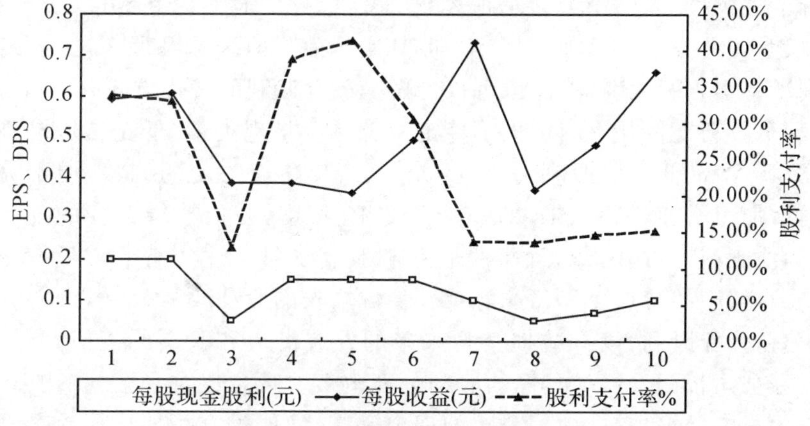

图 6-10　万科股利政策分析

步骤 3:将万科公司各年的每股现金股利、每股收益和股利支付率在同一张数据走势图上反映。用鼠标选择单元格区域 F1∶H12。在"插入"的菜单中选择"图表",弹出"图表向导—4 步骤之 1"小窗。选择"自定义"标签中的"两轴折线图",点击"下一步"。再点击"下一步"。在"图表向导—4 步骤之 3—图表选项"的小窗内选择"标题"标签,"数值(Y)轴"内输入数轴名称"EPS、DPS","次数值(Y)轴"内输入数轴名称"股利支付率"。点击"图例"标签,选择图例"位置"底部。点击"下一步",点击"完成"。则得到三组数据初步的分析图。

步骤 4:移动鼠标,将光标移至绘图区,点击右键,在右键菜单中选择"绘图区格式”,在跳出的“绘图区格式”小窗的“图案”标签内,“区域”内选择“无”选项,点击“确定”。

步骤5:移动鼠标使光标落在右侧的次Y数轴上,点击右键,在右键菜单中选择“坐标轴格式”,在弹出的“坐标轴格式”的“数字”标签内,“分类”项选择“百分比”,点击“确定”。

步骤6:移动鼠标使光标落在“股利支付率”数据图上,点击右键,在右键菜单中选择“数据系列格式”,在随后弹出的“数据系列格式”的“图案”标签内,“线形”项目选自定义中的“样式”为虚线,“颜色”为黑色,粗细为细线,“数据标记”项目选自定义中的“样式”为三角形,“前景色”和“背景色”为黑色,大小为“5”磅。点击“确定”。

整理图形区大小,至此可得到万科公司每股收益、每股现金股利和股利支付率的走势图,如图6-10所示。从表6-12和图6-10的数据及图形走势看,可认为万科公司2001～2010年执行的股利政策有如下特点。

(1)股利支付方式以现金股利为主,辅之以“资本公积金转增股本”和“股票股利”方式。2001～2010年10次年度股利分配中,每年都有或多或少的现金股利。另外执行了5次“资本公积金转增股本”方式和1次“股票股利”方式。严格来讲,“资本公积金转增股本”不算股利分配,但其实施效果对公司和股东的利益来说,和股票股利没有实质的区别,因此也可以看做是股票股利的替代方式。

(2)现金股利支付并不固定也不稳定。总体上呈现类似“低正常股利加额外股利”的政策特点,最低每股股利为0.05元,其余年份有一定的调整,但不完全随每股收益的增加而增加。近三年,即2008～2010年度,公司执行纯粹的现金股利政策(没有其他股利支付方式),且每股股利和股利支付率逐年有所增长,呈现“水平较低但稳健增长”的特点,可大致确定为“稳健增长的股利政策”。

(3)公司分配股利,没有减损公司未来的发展潜力和股票的价值,是一种兼顾股东利益和公司长期发展为目标的股利分配政策。现金股利是公司直接分配现金给股东作为投资回报,它减少了公司的现金资产,发放过多可能会影响公司将来的发展;发放“股票股利”或执行“资本公积金转增股本”来增加股东手中的股票数量,可以在股票价格的相对上涨中,使股东获得资本增值的好处。但这两者会增加公司股份总额,从而摊薄每股收益,降低股票的内在价值。但万科在股本扩张中采取了适度扩张的分配策略,因此每股收益并没有出现大回落,可见公司的分配政策是兼顾股东利益和公司长期发展为前提的一种适度分配的政策。总体上看,万科公司执行的股利政策对股东和公司都是比较负责的,采取的是现金回报和资本增值回报相配合的方式,对股东的投资收益有较好的保证,又不会对企业长期发展不利。

五、实验练习

1. 请按照例1、例2和例3的实验资料，参考“四、实验步骤”的内容，在计算机上独立完成相关问题的解答。

2. 某公司年初有未分配利润200万元，本年实现税后利润400万元。下年拟上一个新项目，需要投资200万元。公司目标资本结构为权益与负债之比为5∶3，公司发行在外的普通股为160万股。公司决定采用剩余股利政策进行股利分配，计提法定公积金的比例为10%。

要求：(1)计算本年应发放的现金股利总额、每股股利、每股收益和股利支付率等指标。(2)按利润分配的顺序，在表格中列出本年度“未分配利润”项目的变动情况。

3. 某公司年终股利分配前股东权益项目资料如下。

项目	金额
股本(普通股200万股，每股面值2元)(万元)	400
资本公积(万元)	150
未分配利润(万元)	850
股东权益合计(万元)	1400
股票现行市价(元)	30

要求：(1)如果执行“每10股送1股的方案发放股票股利，并按发放股票股利后的股数派发现金股利每股0.20元”的分配方案，计算完成这一分配方案后的股东权益各项目的金额(股票股利按市价计算)。(2)假设股利分配不改变公司市净率(市价/每股净资产)，公司按每10股送2股的方案发放股票股利(股票股利按现行市价计算)，并按发放股票股利后的股数发放现金股利。如果希望股票价格等达到20元，则理论上来讲，公司发放的每股现金股利是多少较为合理？

4. 中联重科，是长沙中联重工科技发展股份有限公司的简称，2000年10月在深圳证券交易所上市，股票代码：000157。中联重科是在原长沙建设机械研究院基础上孵化出来的新型高科技上市公司，中国工程机械装备制造龙头企业。主要生产混凝土机械、工程起重机械、城市环卫机械、建筑起重机械等工程机械产品，其混凝土机械产销量居全球市场第一，是全球产业链最为齐全的工程机械企业。2010年，中联重科下属各经营单元实现产值508亿元，利税超过45亿元，员工2.6万多人。2010年中联重科在全球工程机械行业排名第8位；在中国机械工业100强排名第2位。上市以来，中联重科以其突出的业绩成为中国股市最具成长力的企业。

要求：查阅中联重科上市以来的相关公告资料，收集股利分配的数据，分析其股利政策的特点。

下篇　财务管理综合实验

实验七　财务报表分析综合实验

财务分析是以财务报表及相关资料为依据，采用专门方法，系统分析和评价企业过去的经营业绩、衡量当前的财务状况和预测未来的发展趋势，它是企业财务管理的重要环节。财务分析的最基本功能是将大量的财务报表及相关数据转化为对特定决策有用的信息，减少决策的不确定性。财务分析通过对企业偿债能力、盈利能力及抵抗风险能力等方面的分析，为全面了解、客观评价、找出问题，从而为决策提供有用帮助。财务分析的方法主要有结构分析法、趋势分析法、比率分析法和综合分析法等。本实验的主要目的是利用泽源公司分析决策系统以及 Excel 工具，掌握基本的财务分析方法，在此基础上对企业的财务状况、经营成果、未来趋势进行分析和评价。

一、实验问题

1. 如何利用结构分析法分析行业(一个企业)的经济特征？

2. 如何对上市公司的盈利状况、财务风险以及营运效率展开分析？

3. 如何根据杜邦综合分析法分析不同行业(不同公司)是如何为股东赚钱的？

二、原理与假设

(一)结构分析法

结构分析法又称垂直分析法，它是通过计算报表中各项目占总体的比重或结构，反映报表中的各项目与总体之间的关系，进而考察总体中某个部分的形成和安排是否合理。其计算公式为：

$$某项目的比重 = \frac{该项目数值}{总体数值} \times 100\%$$

资产负债表垂直分析法通过计算资产负债表各项目占总资产(或负债与所有者权益总额)的比重,分析评价资产结构、资本结构的合理程度以及资产结构与资本结构的适应程度。利润表垂直分析法是通过计算各种财务成果在营业收入中所占比重,分析说明财务成果的结构及其变动的合理程度。现金流量表的结构分析法是通过计算各项现金流入(流出)占全部现金流入(流出)的比重,进而分析企业资金的来源和去向。

(二)趋势分析法

趋势分析法通常是将一段时间内的财务数据与基期的财务数据进行比较,进而可以分析各种财务数据的变化趋势、变化的原因,并预测企业未来的发展前景。通常计算趋势百分比的公式为:

$$趋势百分比 = \frac{分析期财务数据}{基期财务数据} \times 100\%$$

(三)比率分析法

比率分析法是将相互关联的指标项目加以对比,计算出比率,用以反映各项财务数据之间的相互关系,揭示企业的财务状况和经营成果,是财务分析中最重要的部分。常用的财务比率指标有偿债能力比率、盈利能力比率、营运能力比率等几个方面。

1. 短期偿债能力比率。

流动比率是指企业流动资产与流动负债的比率,表明企业每 1 元流动负债有多少流动资产作为偿还的保证,反映企业用可在短期内转变为现金的流动资产偿还到期的流动负债的能力。计算公式为:

$$流动比率 = \frac{流动资产}{流动负债}$$

一般情况下,流动比率越高,反映企业短期偿债能力越强,债权人的权益越有保证。一般认为,流动比率的下限为 1,流动比率为 2 较为适宜(但是近年来,企业的经营方式和金融环境发生了很大变化,流动比率有降低的趋势)。如果比率过低,则表示企业可能捉襟见肘,难以如期偿还到期债务。但是,流动比率也不可能过高,过高表明企业流动资产占用较多,有较多的资金滞留在流动资产上未加以更好地运用,如出现存货超储积压、存在大量应收账款、拥有过分充裕的现金等,会影响资金的使用效率和企业筹资成本进而影响获利能力。保持多高水平的比率,主要视企业对待风险与收益的态度。

运用流动比率进行分析时,必须注意以下几个问题。

(1)虽然流动比率越高,企业偿还短期债务的流动资产保证程度越强,但这并不等于说企业有足够的现金或存款用来偿债。流动比率高也可能是存货积压、应收账款增多且收账期延长,以及待摊费用和待处理财产损失增加所致,而真正可以用来偿债的现金和存款却严重短缺。所以,应在分析流动比率的基础上,进一步对现金流量加以考察。

(2)从短期债权人的角度看,自然希望流动比率越高越好。但从企业经营角度看,过高的流动比率通常意味着企业闲置现金的持有量过多,必然造成企业机会成本的增加和获利能力的降低。因此,企业应尽可能将流动比率维持在不使货币资金闲置的水平。

(3)流动比率是否合理,不同企业以及同一企业不同时期的评价标准不同,因此,不能用统一的标准来评价各企业流动比率合理与否。

(4)在分析流动比率时应当剔除一些虚假因素的影响。

速动比率又称酸性试验比率,是指企业速动资产与流动负债的比率。所谓速动资产,是指流动资产减去变现能力较差且不稳定的存货、待摊费用、待处理流动资产损失等后的余额,包括货币资金、短期投资和应收账款等。由于剔除了存货等变现能力较弱的不稳定资产,因此,速动比率较之流动比率能够更加准确、可靠地评价企业资产的流动性及其偿还短期负债的能力。计算公式为:

$$速动比率 = \frac{速动资产}{流动负债}$$

传统经验认为,速动比率为 1 时是安全标准,说明 1 元流动负债有 1 元的速动资产作为保证。如果速动比率小于 1,企业会面临很大的偿债风险,企业将会依赖出售存货或举借新债偿还到期债务,这就造成急需售出存货带来的削价损失或举借新债形成的利息支出;如果速动比率大于 1,说明企业有足够的能力偿还短期债务,债务偿还的安全性很高,但同时说明企业拥有过多的不能获利的现款和应收账款,从而大大增加企业的机会成本。

现金比率是指企业现金资产与流动负债的比率,反映企业立即偿还到期债务的能力。这里所说的现金,是指现金和现金等价物。现金比率的计算公式为:

$$现金比率 = \frac{现金资产}{流动负债}$$

现金流动负债比是指一定时期内的经营现金净额与流动负债之比,它反映企业用经营活动产生的现金偿还短期债务的能力。计算公式为:

$$现金流动负债比 = \frac{经营现金流量净额}{流动负债}$$

现金流动负债比越大,表明企业经营活动产生的现金净流量就越多,越能保障企业按期偿还到期债务。

2. 长期偿债能力比率。

资产负债率也称负债比率，是指负债总额对全部资产总额之比。它表明企业资产总额中，债权人提供资金所占的比重以及企业资产对债权人权益的保证程度。计算公式为：

$$资产负债率 = \frac{负债总额}{资产总额} \times 100\%$$

一般来讲，资产负债率越小，表明企业长期偿债能力越强，但是也并非说该指标对谁都是越小越好。就债权人来说，该指标越小越好，这样企业清偿债务有保证。从所有者角度来说，如果该指标较大，说明利用较少的自有资本投资形成了较多的生产经营资产，不仅扩大了生产经营规模，而且在经营状况良好的情况下，还可以获得财务杠杆利益，得到较多的投资回报。如果该指标过小则表明企业对财务杠杆的利用不够。但资产负债率过大，则表明企业的债务负担沉重，企业资金实力不够，不仅对债权人不利，而且企业有濒临破产的危险。资产负债率还代表企业举债的能力，资产负债率越低，举债就越容易。

产权比率和权益乘数是资产负债率的另外两种表现形式。产权比率是指企业负债总额与所有者权益总额的比率，用来表明债权人提供的和由投资人提供的资金来源的相对关系，反映企业基本财务结构是否稳定。权益乘数是资产总额与股东权益总额的比率，表明所有者每投入1元能够带来的总资产。计算公式为：

$$产权比率 = \frac{负债总额}{股东权益总额} \times 100\%$$

$$权益乘数 = \frac{资产总额}{股东权益总额} = \frac{1}{1 - 资产负债率}$$

一般情况下，产权比率越低，表明企业的长期偿债能力越强，债权人权益的保障程度越高，承担的风险越小，但企业不能充分地发挥负债的财务杠杆效应。权益乘数越大，表明所有者投入企业的资本占全部资产的比重越小，企业负债程度越高，债权人承担的风险也就越高。

利息保障倍数是指企业息税前利润与利息费用的比率，反映企业经营所得支付债务利息的能力，用来衡量盈利能力对债务偿付的保障程度。计算公式为：

$$利息保障倍数 = \frac{息税前利润}{利息费用} = \frac{净利润 + 利息费用 + 所得税费用}{利息费用}$$

通常用财务费用的数额作为利息费用。一般来说，利息保障倍数至少应等于1。这项指标越大，说明公司用于偿还利息的缓冲资金越多，支付债务利息的能力越强，利息保障倍数小于1，表明企业自身产生的经营收益不能支持现有的债务规模。就一个企业某一时期的利息保障倍数来说，应与本行业该项指标的平均水平比较，或与本企业历年该项指标的水平比较，评价企业目前的指标水平。

现金债务总额比：现金债务总额比是经营活动现金净流量总额与债务总额的比率。计算公式为：

$$现金债务总额比 = \frac{经营现金流量净额}{全部负债}$$

该指标旨在衡量企业承担债务的能力，是评估企业中长期偿债能力的重要指标，同时它也是预测企业破产的可靠指标。这一比率越高，企业承担债务的能力越强，破产的可能性越小。这一比率越低，企业财务灵活性越差，破产的可能性越大。

3. 盈利能力比率。

毛利率是毛利额与营业收入之比。计算公式为：

$$毛利率 = \frac{毛利额}{营业收入} = \frac{营业收入 - 营业成本}{营业收入}$$

毛利率表示每1元销售收入扣除销售成本后，有多少钱可以用于各项期间费用和形成盈利。销售毛利率是公司销售净利率的基础，没有足够大的毛利率便不能盈利。

销售净利率是指净利润与营业收入的百分比。计算公式为：

$$销售净利润率 = \frac{净利润}{营业收入} \times 100\%$$

该指标反映每1元销售收入带来的净利润是多少，表示销售收入的收益水平。从销售净利率的指标关系看，净利额与销售净利率成正比关系，而销售收入额与销售净利率成反比关系。公司在增加销售收入额的同时，必须相应获得更多的净利润，才能使销售净利率保持不变或有所提高。通过分析销售净利率的升降变动，可以促使公司在扩大销售业务的同时，注意改进经营管理，提高盈利水平。

总资产报酬率是息税前利润总额与平均资产总额之比。计算公式为：

$$总资产报酬率 = \frac{息税前利润总额}{平均资产总额} \times 100\%$$

其中：息税前利润总额＝利润总额＋利息费用

平均资产总额＝(期初资产总额＋期末资产总额)÷2

总资产报酬率反映了企业利用全部经济资源的盈利能力。一个企业的总资产报酬率越高，表明其资产管理的效益越好，企业的财务管理水平越高，企业整体资产的投资报酬率也越高。反之则反。

资产净利润率是企业在一定时期内的净利润和资产平均总额的比值。计算公式为：

$$资产净利润率 = \frac{净利润}{平均资产总额} \times 100\%$$

资产平均总额＝(期初资产总额＋期末资产总额)÷2

把公司一定期间的净利润与公司的资产相比较,可表明公司资产利用效果。指标越高,表明资产的利用效率越高,说明公司在增加收入和节约资本使用等方面取得了良好的效果;否则相反。资产净利润率是一个综合指标,公司的资产是由投资人投资或举债形成的,净利润的多少与公司资产的多少、资产结构、经营管理水平有着密切的关系。在分析时,可以进行横向比较和纵向比较,找出形成差异的原因。

净资产收益率也称权益利润率,是指企业在一定时期的净利润同平均净资产的比率。计算公式为:

$$净资产收益率 = \frac{净利润}{平均净资产} \times 100\%$$

其中:平均净资产＝(期初净资产＋期末净资产)÷2

净资产收益率是评价所有者投入资本获取报酬水平的最具综合性与代表性的指标,反映企业资本运用的综合效益。一般认为,该指标越高,企业权益资本的盈利能力越强。在我国,该指标既是上市公司对外必须披露的信息内容之一,也是决定上市公司能否配股进行再融资的重要依据。

净利收现率是经营活动产生的现金流量净额与净利润的比值,它表示每1元的净利润中的经营现金净流量,反映净利润的首先水平,说明企业的账面利润是否有真实的现金来保证,是体现企业盈利状况是否良好的重要指标。计算公式为:

$$净利收现率 = \frac{经营现金流量净额}{净利润}$$

4.上市公司特殊财务指标。

每股收益:普通股每股收益是指企业归属于普通股股东的当期净利润与发行在外的普通股股数的比率。计算公式为:

$$每股收益 = \frac{净利润 - 优先股股利}{发行在外的普通股股数}$$

该指标是衡量上市公司获利能力的重要财务指标,反映了普通股每股的盈利能力。每股收益越多,说明每股盈利能力越强。每股收益还是确定股票价格的主要参考指标。在分析时,可以进行纵向比较和横向比较,了解该公司盈利能力的变化趋势及相对盈利能力。

市盈率是普通股每股市价与每股收益的比率。计算公式为:

$$市盈率 = \frac{普通股每股市价}{普通股每股收益}$$

市盈率是投资者比较关注的指标,它反映投资者对每股收益所愿意支付的价格,可以用来估计股票的投资风险和报酬。一般来说,市盈率越高,表明投资者对公司未来的盈利能力和发展前景越看好。在股票价格一定的情况下，每股收益越高，则市盈率越低，投资风险越小；反之亦然。每股收益一定，市价越高，则市盈率越高，投资风险越大；反之亦然。市盈率分析时应注意以下问题。

(1)影响市盈率变动的因素之一是股票价格，而股票价格变动的因素非常复杂，所以在分析时应注重市盈率的长期变化而不是看短期的高低；

(2)在每股收益很小或者亏损时，市场价格不会将为零，很高的市盈率不说明任何问题，失去了意义；

(3)不同行业股票市盈率是不相同的，新兴行业的股票市盈率普遍较高，而成熟行业的市盈率普遍较低，但不能说明后者没有投资价值。

每股净资产是期末净资产与普通股股数之比。计算公式为：

$$每股净资产=\frac{期末净资产}{普通股股数}$$

每股净资产反映了每一普通股所拥有的净资产，可以衡量公司股票的含金量。该指标越大，说明每股拥有的净资产越多，公司的发展潜力越大。该指标是支撑股票市场价格的物质基础，数值越大，表明公司实力越强。它是公司在清算时股票的账面价值，通常被认为是股票价格下跌的底限。

市净率是每股市价与每股净资产的比率。计算公式为：

$$市净率=\frac{每股市价}{每股净资产}$$

市净率在一定程度上揭示了股票价格与其价值背离的投资风险。每股净资产是股票的账面价值，每股市价是这些资产的市场价值，它是市场交易的结果。市净率太高，说明股票市场价格偏离价值太多，投资风险较大；反之则反。

5. 营运能力比率。

应收账款周转率是反映应收账款周转速度的指标，有两种表示方式：应收账款周转次数和应收账款周转天数。计算公式为：

$$应收账款周转率=\frac{赊销净额}{应收账款平均余额}$$

$$应收账款周转天数=\frac{计算期天数}{应收账款周转次数}$$

式中：赊销净额＝营业收入－现销收入

应收账款平均余额＝(期初应收账款＋期末应收账款)÷2

应收账款周转率是考核应收账款周转变现能力的重要财务指标，应收账款周转次数越多或周转天数越短，直接反映出企业收账速度较快，坏账出现几率较小。反之，如果应收账款周转次数较少，实际收回账款的天数超过了企业规定的应收账款天数，则说明债务人拖欠时间长、资信度低，企业信用调查和催收账款不力，使结算资力形成了呆账、悬账甚至坏账，造成了企业资产流动性差，企业的资源配置效益比较低。

存货周转率是反映存货周转速度的指标，也有两种表示方法：存货周转次数和存货周转天数。计算公式为：

$$存货周转次数 = \frac{营业成本}{存货平均余额}$$

$$存货周转天数 = \frac{计算期天数}{存货周转次数}$$

式中：存货平均余额=(存货年初余额+存货年末余额)÷2

在一般情况下，存货周转次数多、周转天数短，表明存货周转速度越快，说明企业的销售效率高，库存积压少，营运资本中被存货占用的比例相对较小，这无疑会提高企业的经济效益。反之，存货周转率低则是企业管理不善经营情况欠佳的一种迹象。存货周转速度的快慢，不仅能反映企业的销售能力，而且可以衡量企业存货的存储、存货结构、存货质量是否合理的重要指标。

流动资产周转率指一定期间内一定数量的流动资产价值(即流动资金)周转次数或完成一次周转所需要的天数，这反映的是企业全部流动资产价值(即全部流动资金)的周转速度。计算公式为：

$$流动资产周转次数 = \frac{营业收入}{流动资产平均余额}$$

$$流动资产周转天数 = \frac{计算期天数}{流动资产周转次数}$$

流动资产周转率是一个分析流动资产周转情况的综合性指标，流动资产周转次数越高，或流动资产周转天数越低，说明流动资产周转速度越快，表明以相同的流动资产完成的周转额越多，或完成同样的周转额所需要的流动资产平均占用额越少，流动资产的利用效率越高。

总资产周转率是指营业收入与平均资产总额的比值。计算公式为：

$$总资产周转次数 = \frac{营业收入}{平均资产总额}$$

$$总资产周转天数 = \frac{计算期天数}{总资产周转次数}$$

该指标反映总资产周转的速度，总资产周转次数越多，或周转天数越短(总周转期越短)，反映企业总资产的周转速度越快，进而说明企业的营运能力越强；反之，总资产周转次数越少，或总周转天数越长，说明全部资产周转速度较慢(周转周期长)，进而说明企业利用其资产进行经营的效率较差，会影响企业的获利能力，企业应采取措施提高销售收入或处置资产，以提高总资产利用率。

(四)杜邦综合分析法

杜邦分析法是利用几种主要的财务比率之间的关系来综合分析企业财务状况

的方法。其基本思想是将企业净资产收益率逐级分解为多项财务比率乘积，这样有助于深入分析比较企业经营业绩。由于这种分析方法最早由美国杜邦公司使用，故名杜邦分析法。

杜邦分析体系的基本框架是：

净资产收益率＝资产净利润率×权益乘数

＝销售净利润率×总资产周转率×权益乘数

通过杜邦分析可以了解的财务信息有：

1.净资产收益率是整个分析系统的起点和核心。该指标的高低反映了投资者的净资产获利能力的大小。净资产收益率是由销售净利润率、总资产周转率和权益乘数决定的。

2.资产净利润率是销售净利润率和总资产周转率的乘积，是企业销售成果和资产运营的综合反映。因此，要提高资产净利润率可以从销售与资产管理两方面入手。

3.总资产周转率是反映企业营运能力的最重要指标，是企业资产经营的结果，是实现净资产收益率最大化的基础。企业总资产是由流动资产和非流动资产构成，流动资产体现企业的偿债能力和变现能力，非流动资产体现企业的经营规模、发展潜力和盈利能力。因此，资产结构是否合理以及营运效率高低是企业资产经营的核心问题，并最终影响到企业的经营业绩。

4.权益乘数是反映企业资本结构的指标，也是反映企业偿债能力的质保，是企业筹资活动的结果，它对提高净资产收益率起到杠杆作用。适度的负债经营，合理安排企业资本结构，可以提高净资产收益率。

三、数据采集与处理

(一)从结构财务报表分析行业(航空运输业)的经济特征

1.泽源公司分析决策系统：查询并下载航空运输业上市公司的结构财务报表。

步骤1：选择分析客户。打开泽源公司分析决策系统，在“客户类型”中选择“上市对标公司”，在“名称”中输入“东方航空”，“客户代码”中自动匹配出“600115”，报表日期区间分别选择“2009-12-31”和“2009-12-31”。

步骤2：查看结构财务报表。选择“财务报表分析”→“结构财务报表”进入界面，则数据表中显示出所选择公司的结构财务报表信息，包括公司资产负债表的结构报表、利润表的结构报表和现金流量表的结构报表，如图7-1所示。

步骤3：点击“输出Excel”，将公司的结构财务报表以其名称“东方航空”命名并保存在指定文件夹位置。

步骤4：重复步骤1至步骤3，分别下载航空运输业其他公司：中信海直(000099)、山航B(200152)、南方航空(600029)、海南航空(600221)、外运发展

字段项目	行次	数值	占本类别比例	占总类别比例	占营业收入比例
货币资金	1	2,191,698,000	31.93%	3.04%	5.5%
交易性金融资产	2	3,490,000	0.05%	0%	0.01%
短期投资	3	0	0%	0%	0%
应收票据	4	0	0%	0%	0%
应收股利	5	7,356,000	0.11%	0.01%	0.02%
应收利息	6	0	0%	0%	0%
应收账款	7	1,370,871,000	19.97%	1.9%	3.44%
坏账准备	8	0	0%	0%	0%
应收账款净额	9	1,370,871,000	19.97%	1.9%	3.44%
预付货款	10	377,399,000	5.5%	0.52%	0.95%
应收补贴款	11	0	0%	0%	0%
其他应收款	12	1,530,172,000	22.29%	2.12%	3.84%
一年内到期的非流动资产	13	0	0%	0%	0%
内部应收款	14	0	0%	0%	0%
待摊费用	15	0	0%	0%	0%
存货	16	932,260,000	13.58%	1.29%	2.34%
其中_消耗性生物资产	17	0	0%	0%	0%
准备存货变动损失准备	18	0	0%	0%	0%

图 7-1　上市公司结构财务报表分析

(600270)、中国国航(601111)、海航 B 股(900945)的结构财务报表，以其名称命名并保存在指定文件夹位置。

2. 合并航空业运输业各上市公司的结构财务报表数据。

步骤 1：打开数据文件“中信海直. xls”，删除结构资产负债表中 G 列变量“占营业收入比例”；点击“结构损益表”，删除结构损益表中 E 列变量“占利润总额比例”；点击“结构现金流量表”，删除结构现金流量表中 F 列变量“占营业收入比例”，将文件重新命名为“行业平均”并保存在指定文件夹位置。

步骤 2：打开数据“山航 B. xls”，选中结构资产负债表中的 D：F 列变量：“数值”“占本类别比例”“占总类别比例”，单击鼠标右键，选择“复制”。

步骤 3：点击文件“行业平均. xls”的“结构资产负债表”，点击单元格 G1，单击鼠标右键，选择“粘贴”。

步骤 4：点击文件“山航 B. xls”的“结构损益表”，选中 D、F 列变量：“数值”“占营业收入比例”，单击鼠标右键，选择“复制”。

步骤 5：点击文件“行业平均. xls”的“结构损益表”，点击单元格 F1，单击鼠标右键，选择“粘贴”。

步骤 6：点击文件“山航 B. xls”的“结构现金流量表”，选中 D、E 列变量：“数值”“占净现金流量比例”，单击鼠标右键，选择“复制”。

步骤 7：点击文件“行业平均. xls”的“结构现金流量表”，点击单元格 F1，单击鼠标右键，选择“粘贴”。

步骤 8：参照第 2 步至第 7 步的做法，依次将其他上市公司(南方航空、海南航空、外运发展、中国国航、海航B股)的结构资产负债表中的列变量“数值”“占本类别比例”“占总类别比例”,结构损益表中的列变量“数值”“占营业收入比例”,结构现金流量表中的列变量“数值”“占净现金流量比例”分别复制并粘贴到“行业平均.xls”工作表中的结构资产负债表、结构损益表、结构现金流量表中。

步骤9:保存合并后的数据文件“行业数据”,并删除其他打开的数据工作表。

3.计算航空运输业结构财务报表的平均值。

步骤1:在“行业数据.xls”工作表的结构资产负债表中AB6的位置,输入计算公式“=(D6+G6+J6+M6+P6+S6+V6+Y6)/8”,点击回车键,在单元格AB6的位置显示数值的平均值为4690702837。

步骤2:在结构资产负债表AC6的位置,输入计算公式“=(E6+H6+K6+N6+Q6+T6+W6+Z6)/8”,点击回车键,在单元格AC6的位置显示占本类别比例的平均值为55.55%。

步骤3:在结构资产负债表中AD6的位置,输入计算公式“=(F6+I6+L6+O6+R6+U6+X6+AA6)/8”,点击回车键,在单元格AD6的位置显示占总类别比例的平均值为13.33%。

步骤4:用鼠标选中单元格区域AB6:AD6,单击鼠标右键,选中“复制”。

步骤5:用鼠标选中单元格区域AB7:AD104,单击鼠标右键,选择“粘贴”,则单元格区域AB7:AD104显示出其他各变量的行业平均值。

步骤6:参照步骤1至步骤5的做法,计算出结构损益表、结构现金流量表的行业平均值,计算公式如表7-1所示,计算结果如图7-2所示。

表7-1 结构财务报表行业均值的计算公式

报表类型	变量名称	单元格	计算公式
结构损益表	数值(均值)	T6:T32	=(D6:D32+F6:F32+H6:H32+J6:J32+L6:L32+N6:N32+P6:P32+R6:R32)/8
	占营业收入比例(均值)	U6:U32	=(E6:E32+G6:G32+I6:I32+K6:K32+M6:M32+O6:O32+Q6:Q32+S6:S32)/8
结构现金流量表	数值(均值)	T6:T51	=(D6:D51+F6:F51+H6:H51+J6:J51+L6:L51+N6:N51+P6:P51+R6:R51)/8
	占净现金流量比例(均值)	U6:U51	=(E6:E51+G6:G51+I6:I51+K6:K51+M6:M51+O6:O51+Q6:Q51+S6:S51)/8

(二)上市公司财务指标分析

1.泽源公司分析决策系统:构建上市公司财务指标组合。

步骤1:打开泽源公司分析决策系统,选择“财务报表分析→多功能比较”,多功

结构资产负债表

名称： 中信海直

报表日期： 2009-12-31

字段项目	行次	数值（平均）	占本类别比例（平均）	占总类别比例（平均）
货币资金	1	4,690,702,837.5	55.55%	13.33%
交易性金融资产	2	453,900.	0.01%	0.00%
短期投资	3	0.	0.00%	0.00%
应收票据	4	1,086,862.5	0.04%	0.01%
应收股利	5	9,195,775.	0.35%	0.16%
应收利息	6	3,695,625.	0.05%	0.02%
应收账款	7	804,158,162.5	17.66%	3.86%
坏账准备	8	0.	0.00%	0.00%
应收账款净额	9	804,158,162.5	17.66%	3.86%
预付货款	10	354,076,200.	3.95%	0.67%
应收补贴款	11	0.	0.00%	0.00%
其他应收款	12	487,842,462.5	8.22%	1.36%
一年内到期的非流动资产	13	0.	0.00%	0.00%
内部应收款	14	0.	0.00%	0.00%
待摊费用	15	0.	0.00%	0.00%
存货	16	513,565,487.5	13.36%	2.92%
其中_消耗性生物资产	17	0.	0.00%	0.00%
准备存货变动损失准备	18	0.	0.00%	0.00%
存货净额	19	513,565,487.5	13.36%	2.92%
待转其他业务支出	20	0.	0.00%	0.00%
待处理流动资产损失	21	0.	0.00%	0.00%
一年内到期的长期债券投资	22	0.	0.00%	0.00%
影响流动资产其他科目	23	0.	0.00%	0.00%

结构资产负债表 / 结构损益表 / 结构现金流量表

图 7-2 上市公司结构财务报表行业均值的计算结果

能比较界面，在比较指标中选择“指标组合”。

步骤 2：在报表类型中选择“资产负债表”，然后在“资产负债表”的列表中选择（打钩）下列财务指标：“货币资金”“交易性金融资产”“应收账款净额”“存货净额”“流动资产合计”“资产总计”“流动负债合计”“负债合计”“股东权益合计”，点击“指标确认”。

步骤 3：在报表类型中选择“损益表”，然后在“损益表”的列表中选择下列财务指标：“营业收入”“营业成本”“财务费用”“利润总额”“净利润”“每股收益”，点击“指标确认”。

步骤 4：在报表类型中选择“现金流量表”，然后在“现金流量表”的列表中选择财务指标“经营活动产生的现金净额”，点击“指标确认”，显示构建的财务指标组合，如图 7-3 所示。

2. 选择分析对象的财务报表数据并下载。

步骤 1：在“比较类型”中选择“实际数值”，在“客户名称或代码”中选择“万科A”。

步骤 2：在“比较报表日期”中选择“2006-12-31”“2007-12-31”“2008-12 31”“2009-12-31”，点击“数据显示”，显示万科公司的财务数据，如图 7-4 所示。

步骤 3：在“比较类型”中选择“行业平均”，在“选择行业名称”中选择“房地产开

报表名称	指标名称
资产负债表	货币资金
资产负债表	交易性金融资产
资产负债表	应收账款净额
资产负债表	存货净额
资产负债表	流动资产合计
资产负债表	资产总计
资产负债表	流动负债合计
资产负债表	负债合计
资产负债表	股东权益合计
损益表	营业收入
损益表	营业成本
损益表	其中利息费用
损益表	利润总额
损益表	净利润
损益表	每股收益
现金流量表	经营活动产生的现金净额

图 7-3　构建上市公司的财务指标组合

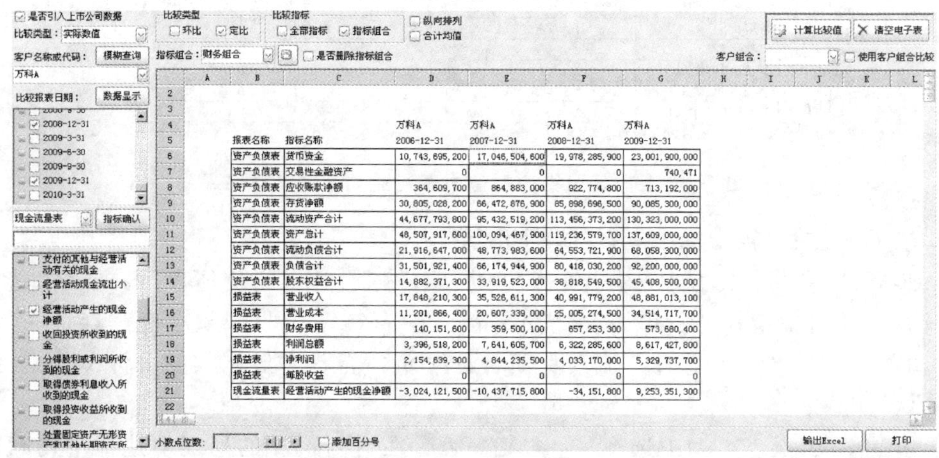

报表名称	指标名称	万科A 2006-12-31	万科A 2007-12-31	万科A 2008-12-31	万科A 2009-12-31
资产负债表	货币资金	10,743,695,200	17,046,504,600	19,978,285,900	23,001,900,000
资产负债表	交易性金融资产	0	0	0	740,471
资产负债表	应收账款净额	364,609,700	864,883,000	922,774,800	713,192,000
资产负债表	存货净额	30,805,028,200	66,472,876,900	85,898,696,500	90,085,300,000
资产负债表	流动资产合计	44,677,793,800	95,432,519,200	113,456,373,200	130,323,000,000
资产负债表	资产总计	48,507,917,600	100,094,467,900	119,236,579,700	137,609,000,000
资产负债表	流动负债合计	21,916,647,000	48,773,983,600	64,553,721,900	68,058,300,000
资产负债表	负债合计	31,501,921,400	66,174,944,900	80,418,030,200	92,200,000,000
资产负债表	股东权益合计	14,882,371,300	33,919,523,000	38,818,549,500	45,408,500,000
损益表	营业收入	17,848,210,300	35,526,611,300	40,991,779,200	48,881,013,100
损益表	营业成本	11,201,866,400	20,607,339,000	25,005,274,500	34,514,717,700
损益表	财务费用	140,151,600	359,500,100	657,253,300	573,680,400
损益表	利润总额	3,396,518,200	7,641,605,700	6,322,285,600	8,617,427,800
损益表	净利润	2,154,639,300	4,844,235,500	4,033,170,000	5,329,737,700
损益表	每股收益	0	0	0	0
现金流量表	经营活动产生的现金净额	-3,024,121,500	-10,437,715,800	-34,151,800	9,253,351,300

图 7-4　万科公司的财务指标数据

发销售”。

步骤 4：在“比较报表日期”中选择“2006-12-31”“2007-12-31”“2008-12-31”“2009-12-31”，点击“数据显示”，显示房地产开发销售行业的财务指标数据，如图7-5所示。

步骤 5：点击“输出 Excel”，将数据命名为“万科财务数据”并保存在指定的文件夹位置。

3. 计算万科公司与房地产开发与销售行业的相关财务比率。

步骤 1：在“万科财务数据. xls”工作表的单元格区域 C22：C36 的位置分别输入财务指标：“流动比率”“速动比率”“现金比率”“现金流动负债比”“负债比率”“现

	B	C	D	E	F	G	H	I	J	K
2										
3										
4			万科A	万科A	万科A	万科A	房产开发销售	房产开发销售	房产开发销售	房产开发销
5	报表名称	指标名称	2006-12-31	2007-12-31	2008-12-31	2009-12-31	2006-12-31	2007-12-31	2008-12-31	2009-12-3
6	资产负债表	货币资金	10,743,695,200	17,046,504,600	19,978,285,900	23,001,900,000	10,743,695,200	17,046,504,600	19,978,285,900	23,001,
7	资产负债表	交易性金融资产	0	0	0	740,471	0	0	0	
8	资产负债表	应收账款净额	364,609,700	864,883,000	922,774,800	713,192,000	364,609,700	864,883,000	922,774,800	713,
9	资产负债表	存货净额	30,805,028,200	66,472,876,900	85,898,696,500	90,085,300,000	30,805,028,200	66,472,876,900	85,898,696,500	90,085,
10	资产负债表	流动资产合计	44,677,793,800	95,432,519,200	113,456,373,200	130,323,000,000	44,677,793,800	95,432,519,200	113,456,373,200	130,323,
11	资产负债表	资产总计	48,507,917,600	100,094,467,900	119,236,579,700	137,609,000,000	48,507,917,600	100,094,467,900	119,236,579,700	137,609,
12	资产负债表	流动负债合计	21,916,647,000	48,773,983,600	64,553,721,900	68,058,300,000	21,916,647,000	48,773,983,600	64,553,721,900	68,058,
13	资产负债表	负债合计	31,501,921,400	66,174,944,900	80,418,030,200	92,200,000,000	31,501,921,400	66,174,944,900	80,418,030,200	92,200,
14	资产负债表	股东权益合计	14,882,371,300	33,919,523,000	38,818,549,500	45,408,500,000	14,882,371,300	33,919,523,000	38,818,549,500	45,408,
15	损益表	营业收入	17,848,210,300	35,526,611,300	40,991,779,200	48,881,013,100	17,848,210,300	35,526,611,300	40,991,779,200	48,881,
16	损益表	营业成本	11,201,866,400	20,607,339,000	25,005,274,500	34,514,717,700	11,201,866,400	20,607,339,000	25,005,274,500	34,514,
17	损益表	财务费用	140,151,600	359,500,100	657,253,300	573,680,400	140,151,600	359,500,100	657,253,300	573,
18	损益表	利润总额	3,396,518,200	7,641,605,700	6,322,285,600	8,617,427,800	3,396,518,200	7,641,605,700	6,322,285,600	8,617,
19	损益表	净利润	2,154,639,300	4,844,235,500	4,033,170,000	5,329,737,700	2,154,639,300	4,844,235,500	4,033,170,000	5,329,
20	损益表	每股收益	0	0	0	0	0	0	0	
21	现金流量表	经营活动产生的现金净额	-3,024,121,500	-10,437,715,800	-34,151,800	9,253,351,300	-3,024,121,500	-10,437,715,800	-34,151,800	9,253,
22										

图 7-5　房地产开发销售行业的财务指标数据

金债务总额比”“毛利率”“销售净利率”“资产净利润率”“总资产报酬率”“净资产收益率”“净利收现率”“存货周转率”“应收账款周转率”“总资产周转率”。

步骤 2：根据表 7-2 所列示的计算公式，分别在单元格区域 D22：K36 的位置计算相关财务比率，计算结果如图 7-6 所示。

表 7-2　上市公司财务比率的计算公式

单元格位置	计算公式	单元格位置	计算公式
D22：K22	＝D10：K10/D12：K12	D23：K23	＝(D10：K10－D9：K9)/D12：K12
D24：K24	＝(D6：K6＋D7：K7)/D12：K12	D25：K25	＝D21：K21/D12：K12
D26：K26	＝D13：K13/D11：K11	D27：K27	＝D21：K21/D13：K13
D28：K28	＝(D15：K15－D16：K16)/D15：K15	D29：K29	＝D19：K19/D15：K15
D30：K30	＝D19：K19/D11：K19	D31：K31	＝(D18：K18＋D17：K17)/D11：K11
D32：K32	＝D19：K19/D14：K14	D33：K33	＝D21：K21/D19：K19
D34：K34	＝D16：K16/D9：K9	D35：K35	＝D15：K15/D8：K8
D36：K36	＝D15：K15/D11：K11		

	C	D	E	F	G	H	I	J	K
2									
3									
4		万科A	万科A	万科A	万科A	房产开发销售	房产开发销售	房产开发销售	房产开发销售
5	指标名称	2006-12-31	2007-12-31	2008-12-31	2009-12-31	2006-12-31	2007-12-31	2008-12-31	2009-12-31
22	流动比率	2.04	1.96	1.76	1.91	1.79	1.83	1.95	2.17
23	速动比率	0.63	0.59	0.43	0.59	0.56	0.57	0.51	0.75
24	现金比率	0.49	0.35	0.31	0.34	0.34	0.32	0.31	0.49
25	现金流动负债比	-0.14	-0.21	0.00	0.14	-0.12	-0.18	-0.12	0.07
26	负债比率	64.94%	66.11%	67.44%	67.00%	63.42%	66.12%	65.22%	66.89%
27	现金债务总额比	-9.60%	-15.77%	-0.04%	10.04%	-8.77%	-12.98%	-8.55%	4.00%
28	毛利率	37.24%	41.99%	39.00%	29.39%	31.28%	36.75%	38.51%	34.95%
29	销售净利率	12.07%	13.64%	9.84%	10.90%	10.17%	12.55%	11.63%	14.19%
30	资产净利润率	4.44%	4.84%	3.38%	3.87%	3.30%	4.02%	3.29%	4.33%
31	总资产报酬率	7.29%	7.99%	5.85%	6.68%	5.63%	7.08%	5.68%	6.97%
32	净资产收益率	14.48%	14.28%	10.39%	11.74%	9.94%	11.86%	9.45%	13.06%
33	净利收现率	-1.40	-2.15	-0.01	1.74	-1.69	-2.13	-1.70	0.62
34	存货周转率	0.36	0.31	0.29	0.38	0.39	0.34	0.27	0.34
35	应收账款周转率	48.95	41.08	44.42	68.54	19.80	35.26	35.77	45.39
36	总资产周转率	0.37	0.35	0.34	0.36	0.32	0.32	0.28	0.30

图 7-6　万科与行业财务比率计算结果

步骤 3:2006～2009 年间万科公司与房地产行业的财务指标进行比较,如表7-3所示。

表 7-3　2006～2009 年间万科的财务比率与行业平均水平的比较

		2006 年	2007 年	2008 年	2009 年
流动比率	万科	2.04	1.96	1.76	1.91
	行业平均	1.79	1.83	1.95	2.17
速动比率	万科	0.63	0.59	0.43	0.59
	行业平均	0.56	0.57	0.51	0.75
现金比率	万科	0.49	0.35	0.31	0.34
	行业平均	0.34	0.32	0.31	0.49
现金流动负债比	万科	−0.14	−0.21	0.00	0.14
	行业平均	−0.12	−0.18	−0.12	0.07
负债比率	万科	64.94%	66.11%	67.44%	67.00%
	行业平均	63.42%	66.12%	65.22%	66.89%
现金债务总额比	万科	−9.60%	−15.77%	−0.04%	10.04%
	行业平均	−8.77%	−12.98%	−8.55%	4.00%
毛利率	万科	37.24%	41.99%	39.00%	29.39%
	行业平均	31.28%	36.75%	38.51%	34.95%
销售净利率	万科	12.07%	13.64%	9.84%	10.90%
	行业平均	10.17%	12.55%	11.63%	14.19%

续　表

		2006 年	2007 年	2008 年	2009 年
资产净利润率	万科	4.44%	4.84%	3.38%	3.87%
	行业平均	3.30%	4.02%	3.29%	4.33%
总资产报酬率	万科	7.29%	7.99%	5.85%	6.68%
	行业平均	5.63%	7.08%	5.68%	6.97%
净资产收益率	万科	14.48%	14.28%	10.39%	11.74%
	行业平均	9.94%	11.86%	9.45%	13.06%
净利收现率	万科	−1.40	−2.15	−0.01	1.74
	行业平均	−1.69	−2.13	−1.70	0.62
存货周转率	万科	0.36	0.31	0.29	0.38
	行业平均	0.39	0.34	0.27	0.34
应收账款周转率	万科	48.95	41.08	44.42	68.54
	行业平均	19.80	35.26	35.77	45.39
总资产周转率	万科	0.37	0.35	0.34	0.36
	行业平均	0.32	0.32	0.28	0.30

(三)根据杜邦综合分析法分析不同行业如何为股东赚钱

1.泽源公司分析决策系统:构建杜邦分析的财务指标组合。

步骤 1:打开泽源公司分析决策系统,选择"财务报表分析→多功能比较",多功能比较界面,在比较指标中选择"指标组合"。

步骤 2:在报表类型中选择"资产负债表",然后在"资产负债表"的列表中选择(打钩)下列财务指标:"资产总计""负债合计""股东权益合计",点击"指标确认"。

步骤 3:在报表类型中选择"损益表",然后在"损益表"的列表中选择下列财务指标:"营业收入""净利润",点击"指标确认"。

2.选择分析对象的财务报表数据。

步骤 1:在"比较类型"中选择"实际数值",在"客户名称或代码"中选择"四川长虹"。

步骤 2:在"比较报表日期"中选择"2001-12-31""2002-12-31""2003-12-31""2004-12-31""2005-12-31""2006-12-31""2007-12-31""2008-12-31""2009-12-31",点击"数据显示"。

步骤 3:在"比较类型"中选择"实际数值",在"客户名称或代码"中选择"深康佳 A”。

步骤 4:在“比较报表日期”中选择“2001-12-31”“2002-12-31”“2003-12-31”“2004-12-31”“2005-12-31”“2006-12-31”“2007-12-31”“2008-12-31”“2009-12-31”,点击“数据显示”。

步骤 5:点击“纵向排列”,显示上市公司四川长虹和深康佳 A 的相关财务数据,如图 7-7 所示。

步骤 6:点击“输出 Excel”,将数据保存在指定的文件夹位置并命名为“长虹康佳”。

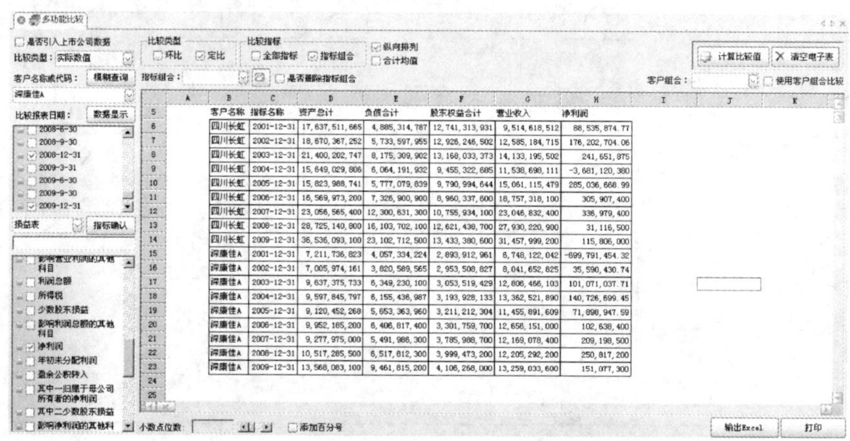

图 7-7 四川长虹和深康佳 A 的财务指标数据

3. 计算四川长虹和深康佳 A 在 2001～2009 年间的财务比率。

步骤 1:在“长虹康佳”工作表区域的 I5∶M5 分别输入财务指标:净资产收益率、资产净利润率、销售净利润率、总资产周转率、权益乘数。

步骤 2:参考表 7-4 的计算公式(数组公式),在单元格区域 I6∶M23 的位置计算出长虹和康佳在每一年度对应的财务指标,计算结果如图 7-8 所示。

表 7-4 上市公司财务比率计算公式

单元格位置	计算公式	单元格位置	计算公式
I6∶I23	＝H6∶H23/F6∶F23	J6∶J23	＝H6∶H23/D6∶D23
K6∶K23	＝H6∶H23/G6∶G23	L6∶L23	＝G6∶G23/D6∶D23
M6∶M23	D6∶d23/F6∶F23		

4. Excel 的绘图功能:分别描绘出长虹和康佳的净资产收益率、资产净利润率、销售净利润率、总资产周转率和权益乘数在 2001～2009 年间的变化趋势。

	报表名称					
客户名称	指标名称	净资产收益率	资产净利润率	销售净利润率	总资产周转率	权益乘数
四川长虹	37,256	0.69%	0.50%	0.93%	0.54	1.38
四川长虹	2002-12-31	1.36%	0.94%	1.40%	0.67	1.44
四川长虹	2003-12-31	1.84%	1.13%	1.71%	0.66	1.63
四川长虹	2004-12-31	-38.93%	-23.52%	-31.90%	0.74	1.66
四川长虹	2005-12-31	2.91%	1.80%	1.89%	0.95	1.62
四川长虹	2006-12-31	3.41%	1.85%	1.63%	1.13	1.85
四川长虹	2007-12-31	3.13%	1.46%	1.46%	1.00	2.14
四川长虹	2008-12-31	0.25%	0.11%	0.11%	0.97	2.28
四川长虹	2009-12-31	0.86%	0.32%	0.37%	0.86	2.72
深康佳A	2001-12-31	-24.18%	-9.70%	-10.37%	0.94	2.49
深康佳A	2002-12-31	1.21%	0.51%	0.44%	1.15	2.37
深康佳A	2003-12-31	3.31%	1.05%	0.79%	1.33	3.16
深康佳A	2004-12-31	4.41%	1.47%	1.05%	1.39	3.01
深康佳A	2005-12-31	2.24%	0.79%	0.63%	1.26	2.84
深康佳A	2006-12-31	3.11%	1.03%	0.81%	1.27	3.01
深康佳A	2007-12-31	5.53%	2.25%	1.72%	1.31	2.45
深康佳A	2008-12-31	6.27%	2.38%	2.05%	1.16	2.63
深康佳A	2009-12-31	3.68%	1.11%	1.14%	0.98	3.30

图 7-8　长虹和康佳财务比率计算结果

步骤 1:在“长虹康佳.xls”工作表中 O4∶Y14 区域建立长虹和康佳财务比率比较数据表,如图 7-9 所示。

O	P	Q	R	S	T	U	V	W	X	Y
	净资产收益率		资产净利润率		销售净利润率		总资产周转率		权益乘数	
	长虹	康佳	长虹	康佳	长虹	康佳	长虹	康佳	长虹	康佳
2001-12-31	0.69%	-24.18%	0.50%	-9.70%	0.93%	-10.37%	0.54	0.94	1.38	2.49
2002-12-31	1.36%	1.21%	0.94%	0.51%	1.40%	0.44%	0.67	1.15	1.44	2.37
2003-12-31	1.84%	3.31%	1.13%	1.05%	1.71%	0.79%	0.66	1.33	1.63	3.16
2004-12-31	-38.93%	4.41%	-23.52%	1.47%	-31.90%	1.05%	0.74	1.39	1.66	3.01
2005-12-31	2.91%	2.24%	1.80%	0.79%	1.89%	0.63%	0.95	1.26	1.62	2.84
2006-12-31	3.41%	3.11%	1.85%	1.03%	1.63%	0.81%	1.13	1.27	1.85	3.01
2007-12-31	3.13%	5.53%	1.46%	2.25%	1.46%	1.72%	1.00	1.31	2.14	2.45
2008-12-31	0.25%	6.27%	0.11%	2.38%	0.11%	2.05%	0.97	1.16	2.28	2.63
2009-12-31	0.86%	3.68%	0.32%	1.11%	0.37%	1.14%	0.86	0.98	2.72	3.30

图 7-9　长虹和康佳财务比率在 2001～2009 年间的比较

步骤 2:描绘出长虹和康佳公司的净资产收益率在 2001～2009 年间的变化趋势。

(1)在 Excel 菜单中选择“插入→函数”,在“图表类型”中选择“折线图”,点击下一步。

(2)在弹出的对话框中,点击“系列”,在“系列”的选择框中选择“净资产收益率长虹”“净资产收益率康佳”,删除其他的系列。

(3)点击“下一步”,点击“图例”,在“位置”下选择“底部”。

(4)点击“完成”,出现净资产收益率的折线图,如图 7-10 所示。

步骤 3:参照步骤 2 的做法,描绘出长虹和康佳公司的资产净利润率在 2001～2009 年间的变化趋势,如图 7-11 所示。

步骤 4:参照步骤 2 的做法,描绘出长虹和康佳公司的销售净利润率在 2001～2009 年间的变化趋势,如图 7-12 所示。

步骤 5:参照步骤 2 的做法,描绘出长虹和康佳公司的总资产周转率在 2001～2009 年间的变化趋势,如图 7-13 所示。

步骤 6:参照步骤 2 的做法,描绘出长虹和康佳公司的权益乘数在 2001～2009 年间的变化趋势,如图 7-14 所示。

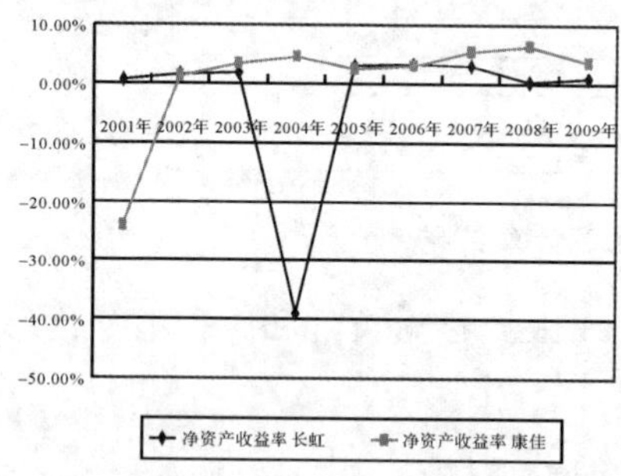

图 7-10　长虹和康佳净资产收益率的比较

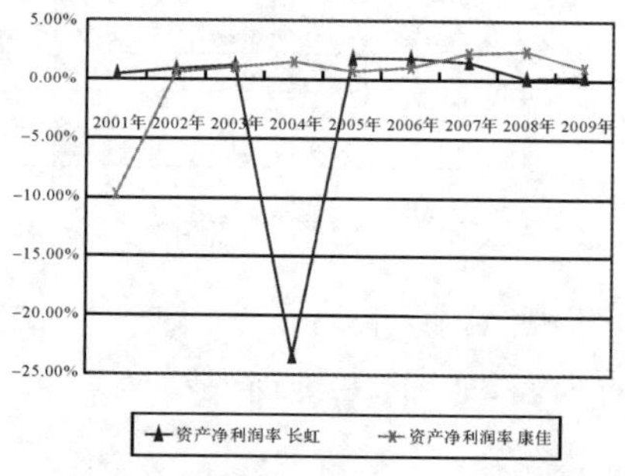

图 7-11　长虹和康佳资产净利润率的比较

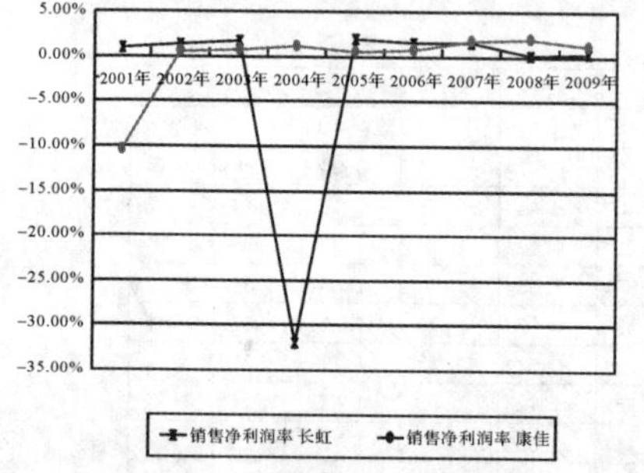

图 7-12　长虹和康佳销售净利润率的比较

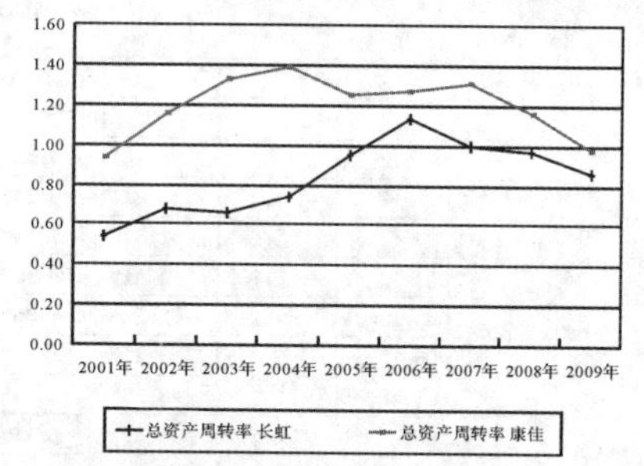

图 7-13　长虹和康佳总资产周转率的比较

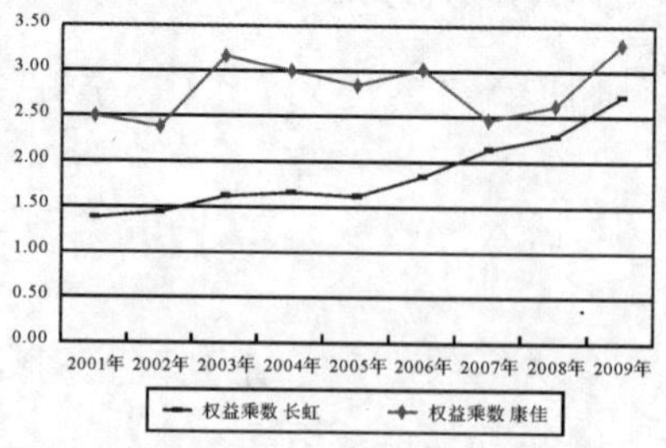

图 7-14　长虹和康佳权益乘数的比较

四、分析与结论

（一）从结构财务报表看航空运输业的经济特征

表 7-5 是根据图 7-2 所示的航空运输业结构财务报表的行业均值整理出来的资产负债表和利润表的结构报表的简表。

表 7-5　航空业资产负债表和利润表的结构报表简表

项　目	占总资产比例（%）	项　目	占总资产比例（%）	项　目	占营业收入比例（%）
货币资金	13.33	短期借款	12.03	营业收入	100.00
应收账款	3.86	应付账款	6.35	营业成本	84.33
存货	2.92	一年到期的非流动负债	5.21	销、管费用	10.08
流动资产合计	22.41	流动负债合计	31.37	财务费用	3.87
可供出售金融资产	3.28	长期负债	24.27	公允价值变动收益	2.79
长期股权投资	4.90	长期应付款	5.94	投资收益	1.89
长期投资	10.58	非流动负债合计	34.56	营业利润	3.64
固定资产	63.01	负债合计	65.93	营业外收入	3.28
无形资产	2.79	股东权益合计	34.07	利润总额	6.80
非流动资产合计	77.59	负债与股东权益合计	100.00	净利润	5.76
资产总计	100.00				

表 7-5 中的第 2 列是各项资产占总资产的比重，该列数据显示了航空运输业的资产构成。从流动资产和非流动资产两大类来看，航空运输业的总资产中以非流动资产为主，非流动资产投资占据总资产的 77.59%；其中非流动资产中主要以固定资产投资为主，固定资产（经营所需的飞机等）占据总资产的 63.01%。流动资产所占比重较小，只有 22.41%。在流动资产项目中，航空业整体上持有的货币资金水平较高，占总资产比重的 13.33%，是流动资产的主要构成部分；应收账款和存货所占比重非常小，只有 3.86%和 2.92%。由于航空运输业属于服务性的行业，主要以提供运输服务为主，因此存货水平和制造业相比相对较低，这符合服务业的特点，而应收账款所占比例较低，是与其提供服务的方式有关，飞机运输业大多采用现金或信用卡的方式提供运输服务，因此和一般制造业相比，其应收账款所占比重

也比较低。以现金或信用卡方式提供服务，也是导致航空业的资产构成中，货币资金所占比相对较高的原因。

表 7-5 中的第 4 列是各项融资来源占负债与所有者权益的比重，该列数据显示了航空业的资本结构特征和融资来源。从资本来源的性质来看，航空业属于高负债经营的行业，负债占全部资本的比例为 65.93%，股东权益仅为 34.07%。在全部的负债构成中，航空业一年之内需要偿还的债务占总资产比重为 31.37%，占全部负债水平将近 50%。向银行申请的贷款占总资产的比重为 36%，其中短期借款为 12.03%，长期借款为 24.27%。

表 7-5 的第 6 列是利润表中的各项目占营业收入的比重。若从利润总额和净利润占营业收入的比例来看，航空业的平均盈利能力还是不错的，分别达到 6.80% 和 5.76%，但是营业利润率却不是很高，营业利润占营业收入的比重仅为 3.64%，而导致最终的销售净利润率较高的原因是营业外收入的贡献，营业外收入占营业收入的比重达 3.28%，几乎和营业利润率持平。实际上，即使是 3.64%的营业利润率也不能代表航空业有一定的盈利能力。在其 3.64%的营业利润率中，整个航空业对外投资形成的收益占营业收入的比重就达到 4.6%(包括公允价值变动收益 2.8%和投资收益 1.9%)。过高的销售、管理费用和财务费用以及营业成本过多地吞噬了其利润，如果扣除对外投资带来的收益、营业外收入的贡献。事实上航空业提供飞机运输服务的主业已经处于亏损状态，而这些贡献并不具有持续性。

表 7-6 航空业现金流量表的结构报表简表 (单位:万元)

项目	金额
销售商品提供劳务收到的现金	109
经营活动现金流入小计	115
购买商品接受劳务支付的现金	73
经营活动现金流出小计	98
经营活动产生的现金净额	17
投资活动现金流入小计	3.9
构建固定资产无形资产和其他长期资产支付的现金	24
投资活动现金流出小计	31
投资活动产生的现金净额	−27
取得借款收到的现金	90
筹资活动现金流入小计	102
偿还债务所支付的现金	79

续　表

分配股利或利润所支付的现金	5
筹资活动现金流出小计	91
筹资活动差生的现金流量净额	11
现金净增加额	1(现金净增加额为正)

表 7-6 是航空业现金流量表的结构报表的简表。从表 7-6 可以看到，虽然航空业在 2009 年的盈利表现得不怎么好，但是该行业在 2009 年度还是产生了正的现金流量净额。之所以产生正的净现金流量，主要得益于经营活动产生的现金流量，经营活动带来的现金流入在弥补经营支出之后还有结余。其次，航空业进行了大量的融资行为，主要是向银行申请贷款，融资活动也为该行业带来了正的现金流量。航空业进行了大量的购买固定资产和长期投资等投资行为，而投资所需要的资金主要依靠经营活动和融资活动产生的现金流量来弥补。

(二)上市公司财务指标分析

表 7-3 是万科上市公司在 2006～2009 年间的各类财务比率指标以及房地产开发与销售行业各类指标的均值，图 7-15 是根据表 7-3 中所提供的偿债能力指标绘制的图，可以更为直观地观察万科公司和行业平均情况。

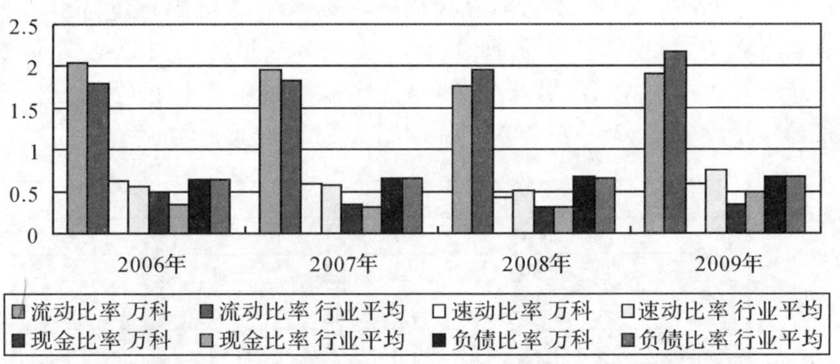

图 7-15　万科公司偿债能力指标与房地产行业均值水平的比较

从静态的偿债能力比率指标来看，万科上市公司的流动比率、速动比率、现金比率在 2006～2008 年间均呈下降趋势，2009 年有所上升。因此，从总体上看，万科公司的各类流动资产对短期债务的保障程度处于下降趋势。与行业平均水平相比，万科公司对流动负债的保障程度还是要优于行业平均水平的，流动比率和现金比率在 2006～2008 年间均高于行业平均水平，但是在 2009 年，公司的流动比率、现金比率均低于行业平均水平，速动比率则从 2008 年开始低于行业水平，主要是受公司储备的存货水平较高，存货在总资产的构成中高于行业平均水平导致的。尽管万科公司的短期偿债能力指标表现基本上优于行业平均水平，但是负债比例偏高，高于行业平均水平。

从动态的偿债能力指标来看(现金流动负债比、现金债务总额比)，尽管万科公司经营活动产生的现金净流量在2006年和2007年间为负，从整体上看对债务的保障程度不足；但是和房地产行业平均水平相比，万科经营现金净流量对债务的保证程度总体上都要好于行业情况。

结合上述静态和动态的偿债能力指标分析来看，大体上可以看出万科公司的偿债能力要好于行业情况。

在资产的管理效率方面，万科公司的总资产周转率在2006～2009年间一直高于行业平均水平，说明万科公司每投入1元钱能够带来的销售额要高于行业平均水平，因此全部资产的营运效率在行业中居于领先地位。较高的资产营运效率重点体现在公司回收款的速度方面，应收账款周转率高于行业平均水平很多，并且应收账款的回收速度在2009年大幅度提升。这表明和行业相比，万科公司非常注重销售款的回收，应收款管理效率很高。但是存货周转率指标方面的优势并不是很明显，2008年之前，万科公司的存货周转率处于下降趋势，2009年有大幅度回升，并且存货周转率在2006～2007年间低于行业平均水平，2008～2009年间存货周转率高于行业平均水平。2008年之前存货周转率处于下降趋势，这可能反映了公司持有存货水平在增加，比如增加拿地的速度，或者房产建造工期的延长导致。2009年受宏观经济环境的影响，公司减少拿地，加上有力度的促销活动快速回笼资金，这些因素导致了存货周转率在2009年上升并且高于行业平均状况。

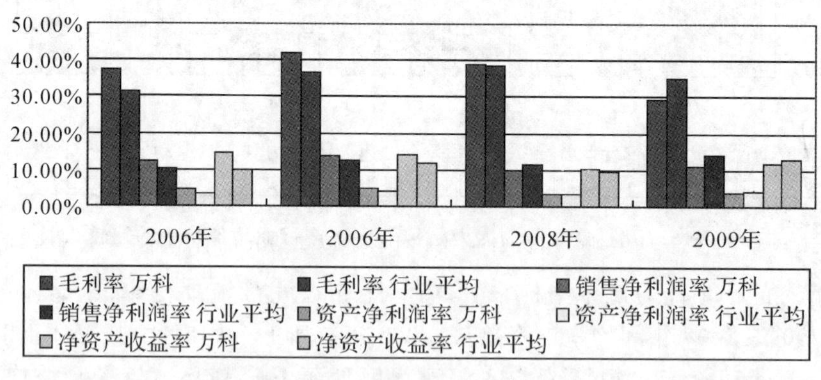

图7-16　万科公司盈利能力指标与房地产行业均值水平的比较

图7-16是根据表7-3中所提供的盈利能力指标进行的Excel绘图，进而可以更为直观地看到万科公司以及行业平均盈利水平的变化。图7-16显示，在盈利能力

方面，从净资产收益率来看，2006～2008 年间，万科公司的股东投资回报率高于行业的股东投资回报率水平，但是处于不断下降的趋势，股东高投资回报率的这种优势逐步消失，并且在 2009 年，股东投资回报率低于行业平均水平。股东投资回报率主要受销售净利润率、资产管理效率和权益乘数的影响。根据前述分析，万科公司的权益乘数（负债比例）和资产周转率指标在 2009 年都得到不同程度的提升且高于行业水平，因此导致万科公司股东投资回报率在 2009 年低于行业平均水平的关键因素是公司经营业绩的降低。2006～2008 年间，万科公司以其高于行业平均水平的毛利率而在行业内具有竞争性优势，但是公司的毛利率在 2009 年大幅度下降，并且低于行业平均水平很多，毛利率的降低直接导致其销售净利润率指标也大幅度下降，低于行业平均水平。万科公司 2009 年在行业内率先掀起价格风潮可能是导致公司毛利率和销售净利润率降低的主因。尽管这种降价促销行为直接导致了公司盈利水平的降低，但是使公司的资金得到快速回笼，这一点从现金流动负债比和现金债务总额比这两个指标也可以体现出来，万科公司在 2009 年的经营现金净额对负债的保证程度高于行业 2 倍多，这可以使公司避免市场环境不好时可能出现的资金链断裂问题和财务风险。

（三）利用杜邦分析法分析四川长虹和深康佳如何为股东赚钱

图 7-10 至图 7-14 分别是长虹和康佳的净资产收益率、资产净利润率、销售净利润率、总资产周转率和权益乘数在 2001～2009 年间的变化趋势图。

从图 7-10 对净资产收益率的描述来看，除了 2004 年长虹的净资产收益率有异常波动之外，在 2006 年之前，深康佳 A 和四川长虹的净资产收益率基本上没有太大差别，但是 2006 年之后，康佳公司的净资产收益率开始高于长虹，尤其是 2008 年，康佳和长虹的股东投资回报率差额达最大。

康佳公司从先前的无明显优势，到后来超越长虹，为投资者创造更多投资回报的原因是什么呢？根据杜邦综合分析法，股东投资回报率主要受资产的基础获利能力和权益乘数的影响。从图 7-11 对资产净利润率的描述来看，在 2007 年之前，康佳公司的资产获利能力并无明显性优势，但是 2007 年之后，公司的资产获利能力开始超于长虹，资产获利能力是推动公司盈利的基础性指标。根据图 7-14 显示，康佳公司一直采用了比长虹要更为激进的财务政策，负债比例高于长虹，通过对财务杠杆的利用，也可以提高股东的投资回报率，但是这种方法也使企业积累了较多的财务风险。

进一步分析，资产净利润率指标又受到公司销售净利润率和公司对总资产的管理效率的影响。图 7-12 和图 7-13 分别是对销售净利润率和总资产周转率的描述。图 7-12 显示，2007 年之后，康佳公司的销售净利润率开始超过长虹，但是在 2007 年之前，康佳的销售净利润率情况并无明显性优势。图 7-13 显示，康佳公司的总资产周转率也一直高于长虹，说明康佳公司对资产的管理效率要好于长虹。

综合前述分析，在2007年之后，康佳公司的销售净利润得以提升，并且公司一直采取较高的财务杠杆政策，加强对总资产的周转效率，通过这三种途径，进而使得康佳从2007年之后为股东创造的投资回报超过长虹。

五、拓展研究

1. 通过中国上市公司咨询网（www.cnlist.cn）等途径提供的对上市公司行业的分类，了解和熟悉中国上市公司的行业分类情况。通过色诺芬数据库（www.ccerdata.com）或者泽源公司分析决策系统提供的上市公司财务数据，查找并下载下列行业（但不局限于这些行业）的财务报表数据：房地产行业、生物制药业、家电制造业、服装纺织业、公用事业行业、零售业、通信行业、农业等，试用财务报表的结构分析方法（或垂直分析法），通过对资产负债表、利润表和现金流量表进行结构分析，分析各行业的盈利特征及经济特征，并作出合理的解释。

2. 在上述行业中（不局限于这些行业，也可以挑选你感兴趣的行业），请计算出每个行业的股东投资回报率的平均值，分析投资者投资于不同行业所得的回报率是否不同？如果不一样的话，请挑选两个你感兴趣的行业，利用杜邦分析的基本原理，分析两个行业在为股东赚取投资回报方面有什么差异？

提示：在计算财务指标的行业平均值的时候，请注意根据前面实验中所讲到的数据处理方法，剔除异常值和极端值的影响。

3. 请选择一家上市公司，对其在较长一段时间内（比如最近10年）的财务报表和财务数据进行跟踪分析。综合利用结构分析法、比较分析法、趋势分析法和比率分析法，通过对较长时期的财务数据的观察以及和同行业竞争对手或行业平均水平的比较，试分析，假设您作为一个股票投资者，那么该公司是否值得进行投资，依据是什么？如果站在银行的角度，是否应该给公司放出信用贷款，决策的依据又是什么？

实验八　资本结构分析综合实验

资本结构决策是财务管理的核心问题。根据资本结构理论，合理的资本结构有助于提升公司价值，改善公司治理。本实验主要从单个公司资本结构的特征分析、不同行业上市公司资本结构的比较分析、影响资本结构的因素分析、资本结构与公司价值的数值分析、资本结构决策分析等方面建立实验资料，利用财务分析软件开展实验步骤，帮助学生了解多角度研究企业资本结构的理论与方法，掌握多种分析方法的运用。

一、实验问题

在本实验中，我们将通过具体上市公司相关数据的分析，解决以下问题。

1. 怎样通过结构分析来了解一家企业的资本结构特征？怎样利用趋势分析模型建立单个企业资本结构的预测模型？

2. 怎样分析同行业多个上市公司的资本结构差异？

3. 从数量上如何分析企业资本结构与企业价值的关系？

4. 怎样用数理统计的方法分析影响资本结构的各种因素与资本结构的关系？

5. 怎样利用每股收益分析法进行资本结构决策？

二、原理与假设

（一）资本结构的概念

资本结构是指企业各种资本的构成及其比例关系。在西方财务理论中，一般认为资本结构是指长期资本的结构，即长期债务资本与权益资本的比例关系，而将企业短期债务资本看做是营运资本的一部分。在我国企业的债务组成中，长期债务资本比例很低，所以习惯上，将企业资本结构定义为全部债务资本与权益资本的比例关系，通常用负债比率表示资本结构的状态。

与资本结构概念关系非常密切还有两个概念，融资结构和财务结构。融资结构是指企业资金来源的不同项目之间的构成及其比例关系。根据资金来源的划分方式不同，融资结构有不同的特征，比如按照资金来源的途径不同分为内源融资和外源融资，按照资金企业的存续期长短不同分为短期融资与长期融资，按照融资过程中是否涉及金融中介分为直接融资与间接融资等。财务结构外延比融资结构更广，不仅包含不同融资途径形成的融资结构，还包括投资结构（即资产结构）以及利润分配的结构。虽然在实务领域，资本结构、融资结构和财务结构这三个概念有时不完全分清，但本实验中所涉及的资本结构，特指全部债务资本与权益资本的比例关系，以及各项债务资本、权益资本的具体项目之间的比例关系。

（二）资本结构理论

1. MM理论。现代资本结构理论是由莫迪格利安尼与米勒（简称MM）基于完美资本市场的假设条件提出的。MM理论所依据的直接及隐含的假设条件如下：

（1）经营风险可以用息税前利润的方差来衡量，具有相同经营风险的公司称为风险同类。

（2）投资者等市场参与者对公司未来的收益与风险的预期是相同的。

（3）完美资本市场，即在股票与债券进行交易的市场中没有交易成本，且个人与机构投资者的借款利率与公司相同。

（4）借债无风险，即公司或个人投资者的所有债务利率均为无风险利率，与债务的数量无关。

（5）全部现金流是永续的，即公司息税前利润具有永续的零增长特征，债券也是永续的。

在上述假设的基础上，MM首先研究没有企业所得税的情况下的资本结构问题，得出两个结论：

命题一：在没有企业所得税的情况下，负债企业的价值与无负债企业的价值相等，即无论企业是否有负债，企业的资本结构与企业价值无关。其表达式如下：

$$V_L = \frac{EBIT}{K_{WACC}^0} = V_U = \frac{EBIT}{K_e^U}$$

式中：V_L 表示有负债企业价值，V_U 表示无负债企业价值，$EBIT$ 表示全部资产的预期收益（永续），K_{WACC}^0 表示有负债企业的加权平均资本成本，K_e^U 表示既定风险等级的无负债企业的权益资本成本。

命题二：有负债企业的权益资本成本随着财务杠杆的提高而增加。权益资本成本等于无负债企业的权益资本成本加上风险溢价，而风险溢价与以市值计算的财务杠杆（债务/权益）成正比。其表达式如下：

$$K_e^L = K_e^U + \frac{D}{E}(K_e^U - K_d)$$

式中：K_e^L 表示有负债企业的权益资本成本，K_e^U 表示无负债企业的权益资本成本，D 表示有负债企业债务市场价值，E 表示权益的市场价值，K_d 表示税前债务资本成本。

接着，MM又研究有企业所得税的情况下，资本结构与企业价值的关系，得到两个命题如下：

命题一：有负债企业的价值等于具有相同风险等级的无负债企业的价值加上债务利息抵税收益的现值。其表达式为：

$$V_L = V_U + T \times D$$

式中：V_L 表示有负债企业价值，V_U 表示无负债企业价值，T 为企业所得税税率，D 为企业债务数量，$T \times D$ 为债务利息的抵税价值，又称为杠杆收益。

命题二：有债务企业的权益资本成本等于相同风险等级的无负债企业的权益资本成本加上与市值计算的债务与权益比例成正比的风险报酬，且风险报酬取决于企业的债务比例以及所得税税率。其表达式如下：

$$K_e^L = K_e^U + \frac{D}{E}(1-T)(K_e^U - K_d)$$

式中的字母含义如上文所示。

现代资本结构研究的起点是 MM 理论，而 MM 理论的推论是建立在完美资本市场的一系列假设条件下的，这些假设在现实世界中难以成立。后人在 MM 理论的基础上不断放宽假设，从不同的视角对资本结构进行了大量的研究，推动了资本结构理论的发展。这其中有代表性的理论是权衡理论、代理理论和优序融资理论。

2. 权衡理论。权衡理论认为，企业可以利用利息抵税的作用，通过增加债务来增加企业价值。但随着债务的上升，企业陷入财务困境的可能性也增加，甚至可能导致破产，如果企业破产，不可避免地会发生破产成本。即使不破产，但只要存在破产的可能，或者说，只要企业陷入财务困境的概率上升，就会给企业带来额外的成本。这种成本就称为财务困境成本。这是制约企业增加借贷的一个重要因素。因此，企业在决定资本结构时，必须要权衡负债的利息抵税价值和财务困境成本。根据权衡理论，负债企业的价值等于无负债企业价值加上利息抵税的现值，减去财务困境成本的现值。其表达式如下：

$$V_L = V_U + PV(\text{利息抵税}) - PV(\text{财务困境成本})$$

在权衡利息抵税价值和财务困境成本的基础上，使企业价值达到最大的负债比率就称为最优资本结构。

3. 代理理论。根据代理理论，企业在利用债务资本经营时，会产生相应的债务代理成本和代理收益。在资本结构决策中，不完全契约、信息不对称以及经理、股东与债权人之间的利益冲突将影响投资项目的选择，特别是在企业陷入财务困境时，更容易引起过度投资问题和投资不足问题，从而导致发生债务代理成本。债务代理成本既可表现为因投资过度使经理和股东受益而发生债权人向股东的转移，也可表现为因投资不足问题而发生的股东为避免价值损失而放弃给债权人带来的价值增值。债务代理成本不仅损害了债权人的利益，也降低了公司价值，最终将由股东承担这种损失。债务的代理收益则表现为因债权人保护条款引入、对经理提升企业业绩的激励措施以及对经理随意支配现金流量浪费企业资源的约束等措施,而减少的企业价值损失或增加的企业价值。

在考虑企业债务的代理成本和代理收益后,资本结构的权衡理论模型可扩展为如下形式:

$V_L = V_U + PV$(利息抵税)$- PV$(财务困境成本)$- PV$(债务的代理成本)$+ PV$(债务的代理收益)

在综合考虑这些因素后,使企业价值达到最大的负债比率称为最优资本结构。

4.优序融资理论。优序融资理论认为,当企业存在融资需求时,首先选择内源融资;其次会选择债务融资;最后才会选择股权融资。

这一理论是在信息不对称框架下研究资本结构的一个分支。这里的信息不对称,是指企业内部管理层通常要比外部投资者拥有更多更准确的企业信息,因此管理层的许多决策,不仅具有财务意义,而且向市场和投资者传递着信号。外部投资者只能通过管理层这些方面的决策所传递出的信息了解企业对未来收益的预期和投资风险,间接地评价企业价值。企业债务比率或资本结构就是把内部信息传递给市场的工具。

在信息不对称的情况下,如果外部投资者掌握的关于企业资产价值的信息比管理层少,则企业权益的市场价值就可能被错误定价。当企业股票价值被低估时,管理层将避免发行新股,而采取其他融资方式筹资。在企业股票价值被高估时,管理层又将尽量通过增发新股为新项目融资,让新的股东分担投资的风险。

这一理论只是在考虑信息不对称和逆向选择行为影响下,解释企业筹资方式的选择顺序,并不能全面解释这些因素对资本结构的影响。

(三)资本结构的影响因素

影响资本结构的因素较为复杂,大体可以分为企业的内部因素和外部因素两大类。内部因素通常有营业收入、成长性、资产结构、盈利能力、管理层偏好、财务灵活性以及股权结构等。外部因素通常有利率、税率、资本市场、行业特征等。

一般而言,收益与现金流量波动较大的企业要比现金流量较稳定的类似企业的负债水平低;成长性好的企业因其发展迅速,对外部资金需求比较大,所以负债比率高于成长性差的企业;盈利能力强的企业因其内源融资的满足率高,要比盈利能力弱的企业负债水平低;一般性用途资产比例高的类似企业的负债水平高;财务灵活性大的企业要比财务灵活性小的类似企业负债能力强。财务灵活性是指企业利用闲置资金和剩余的负债能力以应付可能发生的偶然情况和把握未预见机会(新的好项目)的能力。

但是,企业的实际资本结构往往还受到企业自身状况、政策条件及市场环境等多种因素的共同影响，并同时伴随着企业管理层的偏好与主观判断，从而使资本结构的决策难以形成统一的原则和模式。

（四）资本结构决策方法

根据上述资本结构理论，适当利用负债可以降低企业资本成本，但当债务比率过高时，杠杆利益会被债务成本抵消，企业面临较大的财务风险。因此企业应确定最佳的资本结构（负债比率），使加权资本成本最小，企业价值最大。但由于每个企业都处于不断变化的经营条件和外部经济环境中，使得确定最佳资本结构十分困难。资本结构决策有不同的方法，常见的就是资本成本比较法和每股收益无差别点分析法。

1.资本成本比较法。这种方法是指在不考虑各种融资方式在数量与比例上的约束以及财务风险差异时，通过计算各种基于市场价值的长期融资组合方案的加权平均资本成本，并根据计算的结果选择加权平均资本成本最小的融资方案，确定为相对最优的资本结构。

2.每股收益无差别点法。每股收益无差别点是指在同一个盈利水平（息税前利润）下使两个不同筹资方案的每股收益相等的特殊状态。每股收益无差别点法就是在计算不同融资方案下企业的每股收益相等时所对应的息税前利润的基础上，通过比较在企业预期盈利水平下的不同融资方案的每股收益，进而选择每股收益最大的融资方案。它的做法是：

（1）计算不同筹资方案的实施后利息总额和普通股股数。

（2）确定各筹资方案每股收益与息税前利润的关系，列方程式求解每股收益无差别点的息税前利润和每股收益。

（3）比较筹资后预计可实现的息税前利润和无差别点的息税前利润，如果预计可实现的息税前利润小于无差别点，则选择权益筹资为主的方案；如果预计可实现的息税前利润大于无差别点，则选择债务筹资为主的方案。

（五）实验设计

资本结构分析内容较多，本实验主要分以下几个方面进行相关问题的分析。

1.单个企业资本结构特征分析。利用泽源公司分析决策系统，进行以下内容的实验操作。

（1）利用结构财务报表，对上市公司的资本结构进行分析。

（2）对资产负债率进行趋势回归分析，找到可用的模型，并进行预测。

2.不同行业上市公司资本结构的差异分析。利用上市公司的年报数据，计算企业资本结构的主要财务比率指标，进行横向比较分析。通过选择典型企业，对两组上市公司进行横向比较，分析其资本结构特征差异。本实验中主要对比的是钢铁行业5家上市公司与乳业5家上市公司的资本结构特征。

3.资本结构和公司价值分析。利用泽源公司分析决策系统中的资本结构分析模块，进行资本结构和公司价值间关系的分析。在MM理论中，构建了公司价值和资本结构，以及相关的税率、债务资本成本、权益资本成本之间的关系式。利用上市公司的实际数据，借助此模块，来观察他们之间的变动关系。

4.影响资本结构的因素分析。根据资本结构理论，影响资本结构决策的因素很多。本实验将利用泽源公司分析决策系统中的因素分析模块，来分析影响资本结构的典型因素对资本结构的影响。

考虑到实验的可操作性，本次因素分析主要选取表示企业偿债能力、盈利能力、营运能力和发展能力的几项指标作为资本结构影响因素的代表性指标，建立与资本结构指标的回归方程式，从而用样本公司的实际数据分析各项因素的影响。

选取的资本结构影响因素的代表性指标为：

(1)利息保障倍数=(利润总额+财务费用)/财务费用

(2)权益收益率=净利润÷平均股东权益

(3)总资产周转率=营业收入÷平均总资产

(4)销售增长率=(分析期销售收入-基期销售收入)/基期销售收入

实验分成两部分：一是建立单因素分析模型，逐一分析各因素指标与资本结构指标的关系；二是建立多因素分析模型，同时分析各因素指标与资本结构指标的关系。

因素分析模型的基本表达式为：

$$Y = aX_1 + bX_2 + cX_3 + dX_4 + \varepsilon$$

式中：Y 表示资本结构指标，X_i 表示各种影响因素的代表性指标。

5.资本结构决策分析。利用每股收益分析法来选择较优的筹资方案。

三、数据采集与处理

(一)单个企业资本结构特征分析

1.实验资料。

宝山钢铁股份有限公司(简称“宝钢股份”，股票代码600019)是中国最大、最现代化的钢铁联合企业。《世界钢铁业指南》评定宝钢股份在世界钢铁行业的综合竞争力为前三名，认为也是未来最具发展潜力的钢铁企业。

公司主要生产高技术含量、高附加值的钢铁产品。在汽车用钢，造船用钢，油、气开采和输送用钢，家电用钢，电工器材用钢，锅炉和压力容器用钢，食品、饮料等包装用钢，金属制品用钢以及高等级建筑用钢等领域，宝钢股份在成为中国市场主要钢材供应商的同时，产品出口日本、韩国、欧美等40多个国家和地区。

年报显示，2010年公司努力确保铁钢产能最大化、推进品种结构优化、优化资源流向并积极固化成本改善成果，汽车板销售量取得历史最好成绩，公司效益同比大幅提升。当年销售商品坯材 2526.1 万吨，大部分产品毛利率均有所提升，继续保持国内同行业最优经营业绩。公司 2010 年实现营业收入 2021.49 亿元，同比增长 36.29%。公司 2010 年实现净利润 128.89 亿元，同比增长 121.61%，每股收益 0.74 元。

2. 单个企业资本结构特征分析。

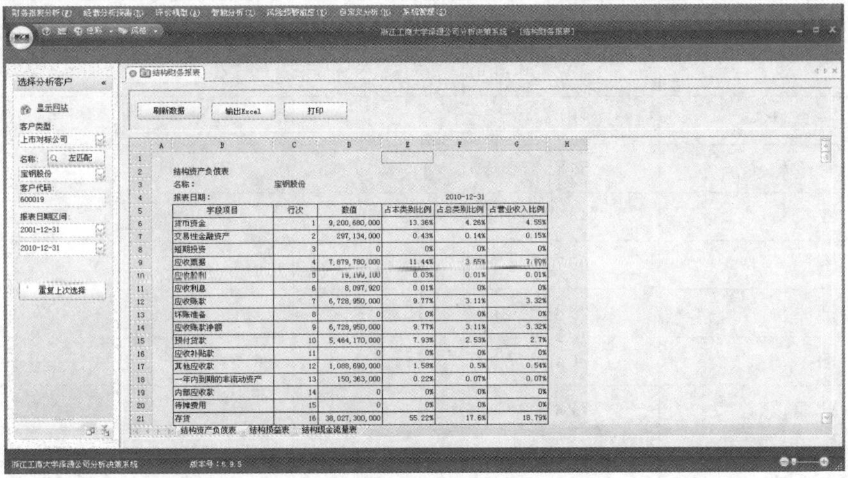

图 8-1　宝钢股份的结构财务报表

步骤 1：打开泽源公司分析决策系统，“客户类型”选择“上市对标公司”，“名称”输入“600019”，点击“左匹配”，“客户代码”框出现数据“1”，点击“1”，“名称”框内变为“宝钢股份”，“客户代码”变为“600019”。“报表日期区间”点击选择“2001-12-31”和“2010-12-31”。

步骤 2：点击菜单“财务报表分析”栏，点击“结构财务报表”，出现如图 8-1 所示界面。

步骤 3：点击“输出 Excel 表”，为文件取名字，保存在电脑指定位置。

步骤 4：在 Excel 软件中打开步骤 3 保存的文件，依次打开结构资产负债表等结构财务报表，经过整理，得到如表 8-1 所示的结构资产负债汇总表。

表 8-1　宝钢股份的结构资产负债表　　(单位：万元)

字段项目	数值	占本类别比例(%)	占总类别比例(%)	占营业收入比例(%)
货币资金	9200680000	13.36	4.26	4.55
应收票据	7879780000	11.44	3.65	3.89

续 表

字段项目	数值	占本类别比例（%）	占总类别比例（%）	占营业收入比例（%）
应收账款	6728950000	9.77	3.11	3.32
应收账款净额	6728950000	9.77	3.11	3.32
预付货款	5464170000	7.93	2.53	2.70
存货	38027300000	55.22	17.60	18.79
流动资产合计	68864400000	100.00	31.87	34.02
可供出售金融资产	5185430000	53.06	2.40	2.56
长期股权投资	4432310000	45.36	2.05	2.19
长期投资	9772304000	100.00	4.52	4.83
固定资产原价	257784000000	3163.26	119.31	127.36
累计折旧	140046207200	1718.50	64.82	69.19
固定资产净值	117737000000	1444.75	54.49	58.17
固定资产合计	128003842000	1570.73	59.24	63.24
无形资产及递延资产合计	8168138400	100.00	3.78	4.04
非流动资产合计	147201000000	100.00	68.13	72.72
资产总计	216065000000	/	100.00	106.74
短期借款	32519540000	44.44	15.05	16.07
应付账款	19453781000	26.58	9.00	9.61
预收账款	11795800000	16.12	5.46	5.83
流动负债合计	73176000000	100.00	33.87	36.15
长期负债合计	30061927000	100.00	13.91	14.85
负债合计	104723000000	/	48.47	51.74
实收资本	17512000000	15.73	8.10	8.65
资本公积	37565800000	33.74	17.39	18.56
盈余公积	20124400000	18.07	9.31	9.94
未分配利润	29674000000	26.65	13.73	14.66
外币报表折算差额	−145143000	−0.13	−0.07	−0.07

续 表

字段项目	数值	占本类别比例(%)	占总类别比例(%)	占营业收入比例(%)
股东权益合计	111342000000	100.00	51.53	55.01
负债与股东权益合计	216065000000	/	100.00	106.74

观察宝钢股份的结构财务报表,可以看出:

(1)宝钢股份 2010 年负债占总资本的比例为 48.47%,股东权益占总资本的比重为 51.53%,两者相加不等于 100%是由于合并报表数据引起的。该负债比率显示宝钢的资本结构较合理。

(2)在负债占总资本的比重中,流动负债占据 33.87%,长期负债占据 13.91%,两者比例近似为 7∶3,说明企业的负债以流动负债为主。流动负债中,按比例高低排在前三位的分别是短期借款(占总资本 15.05%)、应付账款(占总资本 9.00%)、预收账款(占总资本 5.46%)。

(3)在股东权益占总资本的比重中,资本公积最多,占 17.39%,未分配利润占 13.73%,实收资本和盈余公积各占 8.10%和 9.31%。表明企业权益资本的筹集中外源融资∶内源融资=25∶23,两者对企业的贡献相差不多。

(4)资产结构中,流动资产占 31.87%,稍低于流动负债,非流动资产占 68.13%,远超过长期负债,说明资产对长期负债的清偿保障非常强。

3. 资本结构的趋势回归分析及预测。

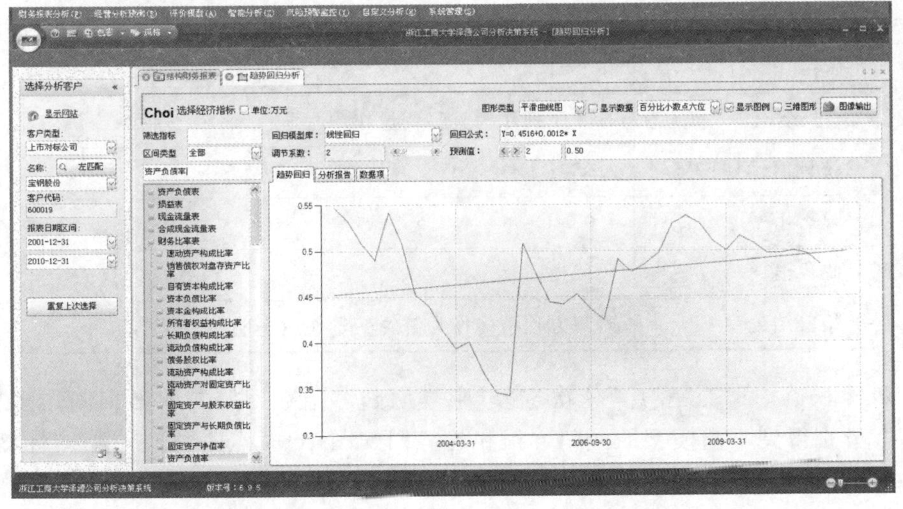

图 8-2 宝钢资产负债率的趋势回归分析

步骤 5：点击菜单“经营分析预测”栏，点击“趋势回归分析”，出现如图 8-2 所示界面。

步骤 6：在财务指标区点击“财务比率表”，待其展开后，寻找到“资产负债率”指标点击之。“回归模型库”选择“线性回归”，则回归公式自动生成“$Y=0.4516+0.0012*X$”。

步骤 7：调整预测期滑块，出现预测值。如图 8-2 上，预测期滑块显示 2，预测值显示 0.50。这个结果表示，按步骤 6 得到的回归方程进行预测，2 期后的负债比率约为 50%。

步骤 8：点击“分析报告”标签，得到该回归方程的显著性检验结果，如表 8-2 所示。

表 8-2　资本结构趋势分析报告

报告内容	报　告　值
拟合优度	0.0553
相关系数	0.8792
总离差(SST)	0.103
回归(SSR)	0.0057
残差(SSE)	0.0973
t 统计值(回归系数)	189.8186
t 显著水平	0.05
t 临界值	2.0301
t 检验结论	时间序列作为解释变量作用明显！
F 统计值(回归方程)	2.0501
F 显著水平	0.05
F 临界值	4.1213
F 检验结论	回归方程整体作为解释变量作用不明显！

步骤 9：在“回归模型库”依次选择“乘幂回归”“指数回归”“对数回归”“多项式回归”，分别得到不同模型的回归方程和趋势回归图，同时点击“分析报告”标签，得到各模型回归方程的检验结果，如表 8-3、图 8-3 所示。

表 8-3　各种趋势回归模型、方程式、预测值、显著性检验结果一览表

模　型	回归方程	预测值	t 检验	F 检验
线性回归	Y＝0.4516＋0.0012 * X	0.50	明显	不明显
乘幂回归	Y＝0.4729 * X^(－0.0019)	0.47	不明显	不明显
指数回归	Y＝0.4466 * e^(0.0027X)	0.50	明显	不明显
对数回归	Y＝0.4789－0.0019 * lnX	0.47	不明显	不明显
多项式回归	Y ＝ 0.5115 － 0.008X ^ 1.00 ＋ 0.0002X^2.00	0.57	～	～

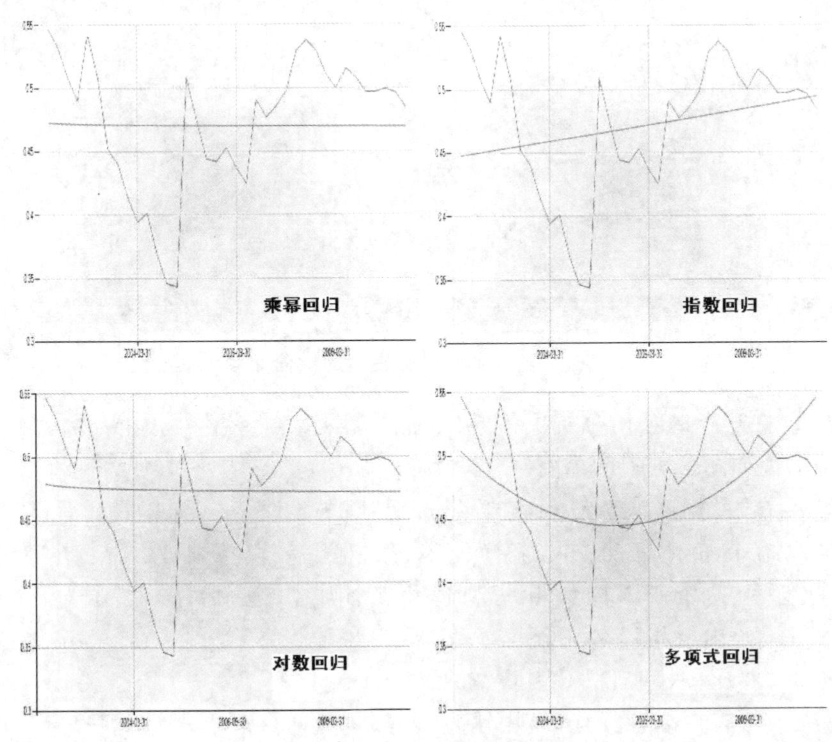

图 8-3　各趋势回归模型图

(二)不同行业上市公司资本结构的比较

1. 实验资料。

在这个实验中，我们主要比较 5 家钢铁企业和 5 家乳业企业的资本结构。这 5 家钢铁企业分别是宝钢股份(600019)、首钢股份(000959)、武钢股份(600005)、河北钢铁

(原唐钢股份,000709)和鞍钢股份(000898),5 家乳业企业分别是光明乳业(600597)、皇氏乳业(002329)、三元股份(600429)、伊利股份(600887)和西部牧业(300106)。

为考察其资本结构的情况,拟比较的主要财务比率指标包括资产负债率、股东权益负债率、产权比率、权益乘数、流动比率、速动比率、权益收益率、总资产周转率、销售利润率。

2. 多个公司资本结构的比较。

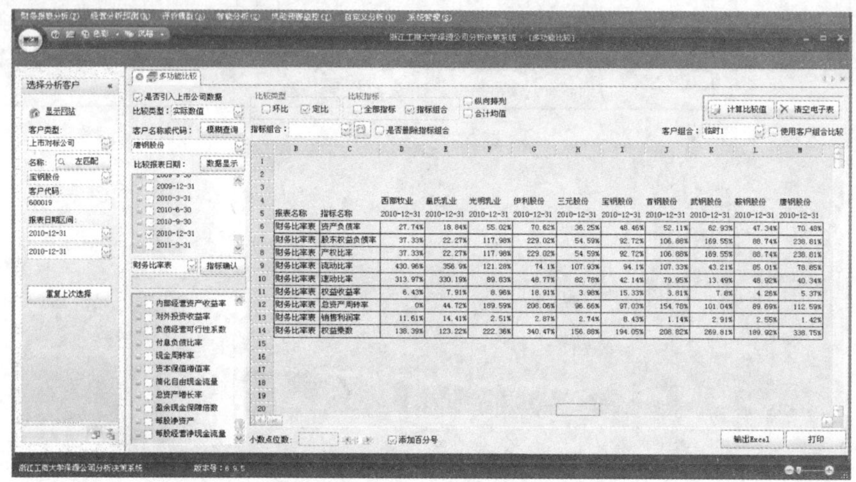

报表名称	指标名称	西部牧业 2010-12-31	皇氏乳业 2010-12-31	光明乳业 2010-12-31	伊利股份 2010-12-31	三元股份 2010-12-31	宝钢股份 2010-12-31	首钢股份 2010-12-31	武钢股份 2010-12-31	鞍钢股份 2010-12-31	唐钢股份 2010-12-31
财务比率表	资产负债率	27.74%	18.84%	55.02%	70.62%	36.25%	48.46%	52.11%	62.93%	47.34%	70.48%
财务比率表	股东权益负债率	37.33%	22.27%	117.98%	229.02%	54.59%	92.72%	106.88%	169.55%	88.74%	238.81%
财务比率表	产权比率	37.33%	22.27%	117.98%	229.02%	54.59%	92.72%	106.88%	169.55%	88.74%	238.81%
财务比率表	流动比率	430.96%	356.9%	121.28%	74.1%	107.93%	94.1%	107.33%	43.21%	85.01%	78.85%
财务比率表	速动比率	313.97%	330.19%	89.83%	48.77%	82.78%	42.14%	79.95%	13.49%	48.92%	40.34%
财务比率表	权益收益率	6.43%	7.91%	8.96%	18.91%	3.98%	15.33%	3.81%	7.8%	4.26%	5.37%
财务比率表	总资产周转率	0%	44.72%	189.59%	208.06%	96.66%	97.03%	154.78%	101.04%	89.69%	112.59%
财务比率表	销售利润率	11.61%	14.41%	2.51%	2.87%	2.74%	8.43%	1.14%	2.91%	2.55%	1.42%
财务比率表	权益乘数	138.39%	123.22%	222.36%	340.47%	156.88%	194.05%	208.82%	269.81%	189.92%	338.75%

图 8-4　多个企业财务指标的横向比较

步骤 1:打开泽源公司分析决策系统,点击菜单“财务报表分析”栏,点击“多功能比较”,出现如图 8-4 所示界面。

步骤 2:在“指标确认”旁边的选项里选择“财务比率表”,待其展开后,依次给下列指标打钩:资产负债率、股东权益负债率、产权比率、权益乘数、流动比率、速动比率、权益收益率、总资产周转率、销售利润率 9 个财务比率指标。点击“指标确认”,则在数据区域内出现指标名词。

步骤 3:在“比较报表日期”内将“2010-12-31”打钩。

步骤 4:在“客户名称或代码”中输入“西部牧业”,然后点击“数据显示”,则在数据区域内出现西部牧业的 9 个财务比率指标的数值。

步骤 5:重复步骤 4,依次在“客户名称或代码”中输入其他 4 家乳业上市公司和 5 家钢铁上市公司的名称,每输入 1 家就点击“数据显示”,则数据就依次显示在右方的数据区域内。

步骤 6:待 10 家上市公司的财务比率指标值都显示出来后,对下方的“添加百分号”打钩,整理数据显示形式。然后点击“输出 Excel”,取好文件名,保存在电脑指定位置。

步骤 7:调出刚才保存的文件,计算这两个行业各 5 家企业的 9 个指标的平均值和标准差,整理成表 8-4、表 8-5。

注意:平均值的计算可通过在 Excel 软件中调用函数 AVERAGE 来实现,标准差的计算可通过调用函数 STDEV 来实现。

表 8-4　乳业上市公司资本结构指标一览表

指标名称	西部牧业(%)	皇氏乳业(%)	光明乳业(%)	伊利股份(%)	三元股份(%)	平均值(%)	标准差(%)
资产负债率	27.74	18.84	55.02	70.62	36.25	41.69	20.98
股东权益负债率	37.33	22.27	117.98	229.02	54.59	92.24	84.70
产权比率	37.33	22.27	117.98	229.02	54.59	92.24	84.70
流动比率	430.96	356.90	121.28	74.10	107.93	218.23	163.42
速动比率	313.97	330.19	89.83	48.77	82.78	173.11	137.00
权益收益率	6.43	7.91	8.96	18.91	3.98	9.24	5.72
总资产周转率	0	44.72	189.59	208.06	96.66	134.76	90.09
销售利润率	11.61	14.41	2.51	2.87	2.74	6.83	5.73
权益乘数	138.39	123.22	222.36	340.47	156.88	196.26	89.04

表 8-5　钢铁行业上市公司资本结构指标一览表

指标名称	宝钢股份(%)	首钢股份(%)	武钢股份(%)	鞍钢股份(%)	唐钢股份(%)	平均值(%)	标准差(%)
资产负债率	48.46	52.11	62.93	47.34	70.48	56.26	10.05
股东权益负债率	92.72	106.88	169.55	88.74	238.81	139.34	64.41
产权比率	92.72	106.88	169.55	88.74	238.81	139.34	64.41
流动比率	94.10	107.33	43.21	85.01	78.85	81.70	24.04
速动比率	42.14	79.95	13.49	48.92	40.34	44.97	23.77
权益收益率	15.33	3.81	7.80	4.26	5.37	7.31	4.74
总资产周转率	97.03	154.78	101.04	89.69	112.59	111.03	25.82
销售利润率	8.43	1.14	2.91	2.55	1.42	3.29	2.97
权益乘数	194.05	208.82	269.81	189.92	338.75	240.27	63.70

从表 8-4 和表 8-5 来看，比较这两个行业上市公司的财务指标的平均值，乳业上市公司的资本结构中负债比率平均低于钢铁行业，流动比率、速动比率普遍高于钢铁企业；乳业企业的权益收益率、销售利润率和总资产周转率的平均水平也好于钢铁企业；权益乘数均值钢铁行业远高于乳业企业。从两组各指标的标准差来看，乳业企业的标准差大于钢铁企业，说明行业内部，资本结构状况、盈利能力、营运能力以及财务风险水平，乳业企业的差距要大于钢铁企业。

（三）资本结构和公司价值分析

1. 实验资料。

我们仍然以宝钢股份为例，来考察资本结构相关因素的变动对企业自有现金流量、企业价值、资本结构的影响。

2. 资本结构与现金流量分析。

步骤 1：按前文所述方法，将“上市对标公司”定为“宝钢股份”，报表时间定为“2001-21-31”至“2010-12-31”。

步骤 2：点击“经营分析预测”栏内的“资本结构分析”，获得如图 8-5 所示的界面。

步骤 3：观察该界面的信息，权益资本比例 51.53％正好是前面测算出来的 2010 年宝钢股份的实际数，那么付息债务比例 29.21％，非付息债务比例 19.25％也应该是宝钢 2010 年的实际数。这三个数表示宝钢的资本结构。数据区右侧有圆柱饼图，显示了这一资本结构。数据区左方的“初始值”是在满足某些假定条件（比如所得税率）和实际数据（比如资产总计等）的条件下推演出来的资产的自由现金流量和属于股东的自由现金流量值。根据贴现现金流量理论，这些自由现金流量是决定未来公司价值和股权价值主要因素。右侧的预测值起始与初始值相同，但是改变“动态模拟区”的指标滑块，将会使得右侧“预测值”发生变化。

步骤 4：用鼠标拨动动态模拟区的滑块，将这些自变量指标的预测值变化到预期值后，就可以观察资产总值等指标的变化了。如图 8-6 所示，滑动滑块，将自由现金流量增加 29％，借款平均利率上升到 6％，股东所得税率降低到 12％，股东权益增加 2％；付息债务总额、债务利息、税后利息等三个指标上升 10％，非付息债务总额下降 2％。

观察左下方的数据区，发现所有的应变量指标都发生了变化。税收权益收益、流向投资者的现金流量（即股权自由现金流量）增长了 50％，总资产价值增长了 3.57％。经过调整，企业的资本结构指标也发生了变化，股权权益比例下降到 50.73％，付息债务和非付息债务的比例则呈现一升一降的变化，三个指标的变化幅度都不大。

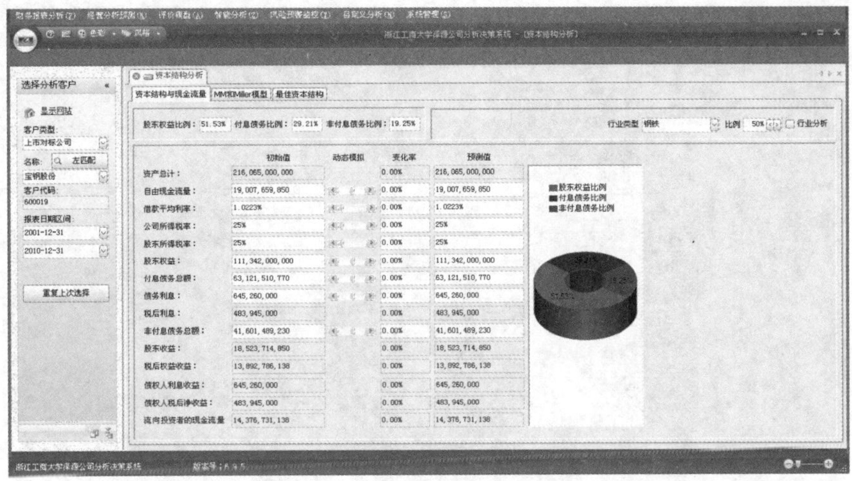

图 8-5　资本结构与自由现金流量

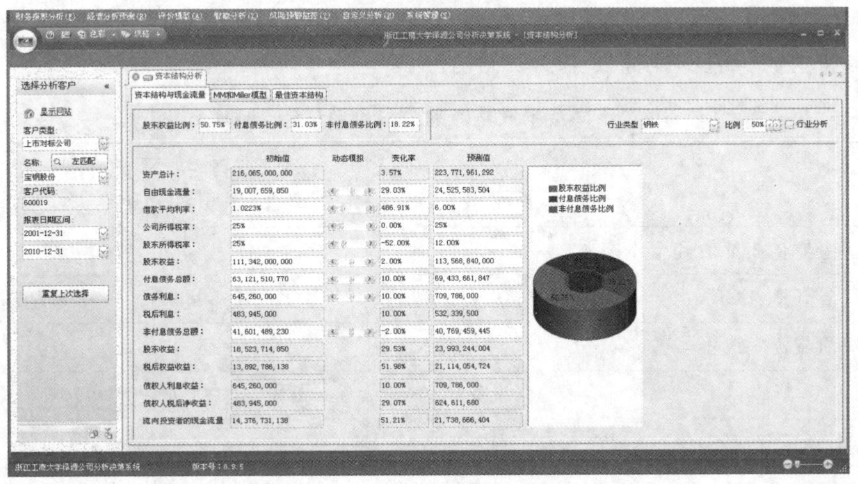

图 8-6　资本结构相关因素的改变对现金流的影响

3. MM 理论下企业价值的演算。

步骤 1：点击“资本结构分析”标签下的“MM 和 Miller 模型”小标签，这里显示按照 MM 理论和 Miller 模型计算的无杠杆企业的价值和有杠杆企业的价值，如图 8-7 所示。

步骤 2：观察界面，左上角有三个指标，其数值可以通过界面上的小箭头调节。当调节“非杠杆调节资本成本 rU”时，下面数据区中三组指标的大部分数据都发生了变动，当调节“个人所得税率-权益”和“-利息”两个指标时，主要影响的是在有公

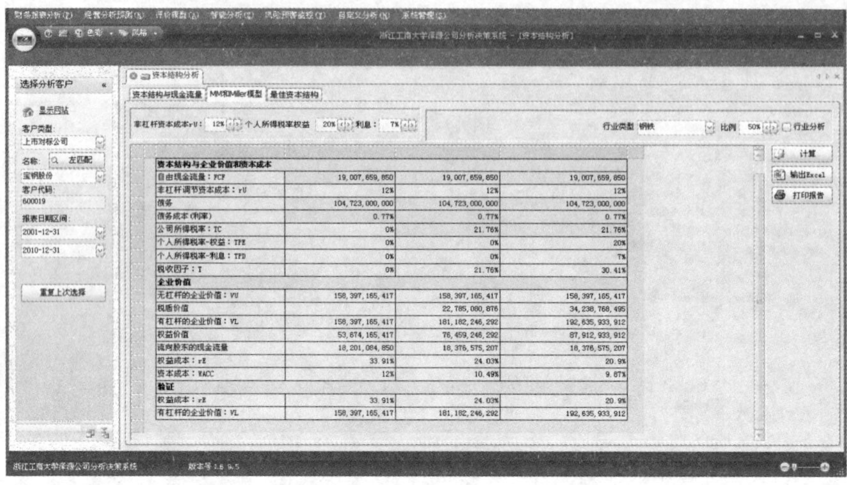

资本结构与企业价值和资本成本			
自由现金流量：FCF	19,007,659,850	19,007,659,850	19,007,659,850
非杠杆调节资本成本：rU	12%	12%	12%
债务	104,723,000,000	104,723,000,000	104,723,000,000
债务成本(利率)	0.77%	0.77%	0.77%
公司所得税率：TC	0%	21.76%	21.76%
个人所得税率-权益：TPE	0%	0%	20%
个人所得税率-利息：TPD	0%	0%	7%
税收因子：T	0%	21.76%	30.41%
企业价值			
无杠杆的企业价值：VU	158,397,165,417	158,397,165,417	158,397,165,417
税盾价值		22,785,080,876	34,238,768,495
有杠杆的企业价值：VL	158,397,165,417	181,182,246,292	192,635,933,912
权益价值	53,674,165,417	76,459,246,292	87,912,933,912
流向股东的现金流量	18,201,084,850	18,376,575,207	18,376,575,207
权益成本：rE	33.91%	24.03%	20.9%
资本成本：WACC	12%	10.49%	9.87%
验证			
权益成本：rE	33.91%	24.03%	20.9%
有杠杆的企业价值：VL	158,397,165,417	181,182,246,292	192,635,933,912

图 8-7　MM 理论下的资本结构与企业价值

司所得税和个人所得税下的公司价值。下表 8-6 所示的是在调节这三个参数时，资本结构和企业价值的指标发生变动的情况。

表 8-6　不同资本成本时的公司价值(基于 MM 理论)

	无税收	有公司所得税(M&M 模型)	有公司和个人所得税(Miller 模型)
资本结构与企业价值和资本成本			
自由现金流量：FCF	19007659850	19007659850	19007659850
非杠杆调节资本成本：rU(%)	5.00	5.00	5.00
债务	104723000000	104723000000	104723000000
债务成本(利率)(%)	0.77	0.77	0.77
公司所得税率：TC(%)	0	21.76	21.76
个人所得税率—权益：TPE(%)	0	0	25.00
个人所得税率—利息：TPD(%)	0	0	20.00
税收因子：T(%)	0	21.76	21.32
企业价值			
无杠杆的企业价值：VU	380153197000	380153197000	380153197000
税盾价值		22785080876	27906200821
有杠杆的企业价值：VL	380153197000	402938277876	408059397821

续　表

	无税收	有公司所得税（M&M 模型）	有公司和个人所得税（Miller 模型）
权益价值	275430197000	298215277876	303336397821
流向股东的现金流量	18201084850	18376575207	18376575207
权益成本：rE(%)	6.61	6.16	6.06
资本成本：WACC(%)	5.00	4.72	4.66
验证			
权益成本：rE(%)	6.61	6.16	6.06
有杠杆的企业价值：VL	380153197000	402938277876	408059397821

资本结构与企业价值和资本成本			
自由现金流量：FCF	19007659850	19007659850	19007659850
非杠杆调节资本成本：rU(%)	10.00	10.00	10.00
债务	104723000000	104723000000	104723000000
债务成本（利率）(%)	0.77	0.77	0.77
公司所得税率：TC(%)	0	21.76	21.76
个人所得税率－权益：TPE(%)	0	0	30.00
个人所得税率－利息：TPD(%)	0	0	20.00
税收因子：T(%)	0	21.76	25.23
企业价值			
无杠杆的企业价值：VU	190076598500	190076598500	190076598500
税盾价值		22785080876	33027320766
有杠杆的企业价值：VL	190076598500	212861679376	223103919266
权益价值	85353598500	108138679376	118380919266
流向股东的现金流量	18201084850	18376575207	18376575207
权益成本：rE(%)	21.32	16.99	15.52
资本成本：WACC(%)	10.00	8.93	8.52
验证			
权益成本：rE(%)	21.32	16.99	15.52
有杠杆的企业价值：VL	190076598500	212861679376	223103919266

从表 8-6 的数据上看，当税率、债务利率和权益资本成本率一定时，有所得税的企业价值比没有所得税的企业价值大，所得税越多(即不仅有公司所得税还考虑个人所得税时)，企业价值更大，充分表明了利息的抵税作用。当提高这三项参数时，企业价值都减少，但仍然维持所得税越多价值越大的规律。

4. 最佳资本结构的演算。

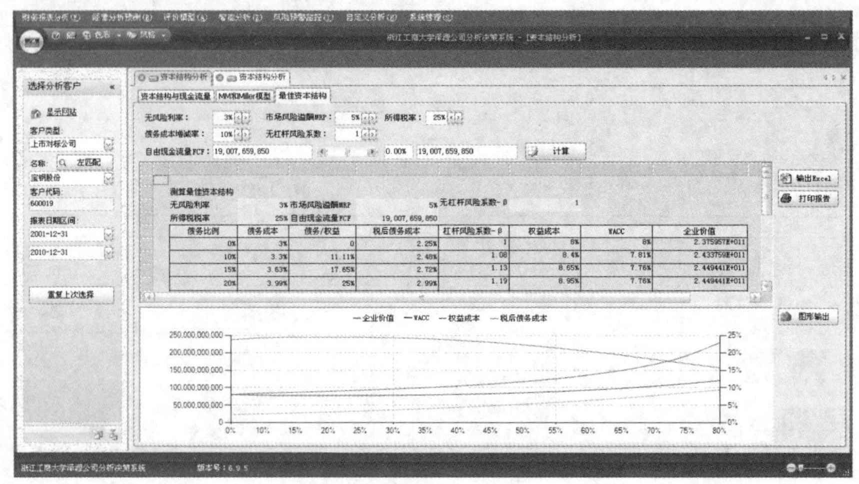

图 8-8 最佳资本结构的演算

步骤 1：点击“最佳资本结构”的小标签，得到如图 8-8 的界面。“最佳资本结构”标签栏内有参数区、最佳资本结构演算区和图形区三个部分。

最佳资本结算区建立了一个模型，它假设在不同的负债比率水平下(从 0%变动到 80%)，负债的资本成本不同，权益资本的 β 与负债比率有一定的联系，不同的负债比率下不同。那么在已知无风险利率，负债比率，风险溢价、所得税的情况下，可以计算出加权平均资本成本，然后把永续的自由现金流量当做每期的报酬，用综合资本成本贴现自由现金流量就得到公司价值。

表 8-7 资本结构与企业价值

债务比例(%)	债务成本(%)	债务/权益(%)	税后债务成本(%)	杠杆风险系数 β	权益成本(%)	WACC(%)	企业价值
0	3.00	0	2.25	1.00	8.00	8.00	2.38E+11
10	3.30	11.11	2.48	1.08	8.40	7.81	2.43E+11
15	3.63	17.65	2.72	1.13	8.65	7.76	2.45E+11
20	3.99	25.00	2.99	1.19	8.95	7.76	2.45E+11

续　表

债务比例(%)	债务成本(%)	债务/权益(%)	税后债务成本(%)	杠杆风险系数β	权益成本(%)	WACC(%)	企业价值
25	4.39	33.33	3.29	1.25	9.25	7.76	2.45E+11
30	4.83	42.86	3.62	1.32	9.60	7.81	2.43E+11
35	5.31	53.85	3.98	1.40	10.00	7.89	2.41E+11
40	5.84	66.67	4.38	1.50	10.50	8.05	2.36E+11
45	6.42	81.82	4.82	1.61	11.05	8.25	2.30E+11
50	7.06	100.00	5.30	1.75	11.75	8.53	2.23E+11
55	7.77	122.22	5.83	1.92	12.60	8.88	2.14E+11
60	8.55	150.00	6.41	2.13	13.65	9.31	2.04E+11
65	9.41	185.71	7.06	2.39	14.95	9.82	1.94E+11
70	10.35	233.33	7.76	2.75	16.75	10.46	1.82E+11
75	11.39	300.00	8.54	3.25	19.25	11.22	1.69E+11
80	12.53	400.00	9.40	4.00	23.00	12.12	1.57E+11

表 8-7 展示了假定无风险利率＝3%，市场风险溢酬 MRP＝5%，无杠杆风险系数 $\beta=1$，所得税税率＝25%，自由现金流量 FCF＝19007659850 元时，在不同的负债比率和对应的 β 系数下，企业综合资本成本和企业价值的数额演算过程。可以看到当负债比率为 15%～25%时，综合资本成本最低，为 7.76%，企业价值达到最大，约为 2.45E+11 万元。

步骤 2：调整市场风险溢价 MRP＝12%，则从系统中观察到最优资本结构变动到负债比率＝35%，企业价值＝1.332935E＋11 万元的水平上。连续变动多个参数，可以观察到最优资本结构和企业价值的变动情况。

(四)影响资本结构的因素分析

1. 实验资料。

仍然以宝钢股份为案例进行研究。

因素分析的基本模型：

因变量：资产负债率，表示公司的资本结构。

自变量：(1)利息保障倍数，表示盈利能力对利息偿付的保障；(2)权益收益率，表示企业投资获利能力；(3)总资产周转率，表示企业资产营运能力；(4)销售增长率，表示企业的发展能力。

通过因素分析实验，将分析验证各因素与资本结构之间的相关性及其强弱。

2. 单因素分析。

这里以利息保障倍数为例，来阐述单个因素对资本结构影响的单因素分析的过程。

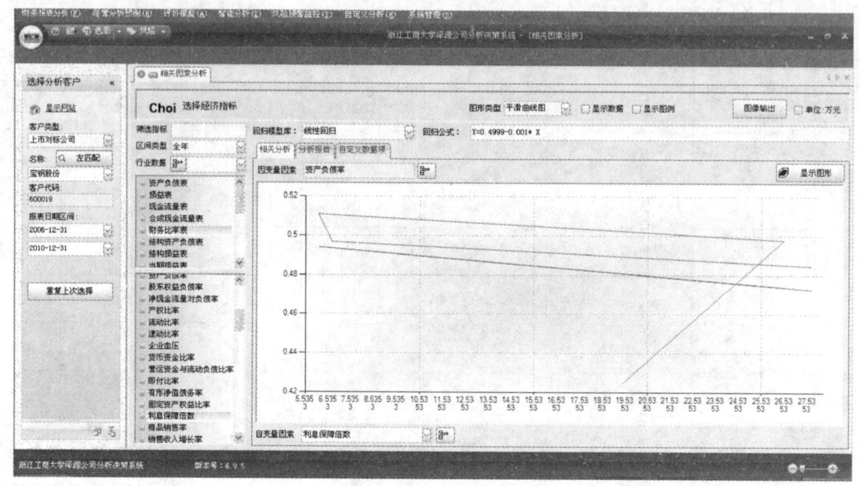

图 8-9 单因素分析

步骤 1：打开泽源公司分析决策系统，“客户类型”选择“上市对标公司”，“名称”输入“600019”，点击“左匹配”，“客户代码”框出现数据“1”，点击“1”，“名称”框内变为“宝钢股份”，“客户代码”变为“600019”。“报表日期区间”点击选择“2006-12-31”和“2010-12-31”。

步骤 2：点击菜单栏“经营分析预测”，待其展开后点击“相关因素分析”，出现如图 8-9 的界面。

步骤 3：区间类型选择“全年”。

步骤 4：点击左侧数据表列表中的“财务比率表”，待其展开后，左键点住指标“资产负债率”，拖移至“因变量因素”框内；回到财务比率表，左键点住指标“利息保障倍数”，拖移至“自变量因素”框内。

步骤 5：点击“显示图形”，然后点击回归模型库的下拉菜单，选择“线性回归”模型，出现回归方程 Y＝0.4999－0.001 ＊ X，再次点击“显示图形”，则得到图 8-9 的完整界面。

步骤 6：点击标签栏“分析报告”，出现新界面，从图内的分析报告表（见表 8-8）可以看到，自变量利息保障倍数作为解释变量作用不明显，回归方程整体作为解释变量作用也不明显。说明线性回归模型来衡量利息保障倍数和企业资本结构的相关性并不显著。

表 8-8　利息保障倍数的相关性分析

报告内容	报　告　值
拟合优度(判定系数)	0.0923
相关系数	0.8693
总离差(SST)	0.0046
回归(SSR)	0.0004
残差(SSE)	0.0041
t 统计值(回归系数)	−24.2721
t 显著水平	0.05
t 临界值	3.1824
t 检验结论	变量利息保障倍数作为解释变量作用不明显!
F 统计值(回归方程)	0.305
F 显著水平	0.05
F 临界值	10.128
F 检验结论	回归方程整体作为解释变量作用不明显!

步骤 7:依次调换回归模型库中的各种模型,如乘幂回归、指数回归、对数回归、龚柏兹模型、皮尔模型和修正指数模型,分别得出他们的回归方程和分析报告。

比较几种回归模型,对线性回归模型、乘幂回归模型、指数回归模型、对数回归模型做相关性分析时,自变量指标作为解释变量的作用和回归方程整体作为解释变量的作用都不明显。龚柏兹模型和修正指数模型中自变量作为解释变量的作用明显,但是回归方程整体作为解释变量的作用不明显。皮尔模型最理想,自变量指标作为解释变量的作用,以及回归方程整体(Y = 0.5132 / (1 + 0.208 * ((2.7182818)^−(1.9008 * X))))作为解释变量的作用都很明显。

步骤 8:剩余要考察的自变量指标按照上述步骤 3～7 依次进行单因素模型的检验。将检验结果两项都显示为“明显”的指标及其回归模型,以及检验结果只有一项显示为明显、另一项显示为“不明显”的指标及其回归模型汇总,如表8-9所示。

表 8-9　单因素分析汇总表

自变量	回归模型	回归方程	t 检验结论：自变量作为解释变量的作用	F 检验结论：回归方程整体作为解释变量的作用
利息保障倍数	龚柏兹	Y＝0.5134＊((0.8274)^((0.164)^X))	明显	不明显
	修正指数模型	Y＝0.5137－0.0889＊(0.1797)^X	明显	不明显
	皮尔模型	Y＝0.5132/(1＋0.208＊((2.7182818)^－(1.9008＊X)))	明显	明显
权益收益率	皮尔模型	Y＝0.5132/(1＋0.208＊((2.7182818)^－(1.9008＊X)))	不明显	明显
总资产周转率	龚柏兹	Y＝0.5134＊((0.8274)^((0.164)^X))	明显	不明显
	修正指数模型	Y＝0.5137－0.0889＊(0.1797)^X	明显	不明显
	皮尔模型	Y＝0.5132/(1＋0.208＊((2.7182818)^－(1.9008＊X)))	明显	明显
销售增长率	皮尔模型	Y＝0.5132/(1＋0.208＊((2.7182818)^－(1.9008＊X)))	不明显	明显

从单因素实验的结果来看，这些指标代表的各因素与资本结构之间有一定的相关性，但是这种相关性是非线性的，并不显著。皮尔模型显然能比较好地表示各因素与资本结构的关系，但是由于它是非线性模型，因此两者的相关性并不直观。

3.多因素分析。

这里将资产负债率作为因变量，其余四个指标作为自变量，进行多元回归分析，具体步骤如下。

步骤1：打开泽源公司分析决策系统，“客户类型”选择“上市对标公司”，“名称”输入“600019”，点击“左匹配”，“客户代码”框出现数据“1”，点击“1”，“名称”框内变为“宝钢股份”，“客户代码”变为“600019”。“报表日期区间”点击选择“2000-12-31”和“2010-12-31”。

步骤2：点击菜单栏“经营分析预测”，待其展开后点击“相关因素分析”，出现如图8-10的界面。

步骤3：区间类型选择“全年”。

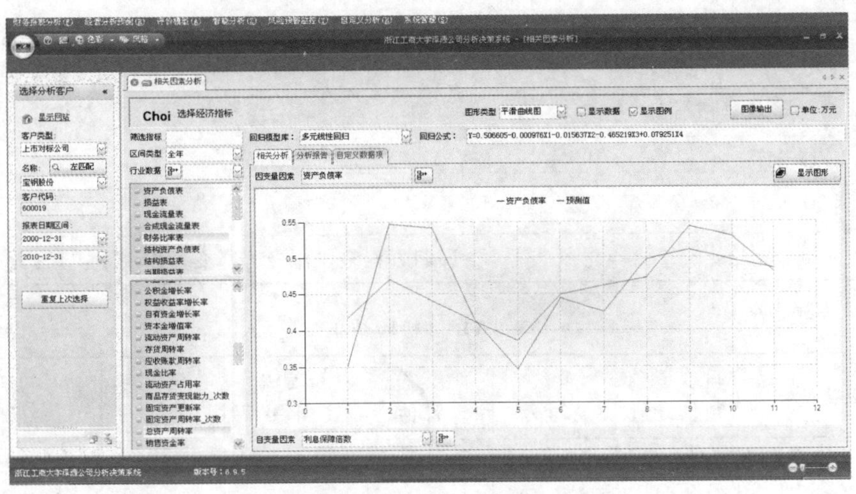

图 8-10　多因素分析

步骤 4：点击左侧数据表列表中的"财务比率表"，待其展开后，左键点住指标"资产负债率"，拖移至"因变量因素"框内。

步骤 5：回到财务比率表，依次将指标"利息保障倍数""权益收益率""总资产周转率""销售收入增长率"，拖移至"自变量因素"框内。

步骤 6：回归模型库选择"多元线性回归"，得到回归方程式：

"$Y=0.506605-0.000976X_1-0.015637X_2-0.465219X_3+0.079251X_4$"

式中：$X_1 \sim X_4$ 依次代表"利息保障倍数""销售收入增长率""权益收益率"和"总资产周转率"。点击"显示图形"，得到回归分析图，如图 8-10 所示。

步骤 7：点击标签"分析报告"，得到回归方程式 F 检验和 t 检验的各项结果，如表 8-10、表 8-11 所示。

表 8-10　F 检验结果

报告内容	报告值
多重拟合优度(判定系数)	0.4632
调整拟合优度(判定系数)	0.1053
复相关系数	0.6806
总离差(SST)	0.0486
回归(SSR)	0.0225
残差(SSE)	0.0261

续　表

报告内容	报告值
整体 F 统计值(回归方程)	1.2942
F 显著水平	0.05
F 临界值	4.5337
F 检验结论	回归方程整体作为解释变量作用不明显!

表 8-11　t 检验结果

自变量名称	自变量参数估计值	参数标准差	t 统计值	t 显著水平	t 临界值	检验结论
利息保障倍数	−0.001	0.00313	−0.311739	0.05	2.446912	变量＜利息保障倍数＞作为解释变量作用不明显!
销售收入增长率	−0.0156	0.084054	−0.186034	0.05	2.446912	变量＜销售收入增长率＞作为解释变量作用不明显!
权益收益率	−0.4652	0.440381	−1.056402	0.05	2.446912	变量＜权益收益率＞作为解释变量作用不明显!
总资产周转率	0.0793	0.081574	0.971518	0.05	2.446912	变量＜总资产周转率＞作为解释变量作用不明显!

从以上结果看,多元线性回归模型也不能解释这些因素与资本结构之间的相关性影响。

(五)资本结构决策

1.实验资料。某企业目前已有 1000 万元长期资本,均为普通股,股价为10 元/股。现企业希望再实现 500 万元的长期资本融资以满足扩大经营规模的需要。有三种筹资方案可供选择。

(1)全部通过年利率为 10%的长期债券筹资;

(2)全部是优先股股利为 12%的优先股筹资;

(3)全部依靠发行普通股筹资,按照目前的股价,需要增发 50 万股新股。

假设企业预期的息前税后利润为 210 万元，企业所得税税率为 25%。要求：在预期的息税前利润水平下进行方案的选择。

2. 构建模型。当公司有固定股利的优先股时，假定每年的优先股股利为 d，则每股收益（EPS）的计算公式为：

$$EPS = \frac{(EBIT - I)(1 - T) - d}{N}$$

式中：$EBIT$ 为息税前利润，I 分别为筹资后的总利息，N 为筹资后的总股数，d 为筹资后的优先股股利总额。

根据每股收益无差别点分析法的原理，无差别点的息税前利润满足以下等式：

$$\frac{(EBIT - I_1)(1 - T) - d_1}{N_1} = \frac{(EBIT - I_2)(1 - T) - d_2}{N_2}$$

这里用下标 1 和 2 表示按不同筹资方案筹资后各参数的值。

那么，将该等式转化，就可得到无差别点 $EBIT$ 的计算公式：

$$EBIT = \frac{(N_2 I_1 - N_1 I_2)(1 - T) + (d_1 N_2 - d_2 N_1)}{(N_2 - N_1)(1 - T)}$$

3. 实验操作。利用计算机解答，这里有两种解题方法：第一种方法是直接计算三种筹资方式筹资后的每股收益大小，根据每股收益分析法的原则，选择每股收益最大的那个方案进行筹资。第二种方法是将无差别点方程式进行转化，变成求解息税前利润的计算式，然后利用计算机程序进行计算无差别点的息税前利润，再进行判断选择。

(1)按照第一种方法演算。

步骤 1：打开 Excel 表，建立如图 8-11 的数据表，将实验资料中已知的“筹资额”“预计可实现的 $EBIT$”“所得税率”等数据填入。（注意：斜体字部分不填，为步骤 2 至步骤 5 计算结果。）

	A	B	C	D	E
1	项目	筹资方案一	筹资方案二	筹资方案三	
2	筹资额	500	500	500	
3	预计可实现的EBIT	210	210	210	
4	利息总额	*50*	*0*	*0*	*步骤2*
5	普通股股数	*100*	*100*	*150*	*步骤3*
6	优先股股利	*0*	*60*	*0*	*步骤4*
7	所得税率	25%	25%	25%	
8	筹资后的每股收益	*1.2*	*0.975*	*1.05*	*步骤5*

图 8-11　三个筹资方案的每股收益

步骤 2:根据实验资料给出的条件,在单元格 B4 中输入"=B2 * 10%",回车。在单位格 C4 和 D4 直接填入 0,因为筹资方案二与筹资方案三筹资后企业没有债务资本。

步骤 3:在单元格 B5 和 C5 中分别输入"=1000/10",在单元格 D5 中输入"=1000/10+50",回车。

步骤 4:在单元格 B6 和 D6 中分别输入"0",C6 中输入"=C2 * 12%",回车。

步骤 5:在单元格 B8 中输入"=((B3-B4) * (1-B7)-B6)/B5",回车。将光标拉至单元格 B8 右下角,待光标变成黑色十字则按住左键拖移到单元格 C8 和 D8。

步骤 2 到步骤 5 完成后,则得到图 8-11 中斜体字显示的结果。

根据演算结果,按方案一筹资得到的每股收益最大,因此选择方案一进行筹资。

(2)按照第二种方法演算。

前 4 个步骤按照第一种方法的步骤 1 至步骤 4 进行操作。

另外,分析可知,由于方案一和方案二的普通股股数没有改变,因此两个方案是没有每股收益无差别点的。所以直接计算方案一和方案三、方案二与方案三的筹资无差别点。

步骤 5:在单元格 C9 中输入"=(D5 * B4-B5 * D4)/(D5-B5)",回车,得到方案一和方案三的无差别点息税前利润为 150 万元,如图 8-12 所示。

步骤 6:在单元格 D10 中输入"=(C6 * D5-C5 * D6)/(D5-C5)",回车,得到方案二和方案三的无差别点息税前利润为 180 万元,如图 8-12 所示。

步骤 7:由于预计可实现的 *EBIT* 为 210 万元,超过两个无差别点,因此应选择方案一或者方案二。再进一步计算这两个方案筹资后的每股收益,则可得到方案一 EPS 大于方案二,因此选择方案一为优选的筹资方案。

	A	B	C	D	E
1	项目	筹资方案一	筹资方案二	筹资方案三	
2	筹资额	500	500	500	
3	预计可实现的EBIT	210	210	210	
4	利息总额	50	0	0	步骤2
5	普通股股数	100	100	150	步骤3
6	优先股股利	0	60	0	步骤4
7	所得税率	25%	25%	25%	
8	方案一和方案三的无差别点EBIT		*150*		*步骤5*
9	方案二和方案三的无差别点EBIT			*180*	*步骤6*
10	筹资后的EPS	1.2	0.975	1.05	*步骤7*

图 8-12 每股收益无差点分析

四、分析与结论

(一)单个企业资本结构特征分析

通过对宝钢股份的结构财务报表的观察，可以发现该企业资本结构比较合理，负债占总资本的比例为48.87%，财务风险不大。债务资本中流动负债与非流动负债的比例约为7∶3，权益资本中外源融资与内源融资之比约为25∶23。但流动资产占总资产的比重只有31.87%，对流动负债的清偿能力较差。

经过趋势回归分析，得到资产负债率的线性回归方程式"Y＝0.4516＋0.0012＊X"，预测距2010年底的2期后，资产负债率大约为50%，比现在稍有增加，但仍处于合理的范围。该线性回归模型的F检验显示整体对解释变量的作用不明显。经检验其他模型，也没有能显著反映资产负债率变化趋势的拟合模型。

(二)不同行业上市公司资本结构的比较

比较钢铁企业和乳业企业各项主要财务指标的数据，发现乳业上市公司的资本结构中负债比率平均低于钢铁行业，表明乳业企业的资本结构负债较少；流动比率、速动比率普遍高于钢铁企业，表明流动资产对流动负债的清偿保证较强，横向结构显示资产与负债的配比较好；从权益收益率、销售利润率和总资产周转率来看，乳业企业的这些指标的平均水平也好于钢铁企业，显示较强的盈利能力和资金运营能力；权益乘数均值钢铁行业远高于乳业企业，显示钢铁企业的财务风险更大。从两组各指标的标准差来看，乳业企业的标准差大于钢铁企业，说明行业内部，资本结构状况、盈利能力、营运能力以及财务风险水平，乳业企业的差距要大于钢铁企业。

(三)资本结构和公司价值分析

在这部分实验中，借助泽源公司分析决策系统内设的分析模型，我们考察了与企业资本结构高度相关的利率、所得税率、风险溢价等指标的变动对资本结构和公司价值的影响，进一步观察到MM理论分析实际问题的运用方式。

通过最佳资本结构的演示，进一步明确了最佳资本结构的理念，也观察到当参数发生变化时，与资本结构和价值有关的各项因素的变化，有助于最佳资本结构决策。

(四)影响资本结构的因素分析

以资产负债率为因变量，选取了四个代表企业偿债能力、盈利能力、营运能力和发展能力的财务生产指标利息保障倍数、权益收益率、总资产周转率和销售增长率，利用现存的多种分析模型，进行单因素和多因素回归分析。

回归研究的结论表明，很难从现有的数据上找到强有力的证据，证明某个因素对资本结构的影响很大。这个问题可能是由于上市公司的数据不够完善，也可能是由于系统软件自身的缺陷造成的。学生可以尝试各种不同的相关因素与其他表示企业资本结构的财务比率指标进行因素分析，来获得更有效的回归分析模型。

(五)资本结构决策

在这一部分的实验中，我们在一个项目中同时引入发行优先股、发行债务、发行股票的三种筹资方案，进行每股收益分析法的分析和决策。实验发现，在方法上单纯依靠计算出无差点的息税前利润进行筹资方案的选择已经不能完全解决这里面的特殊情况(比如发行优先股筹资方案与发行债务筹资的方案)，最终必须依赖计算出每种方案的每股收益，进行每股收益的大小比较，才能做出合理的决策。

五、拓展研究

1. 利用泽源公司分析决策系统进行单个企业的资本结构特征和负债比率预测。以中联重科(000157)为研究对象。

2. 以中联重科为例，分析资本结构与公司价值的关系，选择最佳资本结构。

3. 以中联重科为研究对象，设定几个资本结构的影响因素，作单因素和多因素分析。

4. 对比分析机械制造行业上市公司和旅游业上市公司资本结构的差异。(注意，每个行业所选择的上市公司不能少于5家。)

5. 某企业目前已有1000万元长期资本，400万元为年利率8%的债务资本，600万元为普通股，股价为10元/股。现企业希望再融资600万元，以满足扩大经营规模的需要。有三种筹资方案可供选择。

(1)全部通过年利率为9%的长期债券筹资；

(2)全部是优先股股利为10%的优先股筹资；

(3)全部依靠发行普通股筹资，按照目前的股价，需要增发50万股新股。

假设企业预期的息前税后利润为300万元，企业所得税税率为25%。

要求：(1)计算每股收益无差别点的 $EBIT$ 和 EPS；(2)在预期的息税前利润水平下进行筹资方案的选择。

实验九　公司治理分析综合实验

狭义的公司治理是指所有者(主要是股东)对经营者的一种监督与制衡机制，即通过董事会的职能、结构、股东的权利等方面的制度安排，合理地配置所有者与经营者之间的权利与责任关系。广义上，公司治理不仅是指股东对经营者的制衡，还涉及更为广泛的利益相关者，通过一套包括正式与非正式、内部与外部的制度或机制来协调公司与利益相关者之间的利益关系，保证公司决策的科学化，最终维护各个方面的利益。一般所讲的公司治理都是指广义的公司治理结构。公司治理要解决涉及公司成败的两个基本问题：一是如何保证投资者(股东)的投资回报，即协调股东与企业的利益关系。二是企业内各利益集团的关系协调，包括对经理层与其他员工的激励，以及对高层管理者的制约等。本综合实验利用上市公司提供的年度报告和色诺芬(CCER)中国经济金融数据库提供的上市公司的公司治理结构实际数据，再通过 Excel 和 SPSS 等统计分析软件对数据进行处理和分析，进而使学生熟悉和掌握公司治理的基本问题、原理以及我国上市公司治理结构的现状及存在的问题。

一、实验问题

1. 我国上市公司的所有权与经营权是分开的吗？如果是，那么对管理层的治理现状如何？

2. 我国上市公司的控制权结构是怎样的，国有上市公司和民营上市公司的控制权结构是否存在差别？

3. 民营企业的控股股东的代理问题如何，民营企业的控制人是如何行使对公司的控制权？

二、原理与假设

(一)实验原理

代理问题的存在是公司治理的前提和基础。代理问题主要有两种类型：一种是所有权分散情况下的管理者代理行为，另外一种是股权分为几种情况下产生的大股东代理行为。

1. 股权分散情况下的管理者代理行为。代理关系是指合约的一方(委托人)要求另一方(代理人)代表他完成某种工作，为了使工作顺利开展，他将某些决策权委托给代理人。由于委托人和代理人双方的目标不一致以及委托人很难对代理人的实际行为进行验证（或验证成本很高），并且委托人和代理人对风险的偏好也存在不同，导致委托人和代理人之间的行动选择不同，代理人可能会采取损害委托人利益而不是最大化委托人利益的行动，这便是代理问题的由来。在所有权和控制权分离的现代公司中，拥有实际控制权的管理者在激励与责任方面与股东存在矛盾。由于所有者和管理者不是同一个主体，从二者之间的关系角度出发，就形成了所有权和控制权分离条件下的三个属性：所有者和管理者之间的利益不一致、责任不对等和信息不对称。正是因为利益不一致和责任不对等，在理论上管理者有利用权力侵占所有者利益的可能性。也就是说，股东和管理者之间的委托—代理关系的建立，天然地就产生了股东和管理者之间激励不相容的问题，而信息不对称则使得二者之间的矛盾最终有可能成为现实。管理者的代理行为会降低企业价值，使企业的实际价值低于管理者采取最优行动时的价值，二者之差即是代理成本。

既然所有权与控制权的分立会产生代理成本，那么股东为什么还愿意把钱交给管理者进行管理呢？这是因为有一系列的公司治理制度会制约管理者的代理行为，这些治理制度主要包括内部制度设计和外部制度。内部制度设计如企业内部上下级和董事会的监督、股东权利、管理者的薪酬契约安排等，而竞争性的管理者劳动力市场、竞争机制、接管市场、资本市场上的声誉以及较好的投资者法律保护则是约束管理者代理行为的外部制度。

2. 股权集中情况下的大股东代理行为。大股东集中持股是制约管理者代理成本的一种重要内部治理机制，大股东存在着监督和制约管理者代理行为的动机和能力。然而，大股东治理模式却带来另外一种代理问题，即大股东利用其掌握的控制权和信息优势侵占上市公司和中小股东利益以获取私有收益。从对所有权结构的跨国比较研究来看，在大多数国家的上市公司中，都存在一个持股比例在10%以上的大股东，尤其是在法律制度比较薄弱的新兴市场，所有权的集中度更高。大股东常利用交叉持股、金字塔持股、有差别的投票权等方式，使其对公司的控制权超过现金流权，再通过上述复杂的方式取得控制性地位，这样控股股东对公司的控制更为复杂和具有隐蔽性，从而为其进行关联交易、内幕交易及利润转移等获取控制权私有收益的行为提供便利。因此，在法律制度不健全、投资者保护制度较弱的国家，尤其是中国的上市公司中，公司治理的主要代理问题是大股东与小股东之间的利益冲突，而不是股东与管理者之间的利益冲突。

（二）实验分析框架

1. 对管理层的治理状况的分析可以从如下几个方面进行。

（1）总经理（CEO）或公司高级管理层状况的情况分析。总经理或CEO和董事会之间的冲突是公司治理所面临的最严峻的问题之一。董事会的独立性取决于

CEO 和董事会之间的一种谈判博弈,CEO 倾向于有一个独立性较差的董事会,而董事会则倾向于保持自己的独立性。因此,对总经理或 CEO 的分析,有助于了解管理者对公司的控制权,以及股东对管理者的激励或约束状况。

①公司总经理或 CEO 的任期是多久?一般来说,任期越长,总经理对公司的控制能力越强。

②CEO 的薪酬状况如何?可以比较 CEO 薪酬的增长幅度与公司业绩的增长幅度。例如,如果在公司亏损或者业绩增长幅度较小的情况下,CEO 的薪酬仍有较大幅度的增长,这在一定程度上说明了 CEO 对公司的控制力较强。

③总经理或 CEO 拥有多少所在公司的股权或股票期权激励?CEO 拥有较高的公司股份或股票期权激励,在一定程度上可以使 CEO 与股东的利益一致,充分调动其积极性,促进上市公司业绩的提高。

④CEO 是产生于企业内部还是外部?可以从 CEO 的任职经历来看,分析 CEO 是大股东派来的,还是本公司产生的(如本公司的创始人)?

⑤除了 CEO 外,还需要了解公司对全部高级管理层的激励状况,以及高级管理层在所在公司拥有多少股权或股票激励,高管人员的薪酬水平如何。

(2)董事会构成分析。董事会构成是决定董事会监控职能发挥的重要因素。董事会的独立性是衡量董事会质量的一个重要标准。在美国《商业周刊》1996 年底推出的历史上首次董事会质量排名调查中,一个重要的评分指标就是董事会的独立性。显然,要求董事具有较高独立性的最终目的,是防止董事以权谋私或 CEO 在董事会中一统天下这些现象的发生。因此,作为现代公司治理结构核心的董事会,其独立性是衡量管理层是否收到有效监管的重要方面。

①董事会构成中,内部董事所占的比例是多少?内部董事指兼任公司高级管理人员的董事。由于所有权与经营权的分立,导致代理问题。管理者与公司股东的利益不一致,产生内部人控制问题。独立于股东或外部投资者的管理者掌握了企业的实际控制权,在公司决策中充分追求自己利益,甚至内部各方面联手为自己谋取利益,从而架空所有者的控制和监督,使所有者的权益受到侵害。如果经理层在董事会中占据主导地位很容易出现内部人控制现象,进而导致股东利益受损。因此,内部董事比例可以衡量股东对经理层的制衡,内部董事比例越高,则管理层对董事会的控制力度越大。

②董事会构成中,大股东派出的董事所占的比例是多少?大股东派出董事的比例,可以衡量大股东对董事会的控制力。我国上市公司的所有权高度集中,因此,我国上市公司基本上都存在一个较有影响力的控股股东。在这种所有权结构下,控股股东利用自己拥有的控股地位或控制权,推荐自己的代表出任董事,在董事会里形成多数席位,这会使得上市公司董事会的独立性受到严重影响。

大股东派出的董事，可能是现任或离任的高级管理人员或董事会成员。大股东派出董事的好处：第一，大股东派出的董事是公司经理和大股东沟通的有效桥梁，能够确保公司在业务发展、重大决策方面与大股东取得一致意见，可以为公司提供战略资源关系；第二，大股东派出的董事有利于抑制公司经理人的内部控制，形成对内部董事的权力制衡；第三，大股东派出的董事一般熟知公司的核心业务，在董事会决策中通常能够提出真知灼见，从而有利于提高公司绩效。但是，大股东派出的董事过多也会带来许多弊端，比如可能造成大股东把持董事会的局面，或上市公司与控股公司之间进行关联交易，大股东利用其控制权挪用上市公司资金、侵占中小股东利益等，进而导致公司绩效可能下降。因此，大股东派出董事的比例应该适度，过高或过低均不适宜。

③董事会构成中，独立董事所占的比例是多少？独立董事是指与上市公司无关联的外部董事，即不在上市公司担任董事之外的其他职务，并且与公司、管理层及大股东之间不存在可能妨碍其独立作出客观判断的利害关系（尤其是直接或者间接的财产利益关系）的董事。在公司决策过程中，大股东派出的董事不可避免地为大股东的利益着想，内部董事则不可避免地为管理层的利益着想，因此就会发生无人代表、保护中小股东利益的现象。设立独立董事的制度一方面可以监督公司管理层，另一方面也可以制约大股东，维护公司整体的利益，特别是中小股东的合法权益。因此，独立董事在董事会中所占的比例可以衡量对大股东或管理层的制衡能力。

(3)董事长与总经理（或 CEO）两职是否合一？董事长与总经理两职是否合一也可以衡量管理层权力的大小。如果总经理与董事长分开，那么董事长可以对总经理起到监督、制衡的作用，降低经理人内部控制的程度。

(4)董事会成员在公司的持股数是多少？董事会成员持有一定数量的公司股份，有利于调动董事会的积极性和主观能动性，使董事会成员的利益和股东利益更趋一致。

2. 上市公司的控制权结构特征可以从如下几个方面进行描述和分析。

(1)第一大股东的持股比例是多少？第一大股东持股比例可以衡量大股东对上市公司的控制程度，持股比例越高，其对上市公司的控制能力越强。

(2)Herfindahl 指数是多少？Herfindahl 指数用来衡量公司股权集中度，可以用前五大股东的持股比例平方和或者前十大股东持股比例的平方和来表示。对持股比例取平方后，会出现马太效应，即强者恒强，弱者恒弱，也就是比例大的平方和与比例小的平方和之间的差距更大了，从而凸显出股东持股比例之间的差距。该指数越接近 1，说明前 5 位或前 10 位股东的持股比例差距越大，股权越是集中；该指数大于 0.25 说明前 5 位或前 10 位股东的持股比例分布不均衡。

(3)Z指数是多少？Z指数是指公司第一大股东与第二大股东持股比例的比值，用来衡量第一大股东对公司的控制能力或者第二大股东对第一大股东的制衡能力。如果公司最大股东的持股比例显著高于其他股东，那么他会对公司运作以及股价的市场表现有很大影响。Z指数越大，第一大股东与第二大股东的力量差异越大，第一大股东的优势越明显；反之，Z指数越小，说明第一大股东对上市公司的控制能力越弱，受到第二大股东的制衡越大。

(4)前五大股东或前十大股东的持股比例的平方和是多少？该指标反映前五大股东或前十大股东的持股对公司的控制能力。

(5)现金流权和控制权的分离程度是多少？控股股东往往通过金字塔持股、交叉持股等方式使其对上市公司的控制权超过现金流权，即以较少的现金流权掌握着公司较多的控制权。控股股东的控制权(包含直接控制和间接控制)是实际控制人的每一条控制链条中最低的持股权比例之和。控股股东的现金流权是将实际控制人的每条控制链条(包含直接控制和间接控制)中的持股权比例相乘，然后将乘积相加，即每条控制链条上持股比例乘积的和。现金流权与控制权的计算公式分别是：

现金流权：$Cfr = \sum \prod C_{it}$

控制权：$Cr = \sum \min(C_{i1}, C_{i2}, \ldots, C_{it})$

式中：Cfr、Cr 分别表示控股股东的现金流权和控制权，C_{it} 表示实际控制人在第 i 个控制链条中第 t 环节的持股权比例。

现金流权与控制权的分离度是控股股东的现金流权与控制权之比，即 Cfr、$/Cr$。现金流权与控制权之间的差异越小，该指标越接近于1，实际控制人的利益和上市公司的利益越是趋于一致；现金流权和控制权之间的差异越大，该指标越小，控股股东在作出挪用上市公司资金、关联交易、转移利润等侵占上市公司利益的行为时，由于持有公司的现金流权较小而受到的损害越小，因此该指标越小控股股东侵占上市公司利益的动机越大。

上述是针对具体问题展开的实验分析框架。由于某些原因的限制(比如上市公司信息披露不规范和不完整，数据库的数据内容缺失或数据遗失等)，或许不能找到足够的信息来回答上述的每一个问题，但是这并不妨碍对问题的分析，我们可以在数据可获得的范围内尽可能来回答主要的问题。

三、数据采集与处理

在公司财务与金融领域，常用的关于上市公司经验数据的大型数据库主要有以下几个：由深圳市国泰安信息技术有限公司开发的国泰安(CSMAR)金融研究数据库，由北京色诺芬信息服务公司开发的色诺芬（CCER）中国经济金融数据库，以及由上海万得信息技术有限公司开发的 Wind 中国金融数据。在本项关于公司治理的综合分析实验中，上市公司治理结构的数据来自于由北京色诺芬信息服务公司开发的色诺芬（CCER）中国经济金融数据库。

（一）我国上市公司对管理层的激励与约束机制的实验分析

1. 进入色诺芬（CCER）中国经济金融数据库。

步骤 1：在浏览器地址栏输入网址：www. ccerdata. com，打开色诺芬（CCER）中国经济金融数据库的网站首页，点击网站页面右端的“登录”，弹出如图 9-1 所示的界面。

图 9-1　色诺芬（CCER）中国经济金融数据库的登录界面

步骤 2：在图 9-1 所示的界面中分别输入用户名（******）和口令（******），然后点击“登录”，进入 CCER 中国经济金融数据库。如图 9-2 所示。

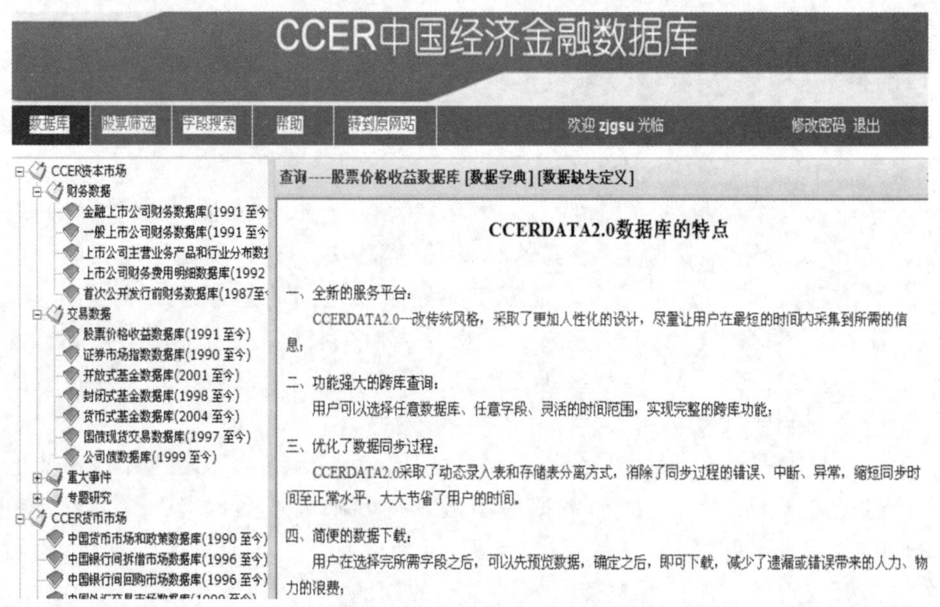

图 9-2　CCER 中国经济金融数据的结构

2. 在 CCER 中国经济金融数据的子库“上市公司治理结构数据库”中下载相应的数据。

步骤 1：在如图 9-2 所示的 CCER 中国经济金融数据库中，单击左列“专题研究”一栏左边的“+”（或双击“专题研究”），展开“专题研究”下的三个子专题库，如图 9-3 所示。

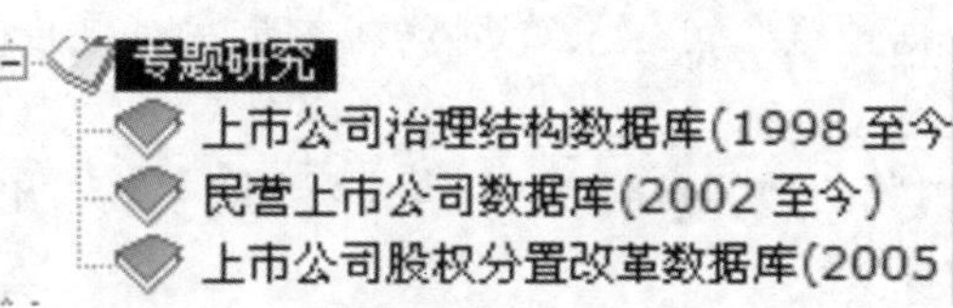

图 9-3　上市公司治理结构数据库

步骤 2：单击“专题研究”下的“上市公司治理结构数据库”，数据库的右端出现上市公司治理结构数据库的查询条件组合，如图 9-4 所示。

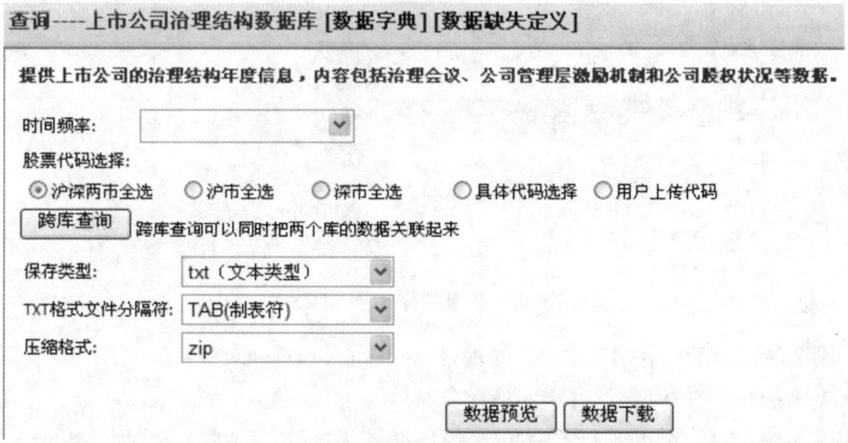

查询----上市公司治理结构数据库 [数据字典] [数据缺失定义]

提供上市公司的治理结构年度信息，内容包括治理会议、公司管理层激励机制和公司股权状况等数据。

时间频率:

股票代码选择:

⊙沪深两市全选　○沪市全选　○深市全选　○具体代码选择　○用户上传代码

跨库查询　跨库查询可以同时把两个库的数据关联起来

保存类型:　txt（文本类型）

TXT格式文件分隔符:　TAB(制表符)

压缩格式:　zip

数据预览　数据下载

图 9-4　上市公司治理结构数据库的查询

步骤 3：在如图 9-4 所示的上市公司治理结构数据库的查询条件中选择输入相关查询条件，具体如下：

“时间频率”选择“年”；

“起始日期”选择“2001 年”，“结束日期”选择“2010”；

“股票代码选择”选择“沪深两市全选”；

点击“基本信息”，在“基本信息”栏目下选择“股票简称”；

点击“公司管理层信息”，在“公司管理层信息”栏目下选择下列指标：“金额最高的前三名董事的报酬总额”“金额最高的前三名高级管理人员的报酬总额”“董事长与总经理的两职设置状况”“董事会的规模”“独立董事总人数”“持有本公司股份的董事总人数”“董事会持股数量”“董事会持股比例”“领取报酬的董事总人数”“高管人员持股总数”“高管人员持股比例”“董事长持股数量”“董事长持股比例”“总经理持股数量”“总经理持股比例”。

步骤 4:“保存类型”选择“xls(电子表格类型)”。

步骤 5:单击“数据预览”,可以预先浏览所查询的前 10 个样本的数据格式、内容是否符合要求。

步骤 6:若预先浏览的数据符合要求,点击“数据下载”,出现如图 9-5 所示的数据摘要。

数据摘要	
生成的文件名	201108172315558986250
文件大小	519KB (0.51MB)
保存类型	xls（电子表格类型）
压缩格式	zip
分隔符	
记录条数	14760
字段数量	18
单价(元/字段 × 记录条数)	0.1359
总价(元)	2005.884
下载后剩余金额(元)	
文件下载压缩用时	00:00:01.2656250
链接地址	下载文件

图 9-5　查询数据的下载地址

步骤 7:数据摘要给出查询数据的下载地址,点击如图 9-5 中所示的“下载文件”,下载压缩文件并保存于指定位置。

步骤 8:将下载并保存于指定位置的压缩文件解压,然后打开,下载的数据如图 9-6 所示,共获得 14760 个样本数据。

	A	B	C	D	E	F	G	H	I	J	K	L	M	N	O	P	Q	R
1	股票代码	年度	股票简称	金额最高自	金额最高自	董事长与	董事会的	独立董事	持有本公	董事会持	董事会持	领取报酬	高管人员	高管人员	董事长持	董事长持	总经理持	总经理持
2	'000001	2001	深发展A	730000	790000	3	11	3	4	724369	0.000372	3	940880	0.000484	0	0	0	0
3	'000002	2001	深万科A	1460000	1310000	3	12	1	4	226665	0.000359	4	327160	0.000519	139559	0.000221	0	0
4	'000003	2001	PT金田A	350000	170000	3	8	1	3	201894	0.000606	5	201894	0.000605	139658	0.000419	0	0
5	'000004	2001	北大高科	304000	668800	3	9	0	1	27121	0.000323	1	27121	0.000323	0	0	0	0
6	'000005	2001	世纪星源	480000	480000	1	12	3	0	0	0	6	-95	0	0	0	0	0
7	'000006	2001	深振业A	793000	705000	3	11	0	2	76836	0.000303	5	76836	0.000303	0	0	0	0
8	'000007	2001	ST达声	100000	93000	3	7	0	0	0	0	5	-95	0	0	0	0	0
9	'000008	2001	亿安科技	120000	225700	3	6	2	0	0	0	4	-95	0	0	0	0	0

图 9-6　下载的公司治理数据(1)

步骤 9:在打开的 Excel 数据文件中,点击菜单“文件”,在下拉选项中选择“另存为”,弹出重新保存文件的窗口,在“保存类型”中选择“Microsoft Excel 4.0 工作表(*. xls)”,在“文件名”后的编辑框中输入“公司治理数据(1)”。

步骤 10:在“保存位置”选择指定的保存位置,单击“保存”,则将下载的数据保存为. xls 格式并重新命名。

3.数据的处理和统计分析。

(1)利用 Excel 对数据进行预处理。

从数据库下载下来的变量数据,通常包含一些缺失值和异常值,因此需要对这些缺失值和异常值进行预处理之后才能进行统计分析,否则可能会使统计结果的准确性和可靠性受到较大的影响,尤其是在均值更容易受数据异常值影响时。

根据 CCER 中国经济金融数据库对数据库缺失字段的定义和说明(详见 CCER《数据库缺失字段定义规范》的详细说明),由于数据空缺、数据缺失或根据数据本身定义无法计算,以及根据公开信息无法获得或依据公开信息无法判断等原因导致某些数据缺失的,通常以－99、－97、－95 等类型的异常值代替这些缺失的字段或数值。因此,在进行数据处理和分析之前,首先对这类缺失值进行处理。剔除异常值的方法有两种:第一种方法是若某个样本的某个变量有缺失值,则将该样本(行)删除,这种剔除方法最后得到的每个样本的每个变量数据都是完整的,但是若变量较多时导致删除的样本也多,信息损失也越大;第二种方法是若某个样本的某个变量有缺失值,则仅将该缺失的数据剔除,不影响该样本(行)其他变量参与统计分析,这种方法得到的样本是不平衡的,即每个变量包含的数据个数可能是不一样的,但是尽可能多地保留了信息含量。本实验采取第一种方法对缺失数据进行处理。

在对缺失值进行处理之后,样本中的数据可能还会存在极端的异常值,所谓异常值是指样本中的个别值,其数值明显偏离它所在样本的其余观测值。这些异常值的存在也会影响统计结果的准确性。在数据统计分析的实践操作中,剔除异常值影响的方法通常有两种:第一种方法是剔除高度异常值,高度异常值是指与平均值的偏差超过三倍标准差的观测值,即变量取值在 $(\overline{X}-3\delta,\overline{X}+3\delta)$ 范围之外的数据($\overline{X}$ 是数据的均值,δ 是标准差);第二种方法是剔除最小 1%的数据和最大 1%的数据。本实验采取第一种方法剔除异常值的影响。

首先,剔除数据缺失样本的具体步骤为:

步骤 1:打开下载的数据“公司治理数据(1).xls”,点击菜单栏中的“数据→排序”,弹出排序的对话框,如图 9-7 所示。

步骤 2:在排序的对话框中,“主要关键字”的选择框下选中变量“金额最高的前三名董事的报酬总额”,点击“确定”,然后删除 Excel 表格中第 2－423 行,即变量“金额最高的前三名董事的报酬总额”取值为－95 的样本。

步骤 3:点击菜单中的“数据→排序”(如图 9-7 所示),在排序的对话框中,“主要关键字”的选择框下选中变量“金额最高的前三名高级管理人员的报酬总额”,点击“确定”,然后删除 Excel 表格中第 2－146 行,即变量“金额最高的前三名高级管理人员的报酬总额”取值为－95 的样本。

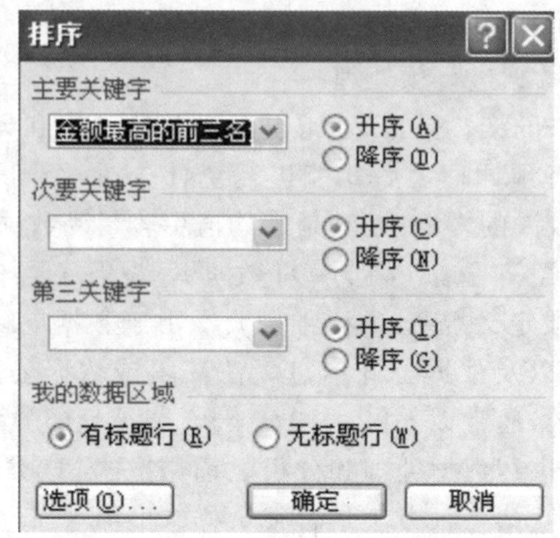

图 9-7　利用 Excel 进行排序的对话框

步骤 4:点击菜单中的“数据→排序”(如图 9-7 所示),在排序的对话框中,“主要关键字”的选择框下选中变量“高管人员持股总数”,点击“确定”,然后删除 Excel 表格中第 2—5102 行,即变量“高管人员持股总数”取值为—95 的样本。

经过上述四步剔除数据缺失的样本后,得到 9092 个样本。

其次,剔除异常值数据的具体步骤为:

步骤 1:点击单元格 D9094,在单元格 D9094 的位置输入计算公式“=AVERAGE(D2:D9093)”,点击回车键,在单元格 D9094 的位置显示均值为 821886.36。

步骤 2:点击单元格 D9095,在单元格 D9095 的位置输入计算公式“=STDEV(D2:D9093)”,点击回车键,在单元格 D9095 的位置显示标准差为 1299312.3。

步骤 3:点击单元格 D9096,在单元格 D9096 的位置输入计算公式“=D9094+3*D9095”,点击回车键,在单元格 D9096 的位置显示计算结果为 4719823.2。

步骤 4:点击单元格 D9097,在单元格 D9097 的位置输入计算公式“=D9094—3*D9095”,点击回车键,在单元格 D9097 的位置显示计算结果为—3076051。

步骤 5:选中单元格 D9096—D9097,复制并粘贴到区域 E9096—R9097,在区域 E9094—R9097 自动显示出每列变量对应的均值、标准差以及偏离均值三倍标准差的上、下限。

步骤 6:用鼠标选中区域 D9096—R9097,单击鼠标右键,选择“复制”,单击单元格 D9094,单击鼠标右键,选择“选择性粘贴”,弹出选择性粘贴的对话框,如图 9-8 所示。

步骤 7:在如图 9-8 所示的对话框中,“粘贴”选项下选中“数值”,点击“确定”。

步骤 8:删除单元格区域 D9096—R9097 中的数据。

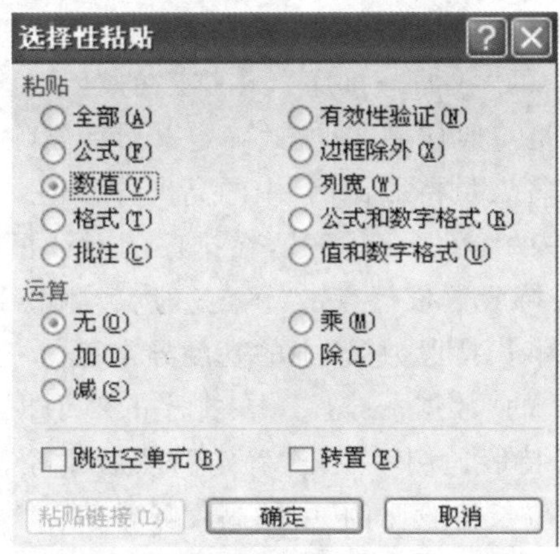

图 9-8　Excel 的选择性粘贴对话框

步骤 9:点击菜单中的“数据→排序”(如图 9-7 所示),在排序的对话框中,“主要关键字”的选择框下选中变量“金额最高的前三名董事的报酬总额”,点击“确定”,然后删除 Excel 表格中第 8987—9095 行,即删除变量“金额最高的前三名董事的报酬总额”中的高度异常值。

步骤 10:点击菜单中的“数据→排序”,在排序的对话框中,“主要关键字”的选择框下选中变量“金额最高的前三名高级管理人员的报酬总额”,点击“确定”,然后删除 Excel 表格中第 9012—9095 行,即删除变量“金额最高的前三名高级管理人员的报酬总额”中的高度异常值。

步骤 11:点击菜单中的“数据→排序”,在排序的对话框中,“主要关键字”的选择框下选中变量“董事会的规模”,点击“确定”,然后删除 Excel 表格中第 2—3 行和第 8890—9009 行,即删除变量“董事会的规模”中的高度异常值。

步骤 12:点击菜单中的“数据→排序”,在排序的对话框中,“主要关键字”的选择框下选中变量“独立董事总人数”,点击“确定”,然后删除 Excel 表格中第 8830—8889 行,即删除变量“独立董事总人数”中的高度异常值。

步骤 13:点击菜单中的“数据→排序”(如图 9-7 所示),在排序的对话框中,“主要关键字”的选择框下选中变量“董事会持股数量”,点击“确定”,然后删除 Excel 表格中第 8732—8829 行,即删除变量“董事会持股数量”中的高度异常值。

步骤 14:点击菜单中的“数据→排序”,在排序的对话框中,“主要关键字”的选择框下选中变量“董事会持股比例”,点击“确定”,然后删除 Excel 表格中第 8431—8731 行,即删除变量“董事会持股比例”中的高度异常值。

步骤 15:点击菜单中的“数据→排序”,在排序的对话框中,“主要关键字”的选择框下选中变量“高管人员持股总数”,点击“确定”,然后删除 Excel 表格中第 8414—

8430 行,即删除变量“高管人员持股总数”中的高度异常值。

步骤 16:点击菜单中的“数据→排序”,在排序的对话框中,“主要关键字”的选择框下选中变量“高管人员持股比例”,点击“确定”,然后删除 Excel 表格中第 8365—8413 行,即删除变量“高管人员持股比例”中的高度异常值。

步骤 17:点击菜单中的“数据→排序”,在排序的对话框中,“主要关键字”的选择框下选中变量“董事长持股数量”,点击“确定”,然后删除 Excel 表格中第 8358—8364 行,即删除变量“董事长持股数量”中的高度异常值。

步骤 18:点击菜单中的“数据→排序”,在排序的对话框中,“主要关键字”的选择框下选中变量“董事长持股比例”,点击“确定”,然后删除 Excel 表格中第 8300—8357 行,即删除变量“董事长持股比例”中的高度异常值。

步骤 19:点击菜单中的“数据→排序”,在排序的对话框中,“主要关键字”的选择框下选中变量“总经理持股比例”,点击“确定”,然后删除 Excel 表格中第 8238—8279 行,即删除变量“总经理持股比例”中的高度异常值。

步骤 20:删除 Excel 表格中第 2 行和第 8237 行(即计算出来的各变量高度异常值的下限和上限),最后得到样本个数为 8234 个。

步骤 21:将剔除过缺失值和高度异常值之后的数据重新命名为“公司治理数据(11)”并保存。

(2)利用 SPSS 统计软件的计算功能,计算相关变量。

步骤 1:利用 SPSS 软件打开“公司治理数据(11). xls”。

在 SPSS 软件中选择菜单:“File→Open→Data”,弹出打开文件的对话框,如图 9-9 所示。在“文件类型”后的编辑框中选择“All Files(*. *),在“文件名”后的编辑框中输入“公司治理数据(11). xls”文件的保存路径。

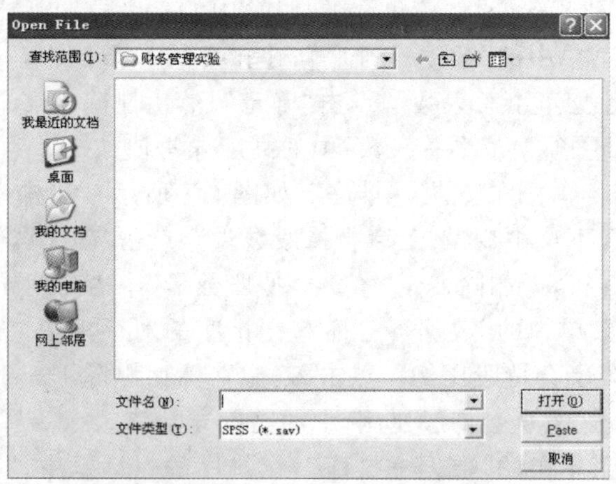

图 9-9 利用 SPSS 打开 Excel 数据(1)

步骤 2:点击“打开”,弹出打开 Excel 数据的对话框,如图 9-10 所示,点击“OK”。

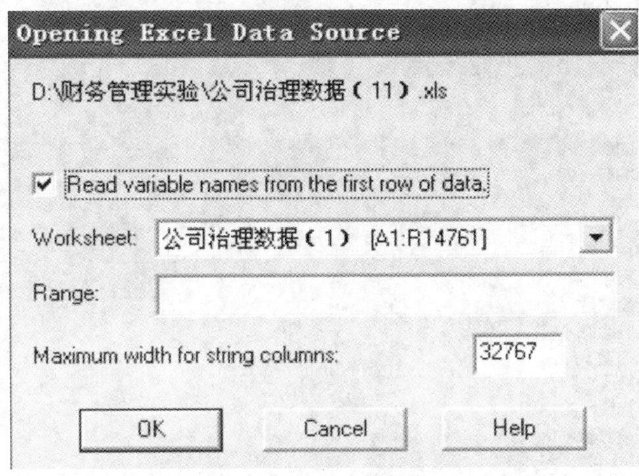

图 9-10　利用 SPSS 打开 Excel 资料(2)

步骤 3:利用 SPSS 统计软件的计算功能,计算变量“独立董事的比例”,步骤如下。

①在 SPSS 统计软件中选择菜单:“Transform→Compute”,弹出计算变量的对话框,如图 9-11 所示。

②在计算变量的对话框中,在“Target variable”的编辑框中输入“独立董事的比例”,在“Numeric Expression”的编辑框中输入独立董事比例的计算公式“独立董事总人数/董事会的规模”(或者将左边变量框中对应的变量拖到右边的表达公式中)。

③点击“OK”,SPSS 的数据编辑窗口的右端增加一列变量“独立董事的比例”。

步骤 4:利用 SPSS 统计软件的计算功能,参照第三步中的步骤,分别计算变量“领取报酬的董事比例”和变量“持有本公司股份的董事比例”,计算公式分别是:

“领取报酬的董事比例”=“领取报酬的董事总人数/董事会的规模”

“持有本公司股份的董事比例”=“持有本公司股份的董事总人数/董事会的规模”

计算完成后,SPSS 数据编辑窗口的右端将增加变量“领取报酬的董事比例”和“持有本公司股份的董事比例”。

(3)利用 SPSS 统计软件的分析功能,对数据进行描述性统计分析。

步骤 1:对相关变量进行基本的描述性统计分析,操作如下:

①在 SPSS 统计软件中选择菜单:“Analyze→Descriptive satatistics→Descriptives”,弹出描述性统计分析的对话框,如图 9-12 所示。

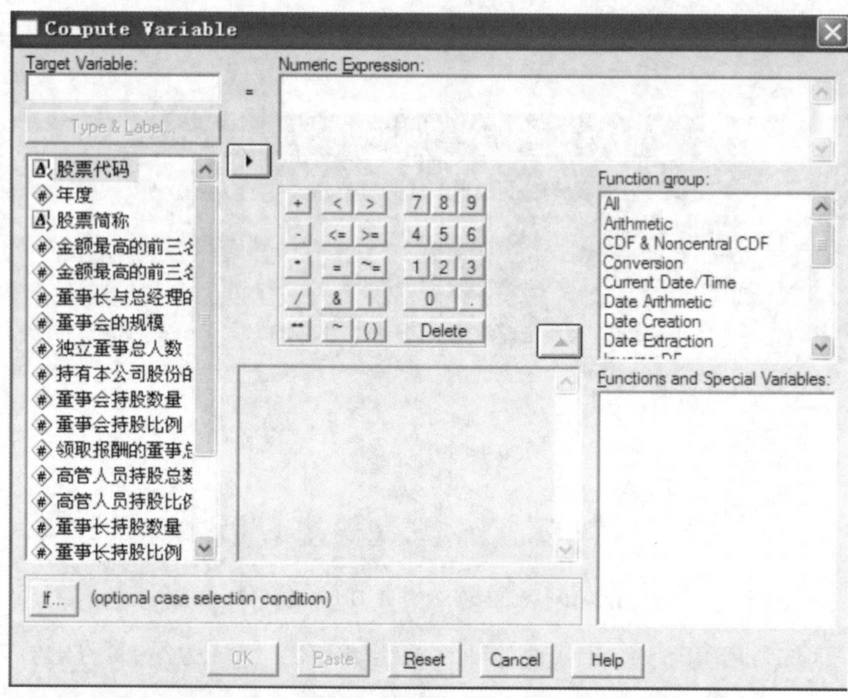

图 9-11 利用 SPSS 计算变量的对话框

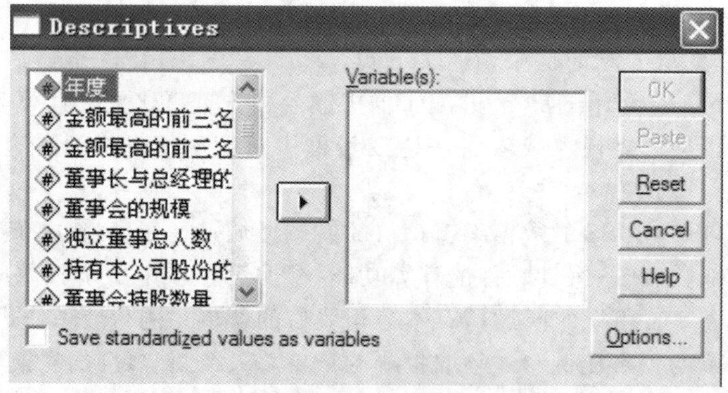

图 9-12 利用 SPSS 进行描述性统计分析(1)

②在如图 9-12 所示的对话框中,左边是 SPSS 数据集中的全部变量,右边“Variables”框中是待分析变量。分别点击左边的变量:“总经理持股数量”“总经理持股比例”“高管人员持股总数”“高管人员持股比例”“金额最高的前三名董事的报酬总额”“金额最高的前三名高级管理人员的报酬总额”“董事长持股数量”“董事长持股比例”“领取报酬的董事总人数”“领取报酬的董事比例”“持有本公司股份的董

事总人数""持有本公司股份的董事比例""董事会持股数量""董事会持股比例""董事会的规模""独立董事总人数""独立董事的比例",并将变量拖到右边待分析变量"Variables"中。

③点击"Options",弹出描述性统计分析的选择对话框,如图 9-13 所示。

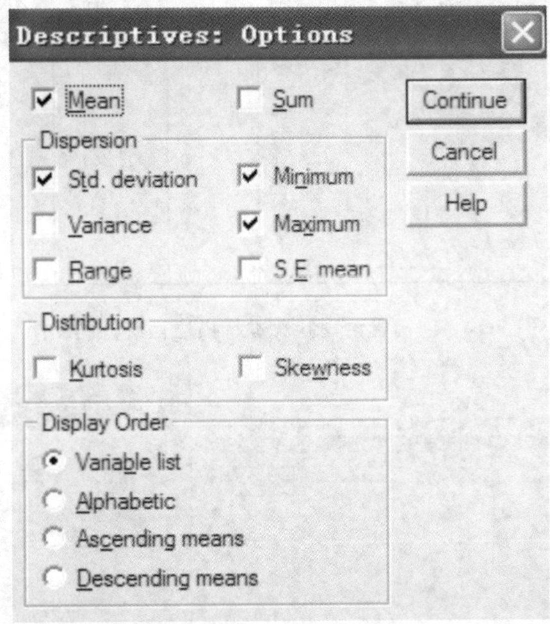

图 9-13　SPSS 描述性统计的选择对话框

④在弹出的选择对话框中,选中"Mean",Dispersion 选项中选择"Std. deviation""Minimum""Maximum",Display order 选项中选择"variable list",然后点击"Continue"。

⑤点击"OK",输出描述性统计分析的结果,如图 9-14 所示。

步骤 2:对董事长与总经理的两职设置状况进行频数分析,主要步骤为:

①在 SPSS 统计软件中选择菜单:"Analyze→Descriptive satatistics→Frequencies",弹出频数分析的对话框,如图 9-15 所示。

②在如图 9-15 所示的频数对话框中,左边是 SPSS 数据集的全部变量,右边的"Varibles"是待分析变量,选中左边的变量"董事长与总经理的两职设置状况"到"Variables"的编辑框中。

Descriptive Statistics

	N	Minimum	Maximum	Mean	Std. Deviation
总经理持股数量	8234	0	50315308	636224.03	3434176.983
总经理持股比例	8234	0	0	.00	.018
高管人员持股总数	8234	1	112598010	2839015.7	10784327.722
高管人员持股比例	8234	0	1	.02	.061
金额最高的前三名董事的报酬总额	8234	0	11370000	721720.85	791606.826
金额最高的前三名高级管理人员的报酬总额	8234	0	5410500	789134.02	762890.685
董事长持股数量	8234	0	99734978	1512192.3	7046953.181
董事长持股比例	8234	0	0	.01	.036
领取报酬的董事总人数	8234	0	12	3.81	2.122
领取报酬的董事比例	8234	.00	1.00	.6022	.30132
持有本公司股份的董事总人数	8234	0	12	2.36	2.034
持有本公司股份的董事比例	8234	.00	1.00	.3683	.29601
董事会持股数量	8234	0	118623705	2897134.9	11151921.853
董事会持股比例	8234	0	0	.02	.057
董事会的规模	8234	1	12	6.44	1.747
独立董事总人数	8234	0	6	3.07	1.131
独立董事比例	8234	.00	5.00	.5139	.23894
Valid N (listwise)	8234				

图 9-14　对高管治理状况进行描述性统计的结果

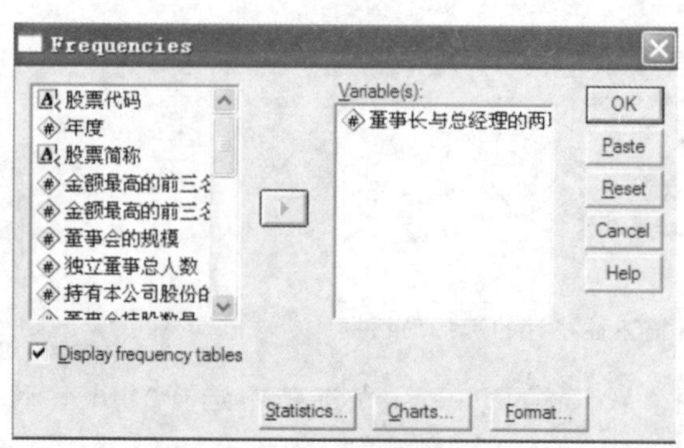

图 9-15　利用 SPSS 进行频数分析的对话框

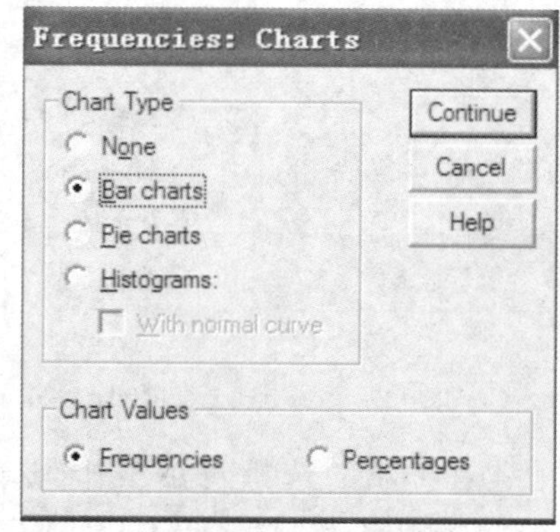

图 9-16　频数分析中的图形对话框

③点击"Chart"，弹出频数分析的图表对话框，在"Chart type"下选择"Bar charts"，如图 9-16 所示，点击"Continue"。

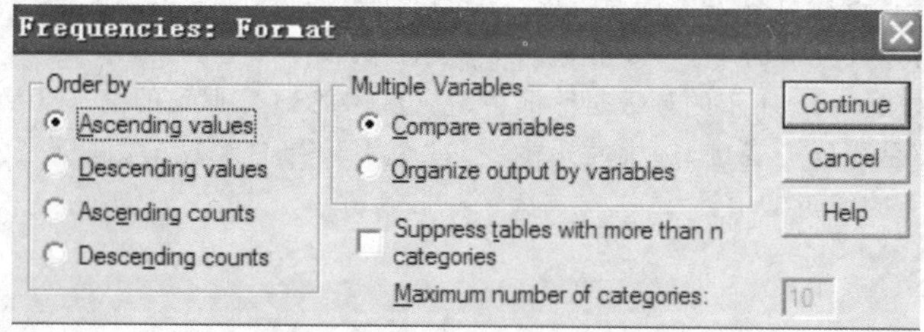

图 9-17　频数分析中的格式对话框

④点击“Format”，弹出频数分析的格式对话框，在“Order by”下选择“Ascending values”，如图 9-17 所示，点击“Continue”。

⑤点击“OK”，输出董事长与总经理两职设置状况的频数分析结果，如图 9-18 和图 9-19 所示。

董事长与总经理的两职设置状况

		Frequency	Percent	Valid Percent	Cumulative Percent
Valid	1	879	10.7	10.7	10.7
	2	302	3.7	3.7	14.3
	3	7053	85.7	85.7	100.0
	Total	8234	100.0	100.0	

图 9-18　利用 SPSS 进行频数分析的结果

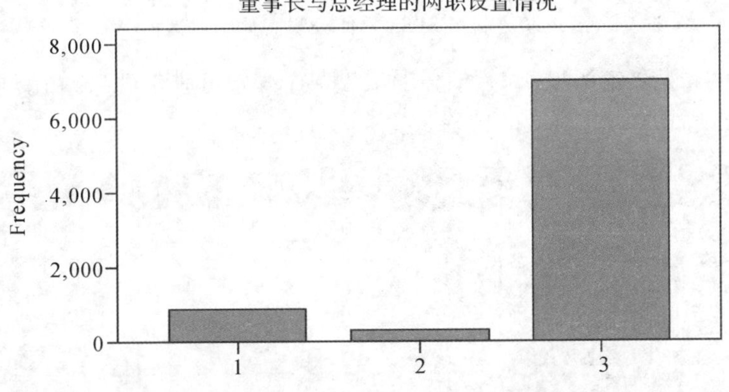

图 9-19　董事长与总经理两职设置的频数分布图

步骤 3：对各变量在不同年度间进行比较，分析变化趋势，主要步骤为：

①在 SPSS 统计软件中选择菜单：“Data→Split File”，弹出分割文件的对话框，如图 9-20 所示。

②在分割文件的对话框中，选择“Compare groups”，选中左边的变量“年度”到“Groups based on”的编辑框中点击“OK”。

③点击菜单：“Data→Aggregate”，弹出分类汇总的对话框，如图 9-21 所示，选中左边的变量“年度”到分类变量“Break Variables”的编辑框中，选中变量：“金额最高的前三名董事的报酬总额”“金额最高的前三名高级管理人员的报酬总额”“董事会的规模”“独立董事总人数”“持有本公司股份的董事总人数”“董事会持股数量”“董事会持股比例”“领取报酬的董事总人数”“高管人员持股总数”“高管人员持股比例”“董事长持股数量”“董事长持股比例”“总经理持股数量”“总经理持股比例”

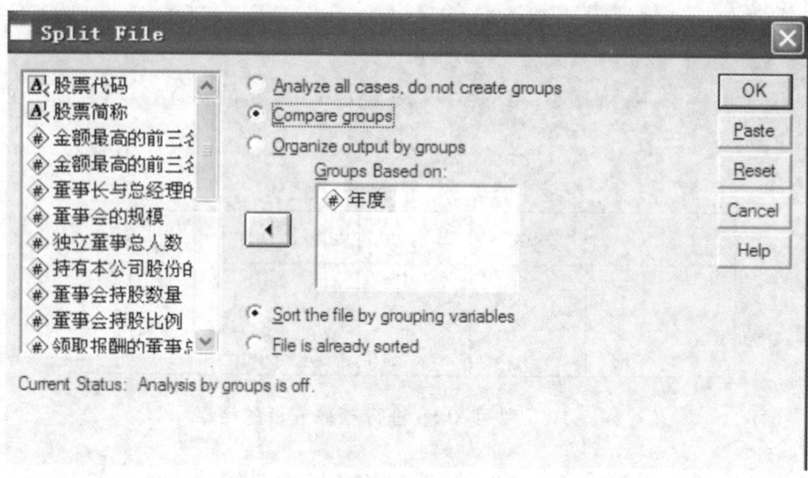

图 9-20　利用 SPSS 软件分割文件的对话框

"独立董事的比例""领取报酬的董事比例""持有本公司股份的董事比例"到汇总变量"Summaries of Variables"的编辑框中。

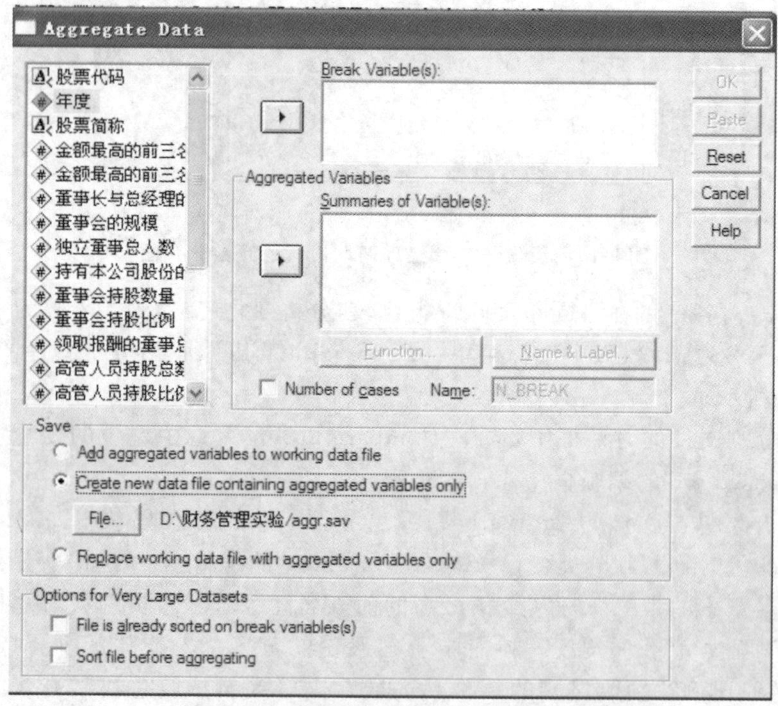

图 9-21　利用 SPSS 进行分类汇总的对话框

④“Save”选项下选中“Creat new data file containing aggregate variables only”，如图 9-21 所示。

⑤点击“OK”，输出按年度对变量进行分类汇总的结果 aggr. sav，打开文件 aggr. sav，结果如图 9-22 所示。

	年度	金额最高的前三名董事的报	金额最高的前三名高	董事会的规模 mean	独立董事总人数 me	持有本公司股份的董	董事会持股数量 mea	董事会持股比例 me	领取报酬的董事总人	高管人员持股总数 m	高管人员持股比例 m	董事长持股数量 mea	董事长持股比例 mea	总经理持股数量 mea	总经理持股比例 mea	独立董事比例 mean	领取报酬的董事比例	持有本公司股份的董
1	2001	292978	290139	8.28	.63	3.89	222657	.00	4.57	272955	.00	82296	.00	71145	.00	.09	.56	.47
2	2002	384733	396649	7.38	2.30	3.16	485322	.00	4.29	566154	.00	168520	.00	144321	.00	.33	.59	.43
3	2003	467283	495956	6.62	3.16	2.60	493145	.00	3.82	582253	.00	199933	.00	117856	.00	.49	.58	.39
4	2004	563599	611704	6.44	3.29	2.40	999027	.01	3.72	1E+006	.01	379187	.00	225273	.00	.52	.58	.37
5	2005	586364	632350	6.27	3.28	2.17	1E+006	.01	3.73	1E+006	.01	550974	.00	290477	.00	.54	.60	.35
6	2006	629258	704237	6.12	3.31	2.01	2E+006	.01	3.64	3E+006	.02	1E+006	.01	474916	.00	.56	.60	.33
7	2007	862491	937113	6.14	3.39	2.01	3E+006	.02	3.76	4E+006	.02	2E+006	.01	693188	.00	.57	.62	.33
8	2008	947039	1E+006	6.20	3.55	1.97	4E+006	.02	3.76	5E+006	.02	2E+006	.01	844503	.00	.59	.62	.32
9	2009	1020664	1E+006	5.80	3.46	1.77	5E+006	.02	3.44	6E+006	.04	3E+006	.01	992029	.00	.64	.60	.31
10	2010	1252421	1E+006	5.85	3.45	2.34	1E+007	.05	3.69	5E+006	.03	5E+006	.02	2E+006	.01	.63	.64	.42

图 9-22　按年度对变量均值进行分类汇总的结果

（二）我国上市公司控制权结构特点的实验操作

1. 进入色诺芬(CCER)中国经济金融数据库的“上市公司治理结构数据库”子库。

步骤 1：进入色诺芬(CCER)中国经济金融数据库的网站首页（www. ccerdata. com），点击“登录”，然后在如图 9-1 所示的界面中分别输入用户名（******）和口令（******）。

步骤 2：点击“登录”，进入 CCER 中国经济金融数据库，在如图 9-2 所示的界面中，双击左侧“专题研究→上市公司治理结构数据库”，进入“查询—上市公司治理结构数据库”的界面，如图 9-4 所示。

2. 查询并下载上市公司股权结构的相关数据。

步骤 1：在如图 9-4 所示的“查询—上市公司治理结构数据库”的查询条件中选择输入相关查询条件，具体如下：

“时间频率”选择“年”；

“起始日期”选择“2001 年”，“结束日期”选择“2010”；

“股票代码选择”选择“沪深两市全选”；

点击“基本信息”，在“基本信息”栏目下选择“股票简称”；

点击“公司股权状况”，在“公司股权状况”栏目下选择下列指标：“上市公司实际控制人类别”“CR_5 指数”“CR_10 指数”“Z 指数”“Herfindahl_5 指数”“Herfindahl_10 指数”“第一大股东持股比例”“第一大股东持股数量”。

步骤 2：“保存类型”选择“xls(电子表格类型)”。

步骤 3：点击“数据下载→下载文件→保存”，将压缩文件保存于指定位置。

步骤 4：将下载并保存于指定位置的压缩文件解压，然后打开，下载的数据如图 9-23 所示，共获得 14760 个样本数据。

	A	B	C	D	E	F	G	H	I	J	K	L
1	股票代码	年度	股票简称	上市公司!	CR_5指数	CR_10指数	Z指数	Herfindal	Herfindal	第一大股!	第一大股东持股数量	
2	'000001	2001	深发展A	0	0.240706	-97	1.553159	0.014456	-97	0.089639	1.74E+08	
3	'000002	2001	深万科A	0	0.199141	0.259688	4.571244	0.016871	0.017625	0.123739	78075700	
4	'000003	2001	PT金田A	0	0.175003	0.21079	1.737478	0.009017	0.009275	0.074821	24948000	
5	'000004	2001	北大高科	0	0.532243	0.56803	5.123472	0.152316	0.152574	0.379429	31863200	
6	'000005	2001	世纪星源	2	0.457596	0.539946	5.530197	0.124617	0.126042	0.345394	2.45E+08	
7	'000006	2001	深振业A	0	0.383078	0.39272	5.670511	0.082168	0.082187	0.280248	71068500	
8	'000007	2001	ST达声	0	0.439824	0.488588	6.160176	0.112795	0.113315	0.329668	47338200	

图 9-23　下载的公司治理数据(2)

步骤 5:在下载的 Excel 数据菜单中,点击“文件→另存为”,弹出重新保存文件的窗口,在“保存类型”中选择“Microsoft Excel 4.0 工作表(*. xls)”,在“文件名”后的编辑框中输入“公司治理数据(2)”,在“保存位置”选择指定的保存位置,单击“保存”,则将下载的数据保存为. xls 格式并重新命名。

3. 数据的处理和统计分析。

(1)利用 Excel 对数据进行预处理。

下载的公司治理数据(2)中,变量的取值中包含－97、－95,根据色诺芬公司对上市公司治理结构数据缺失字段的说明,变量取值为－97、－95 时表示数据无法计算或数据缺失,因此,在进行分析之前应将这些异常值作为缺失值处理,否则会影响到统计分析的结果。

根据色诺芬公司对上市公司治理结构字段的定义,变量“上市公司实际控制人类别”的取值为 0、1、2、3、4、5、6 表示上市公司的实际控制人类型分别为国有控股、民营控股、外资控股、集体控股、社会团体控股、职工会持股会控股和不能识别实际控制人性质。因此,在进行统计分析之前,首先将变量“上市公司实际控制人类别”取值为 6 的作为数据缺失处理。然后,把上市公司实际控制人类别重新分为两类:国有控股和非国有控股,分别用 0 和 1 表示。

步骤 1:在 Excel 表格中删除数据缺失的样本,操作步骤为:

①打开下载的数据“公司治理数据(2). xls”,点击菜单栏中的“数据→排序”,弹出排序的对话框(如图 9-7 所示)。

②在排序的对话框中,“主要关键字”的选择框下选中变量“上市公司实际控制人类别”,点击“确定”,然后删除 Excel 表格中第 2—78 和第 14661—14761 行,即删除变量“上市公司实际控制人类别”数据缺失或无法获取数据的样本。

③点击菜单中的“数据→排序”,在排序的对话框中,“主要关键字”的选择框下选中变量“CR_5 指数”,点击“确定”,然后删除 Excel 表格中第 2—81 行,即删除变量“CR_5 指数”数据缺失的样本。

④点击菜单中的“数据→排序”,在排序的对话框中,“主要关键字”的选择框下选中变量“高管人员持股总数”,点击“确定”,然后删除 Excel 表格中第 2—39 行,即删除变量“CR_10 指数”数据缺失的样本。

⑤点击菜单中的“数据→排序”，在排序的对话框中，“主要关键字”的选择框下选中变量“Z 指数”，点击“确定”，然后删除 Excel 表格中第 2—99 行，即删除变量“Z 指数”数据缺失的样本。

⑥点击菜单中的“数据→排序”，在排序的对话框中，“主要关键字”的选择框下选中变量“Z 指数”，点击“确定”，然后删除 Excel 表格中第 2—99 行，即删除变量“Z 指数”数据缺失的样本。

步骤 2：对变量“上市公司实际控制人类别”重新分为两大类，具体步骤为：

①在打开的 Excel 数据中，选中变量“上市公司实际控制人类别”所在列，点击菜单栏中的：“编辑→查找”功能，弹出“查找和替换”的对话框（如图 9-7 所示）。

②点击“查找”，在“查找内容”的编辑框中输入“2”，点击“替换”，在“替换为”编辑框中输入“1”，点击“全部替换”，Excel 显示完成搜索并进行了 102 处替换，点击“确定”。

③将“查找内容”编辑框中的“2”改为“3”，点击“全部替换”，Excel 显示完成搜索并进行了 237 处替换，点击“确定”。

④将“查找内容”编辑框中的“3”改为“4”，点击“全部替换”，Excel 显示完成搜索并进行了 68 处替换，点击“确定”。

⑤将“查找内容”编辑框中的“4”改为“5”，点击“全部替换”，Excel 显示完成搜索并进行了 102 处替换，点击“确定”，关闭“查找和替换”对话框。

步骤 3：剔除数据为高度异常值的样本，具体步骤为：

①在单元格 E14368 的位置输入计算公式“＝AVERAGE(E2：E14367)”，点击回车键，在单元格 E14368 的位置显示均值为 0.5498。

②在单元格 E14369 的位置输入计算公式“＝STDEV(E2：E14367)”，点击回车键，在单元格 E14369 的位置显示标准差为 0.1540。

③在单元格 E14370 的位置输入计算公式“＝E14368＋3＊E14369”，点击回车键，在单元格 E14370 的位置显示计算结果为 1.0118。

④在单元格 E14371 的位置输入计算公式“＝E14368－3＊E14369”，点击回车键，在单元格 E14371 的位置显示计算结果为 0.0879。

⑤选中区域 E14368：E14371，复制并粘贴到区域 F14368：K14371，在区域 F14368：K14371 自动显示出每列变量对应的均值、标准差以及偏离均值三倍标准差的上、下限。

⑥将区域 E14370：K14371 的数值选择性粘贴到区域 E14368：K14369，删除单元格区域 E14370：K14371 中的数据。

⑦点击菜单：“数据→排序”（如图 9-7 所示），在排序的对话框中，“主要关键字”的选择框下选中变量“CR_5 指数”，点击“确定”，然后删除 Excel 表格中第 2—14 行，即删除变量“CR_5 指数”中的高度异常值。

⑧点击菜单："数据→排序"，在排序的对话框中，"主要关键字"的选择框下选中变量"CR_10 指数"，点击"确定"，然后删除 Excel 表格中第 2—5 行，即删除变量"CR_10 指数"中的高度异常值。

⑨点击菜单："数据→排序"，在排序的对话框中，"主要关键字"的选择框下选中变量"Z 指数"，点击"确定"，然后删除 Excel 表格中第 14075—14356 行，即删除变量"Z 指数"中的高度异常值。

⑩点击菜单："数据→排序"，在排序的对话框中，"主要关键字"的选择框下选中变量"Herfindahl_5 指数"，点击"确定"，然后删除 Excel 表格中第 13983—14074 行，即删除变量"Herfindahl_5 指数"中的高度异常值。

⑪点击菜单："数据→排序"，在排序的对话框中，"主要关键字"的选择框下选中变量"第一大股东持股数量"，点击"确定"，然后删除 Excel 表格中第 13957—13982 行，即删除变量"第一大股东持股数量"中的高度异常值。

⑫删除 Excel 表格中第 2 行和第 13956 行(即计算出来的各变量高度异常值的下限和上限)，经过上述剔除数据缺失样本和高度异常值后，最后得到样本个数为 13953 个。

⑬将经过处理后的数据重新命名为"公司治理数据(21)"并保存。

(2)利用 SPSS 统计软件的分析功能，对数据进行描述性统计分析。

步骤 1：利用 SPSS 软件打开"公司治理数据(21). xls"，操作如下：

①在 SPSS 软件中选择菜单："File→Open→Data"，弹出打开文件的对话框(如图 9-9 所示)。

②在"文件类型"后的编辑框中选择"All Files(*. *)"，在"文件名"后的编辑框中输入"公司治理数据(21). xls"文件的保存路径。

③点击"打开"，弹出打开 Excel 数据的对话框(如图 9-10 所示)，然后点击"OK"。

步骤 2：利用 SPSS 统计软件对数据进行描述性统计，操作如下：

①在 SPSS 软件中选择菜单："Analyze→Descriptive satatistics→Descriptives"，弹出描述性统计分析的对话框(如图 9-12 所示)。

②在如图 9-12 所示的对话框中，分别将左边的变量："CR_5 指数""CR_10 指数""Z 指数""Herfindahl_5 指数""Herfindahl_10 指数""第一大股东持股比例""第一大股东持股数量"拖到右边待分析变量"Variables"框中。

③点击"Options"，在弹出的描述性统计分析的选择对话框中(如图 9-13 所示)，选中"Mean"，Dispersion 选项中选择"Std. deviation""Minimum""Maximum"，Display order 选项中选择"variable list"，然后点击"Continue"。

④点击"OK"，输出变量的描述性统计分析结果，如图 9-24 所示。

Descriptive Statistics

	N	Minimum	Maximum	Mean	Std. Deviation
上市公司实际控制人类别	13953	0	1	.36	.481
CR_5指数	13953	.088286	.998251	.54511811	.151066277
CR_10指数	13953	.102779	.999987	.56593762	.149509211
Z指数	13953	.110322581	263.3310811	18.2626472824	34.4947756306
Herfindahl_5指数	13953	.002072218	.5946018793	.188781277170	.1249259296505
Herfindahl_10指数	13953	.002231188	.5947971042	.188968012619	.1248685573602
第一大股东持股比例	13953	.02565	.77018	.3810235	.15679407
第一大股东持股数量	13953	1539000	14693996400	249763049.73	791203802.615
Valid N (listwise)	13953				

图 9-24　对上市公司控制权结构进行描述性统计的结果

步骤 3：利用 SPSS 统计软件对上市公司实际控制人类型按年度进行频数分析并进行比较，操作如下：

①在 SPSS 统计软件中选择菜单："Data→Split File"，弹出分割文件的对话框，选中"Compare groups"，并将左边的变量"年度"并拖到右边"Groups Based on"的编辑框中。

②点击菜单："Analyze→Descriptive satatistics→Frequencies"，弹出频数分析的对话框(如图 9-15 所示)，选中左边的变量"上市公司实际控制人类型"到"Variables"的编辑框中。

③点击"Format"，弹出频数分析的格式对话框，在"Order by"下选择"Ascending values"，点击"Continue"。

④点击"OK"，输出上市公司实际控制人类型按年度进行频数分析的结果，如图 9-25 所示。

步骤 4：对上市公司控制权结构的相关变量按年度进行均值分析，操作如下：

①在 SPSS 统计软件中选择菜单："Data→Split File"，弹出分割文件的对话框(与图 9-20 类似)。

②在分割文件的对话框中，选择"Compare groups"，选中左边的变量"年度"到"Groups based on"的编辑框中点击"OK"。

③点击菜单："Data→Aggregate"，弹出分类汇总的对话框(与图 9-21 类似)，选中左边的变量"年度"到分类变量"Break Variables"的编辑框中，选中变量："CR_5 指数""CR_10 指数""Z 指数""Herfindahl_5 指数""Herfindahl_10 指数""第一大股东持股比例""第一大股东持股数量"到汇总变量"Summaries of Variables"的编辑框中。

④"Save"选项下选中"Creat new data file containing aggregate variables only"。

⑤点击"OK"，输出按年度对上市公司控制权结构的变量进行分类汇总的结果 aggr. sav，打开文件 aggr. sav，结果如图 9-26 所示。

上市公司实际控制人类别

年度			Frequency	Percent	Valid Percent	Cumulative Percent
2001	Valid	0	838	83.0	83.0	83.0
		1	172	17.0	17.0	100.0
		Total	1010	100.0	100.0	
2002	Valid	0	864	78.9	78.9	78.9
		1	231	21.1	21.1	100.0
		Total	1095	100.0	100.0	
2003	Valid	0	850	72.9	72.9	72.9
		1	316	27.1	27.1	100.0
		Total	1166	100.0	100.0	
2004	Valid	0	858	67.9	67.9	67.9
		1	406	32.1	32.1	100.0
		Total	1264	100.0	100.0	
2005	Valid	0	884	68.5	68.5	68.5
		1	407	31.5	31.5	100.0
		Total	1291	100.0	100.0	
2006	Valid	0	895	64.7	64.7	64.7
		1	489	35.3	35.3	100.0
		Total	1384	100.0	100.0	
2007	Valid	0	916	61.1	61.1	61.1
		1	582	38.9	38.9	100.0
		Total	1498	100.0	100.0	
2008	Valid	0	949	60.8	60.8	60.8
		1	612	39.2	39.2	100.0
		Total	1561	100.0	100.0	
2009	Valid	0	945	56.5	56.5	56.5
		1	729	43.5	43.5	100.0
		Total	1674	100.0	100.0	
2010	Valid	0	901	44.8	44.8	44.8
		1	1109	55.2	55.2	100.0
		Total	2010	100.0	100.0	

图 9-25　对上市公司实际控制人类型频数分析的结果

步骤 5：利用 SPSS 软件分析国有上市公司与非国有上市公司的控制权结构是否存在差异，操作如下：

①点击菜单："Analyze→Compare Means→Independent－Samples T test"，弹出如图 9-27 所示的对话框。

②图 9-27 左边是数据的全部变量，右边的"Test variables"和"Grouping variables"分别是待检验变量和分组变量。选择变量集合中的"CR_5 指数""CR_10 指数""Z 指数""Herfindahl_5 指数""Herfindahl_10 指数""第一大股东持股比例""第一大股东持股数量"到"Test variables"的编辑框中，选中变量"上市公司实际控制人"到"Grouping variables"的编辑框中。

③点击"Define"，弹出定义分组的对话框，在"Group 1"的编辑框中输入 1，在"Group 2"的编辑框中输入"0"。

	年度	上市公司实际控制人类别	CR_5指数_mean	CR_10指数_mean	Z指数_mean	Herfindahl_5指数_mean	Herfindahl_10指数_mean	第一大股东持股比例	第一大股东持股数量_mean
1	2001	.17	.58	.60	25.93	.23	.23	.43	162631767
2	2002	.21	.58	.61	25.58	.23	.23	.43	190544712
3	2003	.27	.58	.59	21.90	.22	.22	.41	191089729
4	2004	.32	.58	.59	19.58	.21	.21	.41	202048506
5	2005	.32	.57	.58	19.96	.20	.20	.40	206940257
6	2006	.35	.52	.54	15.95	.17	.17	.36	219175428
7	2007	.39	.52	.54	15.78	.17	.17	.36	269843667
8	2008	.39	.52	.54	15.97	.17	.17	.36	306194517
9	2009	.44	.52	.54	15.68	.17	.17	.36	321834033
10	2010	.55	.53	.56	13.77	.17	.17	.36	319599533

图 9-26　对上市公司控制权结构按年度分类汇总的结果

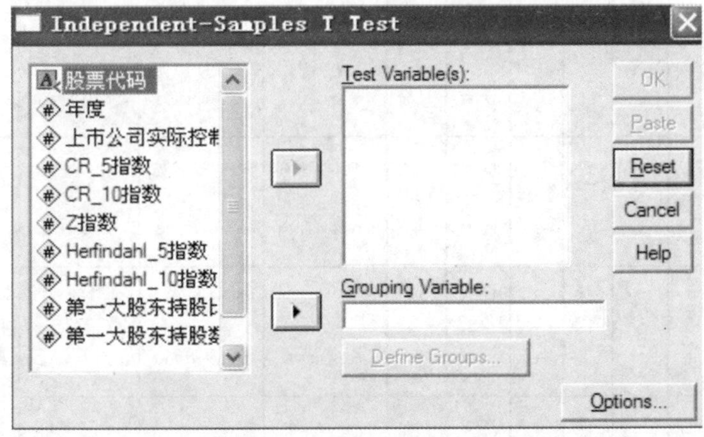

图 9-27　独立样本 t 检验的对话框

④点击“Continue”，点击“OK”，输出独立样本均值比较分析的结果，如图 9-28 所示。

(三)民营上市公司治理结构特点的实验分析

1. 进入色诺芬(CCER)中国经济金融数据库的“上市公司治理结构数据库”子库。

步骤 1：进入色诺芬(CCER)中国经济金融数据库的网站首页(www.ccerdata.com)，点击“登录”，然后在登录界面(如图 9-1 所示)中分别输入用户名(******)和口令(******)。

步骤 2：点击“登录”，进入 CCER 中国经济金融数据库(如图 9-2 所示)，双击左侧“专题研究→民营上市公司数据库”，进入“查询—民营上市公司数据库”的界面。

2. 查询并下载民营上市公司的相关数据。

Independent Samples Test

		Levene's Test for Equality of Variances		t-test for Equality of Means						
		F	Sig.	t	df	Sig. (2-tailed)	Mean Difference	Std. Error Difference	95% Confidence Interval of the Difference	
									Lower	Upper
CR_5指数	Equal variances assumed	5.220	.022	-9.90	13951	.000	-.026254905	.002651714	-.031452620	-.021057190
	Equal variances not assumed			-9.87	10383	.000	-.026254905	.002661248	-.031471464	-.021038346
CR_10指数	Equal variances assumed	3.552	.060	-9.36	13951	.000	-.024563723	.002625363	-.029709786	-.019417660
	Equal variances not assumed			-9.33	10407	.000	-.024563723	.002632846	-.029724607	-.019402839
Z指数	Equal variances assumed	963.8	.000	-23.4	13951	.000	-13.938321792	.596052064806	-15.106663735	-12.7699798491
	Equal variances not assumed			-27.2	13917	.000	-13.938321792	.511610753033	-14.941147656	-12.9354959285
Herfindahl_5指数	Equal variances assumed	511.3	.000	-29.3	13951	.000	-.06260086597	.002135776573	-.06678727434	-.058414457607
	Equal variances not assumed			-31.2	12473	.000	-.06260086597	.002007711425	-.06653628995	-.058665442001
Herfindahl_10指数	Equal variances assumed	512.4	.000	-29.3	13951	.000	-.06256027786	.002134820587	-.06674481237	-.058375743357
	Equal variances not assumed			-31.2	12475	.000	-.06256027786	.002006653016	-.06649362712	-.058626928608
第一大股东持股比例	Equal variances assumed	200.4	.000	-31.7	13951	.000	-.08459600	.00266743	-.08982451	-.07936748
	Equal variances not assumed			-32.8	11612	.000	-.08459600	.00257670	-.08964675	-.07954524
第一大股东持股数量	Equal variances assumed	416.5	.000	-15.9	13951	.000	-219133850.016	13812923.351	-246209031.30	-192058668.734
	Equal variances not assumed			-20.3	10879	.000	-219133850.016	10805854.914	-240315293.11	-197952406.923

图 9-28 对上市公司控制权结构进行独立样本 T 检验的结果

步骤 1:在“查询—民营上市公司数据库”的查询条件中选择输入相关查询条件,具体如下:

“时间频率”选择“年”;

“起始日期”选择“2002 年”,“结束日期”选择“2010”;

“股票代码选择”选择“沪深两市全选”;

点击“基本信息”，在“基本信息”栏目下选择：“股票简称”“民营化途径”“家族通过什么方式控制上市公司”“是否指定管理层”“控股股东现金权”“控股股东投票权”。

步骤 2：“保存类型”选择“xls(电子表格类型)”。

步骤 3：点击“数据下载→下载文件→保存”，将压缩文件保存于指定位置。

步骤 4：将下载并保存于指定位置的压缩文件解压，然后打开，下载的数据如图 9-29 所示，共获得 3596 个样本数据。

步骤 5：在下载的 Excel 数据菜单中，点击“文件→另存为”，弹出重新保存文件的窗口，在“保存类型”中选择“Microsoft Excel 4.0 工作表(*. xls)”，在“文件名”后的编辑框中输入“民营上市公司治理数据”，在“保存位置”选择指定的保存位置，单击“保存”，则将下载的数据保存为. xls 格式并重新命名。

	A	B	C	D	E	F	G	H	I
1	公司代码	年度	股票简称	家族通过亻	民营化途彳	是否指定亻	控股股东玎	控股股东投票权	
2	'000005	2002	世纪星源	1	1	1	38.24	38.24	
3	'000008	2002	ST宝利来	2	1	0	19.859	28.37	
4	'000010	2002	SST华新	2	1	1	3.3698	14	
5	'000038	2002	*ST大通	2	1	0	4.9622	29.84	
6	'000040	2002	宝安地产	1	1	0	14.68	29.36	
7	'000046	2002	泛海建设	2	1	1	43.931	48.17	
8	'000055	2002	方大集团	2	1	1	24.1518	27.331	
9	'000078	2002	海王生物	1	1	1	20.5061	50.12	

图 9-29　从 CCER 下载的民营上市公司治理数据

3. 数据的处理和统计分析。

(1)利用 Excel 对数据进行预处理。

下载的民营上市公司治理数据中包含异常值－95，根据色诺芬公司对民营上市公司数据库缺失字段的说明，根据公开信息无法获得的变量数据在数据库中缺失的变量被赋值的取值中包含异常值－95，因此，在进行分析之前将这些异常值作为缺失值处理。

下载的数据中，变量“民营化途径”取值包括为 1、2、3、4，根据数据库对字段的定义，取值 1、2、3 时分别表示民营化途径为：家族控股上市、通过兼并重组取得控股地位和民营化方式不清楚，因此，在进行统计分析之前，将“民营化途径”取值为 3、4 的数据作为缺失值处理，然后将民营化途径重新分为两类：家族控股上市(取值为 1)和通过兼并重组取得控股地位(取值为 0)。

变量“家族通过什么方式控制上市公司”取值包括 0、1、2，分别对应家族控制上市公司的模式：直接控制、金字塔结构和交叉持股。在进行统计分析之前，将该变量重新分为两类：直接控制(取值为 0)和间接控制(通过金字塔结构和交叉持股方式控制，取值为 1)。

步骤 1:在 Excel 中剔除掉数据缺失的样本,操作如下:

①打开数据“民营上市公司治理数据. xls”,点击菜单栏中的“数据→排序”,弹出排序的对话框(如图 9-7 所示)。

②在排序的对话框中,“主要关键字”的选择框下选中变量“民营化途径”,点击“确定”,然后删除 Excel 表格中第 3462—3597 行,即删除变量“民营化途径”数据缺失或无法获取数据的样本。

③点击菜单中:“数据→排序”,在排序的对话框中,“主要关键字”的选择框下选中变量“控股股东现金权”,点击“确定”,然后删除 Excel 表格中第 2 行,即删除变量“控股股东现金权”数据缺失的样本。

步骤 2:对变量“民营化途径”和“家族通过什么方式控制上市公司”进行重新分类,操作如下:

①选中变量“民营化途径”所在列,选择菜单:“编辑→查找”,弹出查找和替换的对话框;在“查找内容”的编辑框中输入“2”,点击“替换”,在“替换为”的编辑框中输入“0”;点击“全部替换”,Excel 显示完成搜索并进行了 1866 处替换;点击“确定”。

②选中变量“家族通过什么方式控制上市公司”所在列,在“查找内容”的编辑框中输入“2”,点击“替换”,在“替换为”的编辑框中输入“0”;点击“全部替换”,Excel 显示完成搜索并进行了 9 处替换;点击“确定”。

③关闭“查找和替换”对话框,将经过处理之后的数据重新命名为“民营上市公司治理数据(1)”并保存。

步骤 3:剔除数据为高度异常值的样本,操作如下:

①在单元格 G3461 的位置输入计算公式“=AVERAGE(G2:G3460)”,点击回车键,在单元格 G3461 的位置显示均值为 199.5。

②在单元格 G3462 的位置输入计算公式“=STDEV(G2:G3460)”,点击回车键,在单元格 G3462 的位置显示标准差为 10240.9。

③在单元格 G3463 的位置输入计算公式“=G3461+3*G3462”,点击回车键,在单元格 G3463 的位置显示计算结果为 30922.1。

④在单元格 G3464 的位置输入计算公式“=G3461-3*G3462”,点击回车键,在单元格 G3464 的位置显示计算结果为-30523.1。

⑤选中区域 G3461:G3464,复制并粘贴到区域 F3461:F3464,在区域 F3461:F3464 自动显示出每列变量对应的均值、标准差以及偏离均值三倍标准差的上、下限。

⑥将区域 G3462:F3464 的数值选择性粘贴到区域 G3460:F3462,删除单元格区域 G3462:F3464 中的数据。

⑦点击菜单:“数据→排序”(如图 9-7 所示),在排序的对话框中,“主要关键字”的选择框下选中变量“控股股东现金权”,点击“确定”,然后删除 Excel 表格中第 3462 行,即删除变量“控股股东现金权”中的高度异常值。

⑧点击菜单:“数据→排序”,在排序的对话框中,“主要关键字”的选择框下选中变量“控股股东投票权”,点击“确定”,然后删除 Excel 表格中第 3445—3461 行,即删除变量“控股股东投票权”中的高度异常值。

⑨删除掉第 2 行和第 3444 行,即计算出来的偏离均值三倍标准差的上限和下限。

经过上述剔除数据缺失样本和高度异常值后,最后得到样本个数为 3441 个。

(2)利用 SPSS 统计软件的计算功能,计算变量“现金流权与控制权分离度”。

步骤 1:利用 SPSS 软件打开数据“民营上市公司治理数据(1). xls”。

步骤 2:在 SPSS 统计软件中选择菜单:“Transform→Compute”,弹出计算变量的对话框。

步骤 3:在计算变量的对话框中,在“Target variable”的编辑框中输入“现金流权与控制权分离度”,在“Numeric Expression”的编辑框中输入现金流权与控制权分离度的计算公式“控股股东现金权/控股股东投票权”(或者将左边变量框中对应的变量拖到右边的表达公式中)。

步骤 4:点击“OK”,SPSS 的数据编辑窗口的右端增加一列变量“现金流权与控制权分离度”。

(3)利用 SPSS 统计软件的分析功能,对数据进行描述性统计分析。

步骤 1:在 SPSS 软件中选择菜单:“Analyze→Descriptive satatistics→Descriptives”,弹出描述性统计分析的对话框(与图 9-12 类似)。

步骤 2:在弹出的描述性统计分析对话框中,分别将左边的变量:“民营化途径”“家族通过什么方式控制上市公司”“是否指定管理层”“控股股东现金权”“控股股东投票权”“现金流权与控制权分离度”拖到右边待分析变量“Variables”框中。

步骤 3:点击“Options”,在弹出的描述性统计分析的选择对话框中,选中“Mean”,Dispersion 选项中选择“Std. deviation”“Minimum”“Maximum”,Display order 选项中选择“variable list”,然后点击“Continue”。

步骤 4:点击“OK”,输出变量的描述性统计分析结果,如图 9-30 所示。

步骤 5:在 SPSS 软件中选择菜单:“Data→Split File”,弹出分割文件的对话框(与图 9-20 类似),在分割文件的对话框中,选择“Compare groups”,选中左边的变量“年度”到“Groups based on”的编辑框中点击“OK”。

步骤 6:点击菜单:“Data→Aggregate”,弹出分类汇总的对话框(与图 9-21 类似),选中左边的变量“年度”到分类变量“Break Variables”的编辑框中,选中变量:

Descriptive Statistics

	N	Minimum	Maximum	Mean	Std. Deviation
民营化途径	3441	0	1	.46	.498
家族通过什么方式控制上市公司	3441	0	1	.87	.334
是否指定管理层	3441	0	1	.71	.453
控股股东现金权	3441	.0460	79.5048	25.103998	16.2285839
控股股东投票权	3441	.6567	80.6000	34.641014	15.1091206
现金流权与控制权分离度	3441	.00	100.00	.7285	1.71584
Valid N (listwise)	3441				

图 9-30 民营上市公司治理数据的描述性统计分析

"民营化途径""家族通过什么方式控制上市公司""是否指定管理层""控股股东现金权""控股股东投票权""现金流权与控制权分离度"到汇总变量"Summaries of Variables"的编辑框中。

步骤 7:"Save"选项下选中"Creat new data file containing aggregate variables only",点击"OK",输出对民营上市公司治理结构变量按年度进行分类汇总的结果 aggr. sav,打开文件 aggr. sav,结果如图 9-31 所示。

	年度	民营化途径_mean	家族通过什么方式控制上市公司	是否指定管理层_mean	控股股东现金权_mean	控股股东投票权_mean	现金流权与控制权分离度_mean
1	2002	.33	.98	.71	20.86	32.38	.63
2	2003	.33	.95	.83	22.27	33.40	.64
3	2004	.37	.94	.69	22.76	34.69	.63
4	2005	.37	.93	.66	22.48	34.01	.65
5	2006	.39	.90	.69	22.67	32.80	.67
6	2007	.49	.85	.64	25.74	34.24	.73
7	2008	.53	.83	.75	27.56	35.81	.74
8	2009	.62	.77	.74	29.44	36.81	.78
9	2010	1.00	.38	1.00	50.68	44.28	13.33

图 9-31 民营上市公司治理相关变量按年度进行分类汇总的结果

四、分析与结论

(一)我国上市公司对管理层治理状况的分析

1. 对管理层和董事会治理状况变量的统计结果及分析。图 9-14 是对上市公司高管治理状况相关变量的描述性统计分析。可以看出,总经理持有的上市公司股份比例(数量)极低,全部高管人员的持股比例之和平均为 0.02%,高管人员持股比例最高的为 1%。从薪酬规模来看,前三名高级管理人员的报酬总额平均为 7.9 万,最高的达到 54 万。包括总经理在内的高级管理人员持有上市公司股份比例过低,会导致管理人员与公司股东的利益取向存在较大的分歧,高级管理人员的代理行为更严重，例如追求更多的在职消费、豪华的办公室等，或者从事一些无效率甚至降低公司价值的多元化投资、并购行为等。

董事长持有上市公司的股份比例也较低，平均为0.01%。在上市公司的董事中，大约有36.8%的董事持本公司股份，董事会平均持有上市公司的股份比例为0.02%。大约有50%的董事会成员从本公司领取报酬。可以看到，和高级管理人员类似，董事会的持股比例也非常低。董事会成员是股东利益的代表，但是过低的持股比例也可能导致股东与董事会之间也存在较为严重的代理问题。

从董事会构成来看，上市公司的董事会成员大概在6～7人，独立董事的规模在3～4人，独立董事在董事会中所占比例大约为51%左右。

2.董事长与总经理两职设置状况。图9-18和图9-19是对董事长与总经理两职设置状况进行频数分析结果的图表。可以看出，在全部的样本公司中，85.7%的公司(7053个)的总经理和董事长两职是完全分离的(变量取值为3)，可以对总经理起到更好的监督和制衡作用。14.4%的公司的总经理和董事长两职并没有完全分离开，其中10.7%的公司(879个)的董事长与总经理是由一人兼任(变量取值为1)，3.7%的公司(302个)是由副董事长或董事兼任总经理。

3.管理层治理状况的时间变化趋势。图9-22是对上市公司管理层治理状况相关变量的均值按年度进行分类统计的结果。从中可以看出，在2001～2010年间，总经理的持股比例基本上没有发生变化，但是高管人员持股比例和董事会持股比例在此期间呈现增加的趋势，董事会持股比例到2010年增加到0.05%，增长幅度较大，高管人员持股比例到2010年也增加到0.03%。因此，从整体上来看，对高管人员以及董事会的激励程度提高了。此外，持有本公司股份的董事人数有下降趋势，而董事会的持股比例在上升，这反映了董事会的持股更加趋于集中在某些董事会成员身上。

从董事会构成来看，董事会的规模在2001～2010年间在不断缩小，上市公司在精简董事会的规模，而独立董事的总人数变化不大，基本在2～4人之间，因此，董事会构成中，独立董事的比例呈上升趋势，2002年，独立董事的比例为22%左右，到2010年这一比例上升到63%。

(二)我国上市公司控制权结构特点的分析

图9-23是对上市公司控制权结构进行的描述性统计分析。从图9-23展示的结果可以看出，上市公司实际控制人类别的均值为0.36，这说明64%的上市公司被各级政府或国有资产管理机构控制着，而非政府控制的上市公司只占36%。第一大股东平均持有上市公司38%的股权，基本上在上市公司的所有权结构中占据优势控股地位，第一大股东持股比例最高的甚至达到77%。前五大股东平均持有的上市公司的股份达到54.5%，前十大股东持有的上市公司的股份达到56.6%，这也

反映出股权主要集中于前几个大股东手中。Z 指数是第一大股东持股比例与第二大股东持股比例的比值,该指标的均值为 18,比值越大,反映出第一大股东和第二大股东的持股比例悬殊越大,对第一大股东的制衡程度越小。

图 9-24 是对上市公司实际控制人类型按年度进行的频数分析。图 9-24 表明,从 2001～2010 年间,政府控制的上市公司的比例在逐年减少,2001 年,有 83%的上市公司被政府控制着,到 2010 年,这一比例降低为 44.8%。这表明,随着市场化改革的推进,政府在不断放弃对国有企业的控制权,民营企业越来越多参与到资本市场中来,从总体上反映了国退民进的趋势。

图 9-25 是对控制权结构变量的均值按年度进行的分类统计。从图 9-25 可以看出,第一大股东持股比例在这 10 年间处于下降趋势,2001 年第一大股东平均持有股份为 43%,到 2010 年平均持股比例为 36%。前 5 大股东持股比例和前 10 大股东持股比例也均呈现下降的趋势。Z 指数不断减小,说明第一大股东和第二大股东的持股比例的悬殊在缩小,第一大股东受到的制衡程度在增加。反映股权集中度的 Herfindahl 指数在这期间也得到降低,这表明上市公司股权集中于少数股东的现象不断得到缓解。

图 9-27 是对国有上市公司和非国有上市公司的控制权结构是否存在差异进行统计推断的结果。从中可以看到,上市公司控制权结构的六个变量的 F 检验值的概率均小于 0.06,这说明在等方差检验中,不应该接受原假设,即变量是不等方差的。在方差不等的情况下,对六个变量进行 t 检验的结果均在 1%的检验水平上高度显著,说明对国有企业和非国有企业来说,上市公司控制权结构变量的均值都不相等,因此,控制权结构特征在二者之间存在显著的差异。

从上述分析揭示出我国上市公司的控制权结构有如下特征:第一,政府控制了我国证券市场上的绝大部分上市公司,这一比例接近 2/3,但是政府在不断放弃对国有企业的控制权,民营企业越来越多参与到资本市场中来。第二,我国上市公司的所有权高度集中,第一大股东在我国上市公司的控制权结构中处于优势控制地位、具有较大的发言权,并且对第一大股东的控制权的制衡较弱,但是这种股权高度集中于控股股东的现象逐渐得到缓解,大股东不断减持上市公司的股份,股权结构更趋于合理。第三,上市公司的实际控制人类型不同时,控制权结构特征也存在较大的差异。

(三)对民营上市公司治理结构的分析

图 9-29 是对民营上市公司治理数据的描述性统计分析。从图 9-29 可以看到,民营化途径的均值为 0.46,这表明在全部民营上市公司中,有 46%的民营企业是通过买壳的方式成为上市公司,有 54%的公司是民营企业通过 IPO 的方式成为上市

公司。家族通过什么方式控制上市公司的均值为0.87，反映了民营上市公司中，87%的民营控股股东是通过金字塔或交叉持股等方式间接控制了上市公司，进而使得其控制权超过现金流权，而仅有13%的民营控股股东是直接控制了上市公司。是否指定管理层的均值为0.71，表明有71%的民营控股股东指定了管理层，有29%的民营控股股东并没有指定管理层。控股股东的投票权和现金流权分别为34.6%和25.1%，表明民营控股股东在上市公司所有权结构中占据优势控股地位，并且民营控股股东普遍使用金字塔持股或交叉持股的方式使其控制权超过现金流权。平均来说，现金流权是其控制权的73%。

图9-30是对民营上市公司治理变量按年度进行的分类统计。从中可以看到，在2002～2010年间，民营化途径和家族通过什么方式控制上市公司的均值呈下降趋势，这表明越来越多的民营企业通过买壳的方式成为上市公司，控股股东通过交叉持股或金字塔持股方式间接控制上市公司的比例在下降，也就是说民营控股股东越来越趋于直接控制上市公司。现金流权与控制权分离度的均值基本呈上升趋势，也就是说民营控股股东的现金流权和控制权越来越趋于一致。

上述对民营上市公司的分析表明：第一，民营企业中将近一半是通过买壳的方式获得上市地位，并且买壳上市越来越成为民营企业获得上市资格的主要途径，这可能与我国证券市场IPO的相关制度有关。第二，绝大多数民营上市公司的控股股东通过金字塔或交叉持股方式对上市公司实施控制，使其控制权超过现金流权，并且大多数控股股东都指定了自己的管理层。

五、拓展研究

1.选择一家上市公司，根据其年报提供的相关资料，根据前面提供的实验分析框架，尽可能详细地分析该公司是如何解决管理者的约束与激励问题的，该公司的控制权结构特征如何？在分析的时候，应采用横向比较和纵向比较的方法，即将本公司与同行业平均值、同行业龙头企业进行比较，对本公司的历史趋势进行分析，这样分析出来的结果才具有意义。除了文中所讲的分析框架外，你认为是否还有其他更好的指标和分析方法来全面反映公司治理水平，如果有，你完全可以按照自己的思路来展开分析，无需拘泥于实验分析框架。

2.试分析不同行业性质的公司（如资本密集型行业、劳动密集型行业和知识密集型行业），处于不同生命周期阶段的公司（如成长行业、成熟行业和衰退行业），其公司治理呈现什么样的特点，是否存在差异？

实验十　财务危机分析综合实验

企业在经营中会遇到很多风险，一旦处理不当就可能陷入经营困境。其中，由于不能偿还到期债务而引发的财务危机是企业陷入经营困境的重要因素。对财务危机进行防范、提前预警是财务管理的重要主题。在对企业财务危机的研究中，从现象观察到预警监控已经形成一系列方法。本实验主要借助上市公司数据，演示如何利用现有的财务危机预警模型来分析公司陷入财务危机的过程及状况，以便学生掌握定量分析企业财务危机的方法。

一、实验问题

1. 如何利用财务预警分析模型对一家曾经破产重组的上市公司进行多期比较，分析其危机前、危机时和重组后财务危机预警指标的变化情况？

2. 如何利用其他财务危机分析模型来对同一家上市公司的主要经营指标进行计算，分析其陷入财务危机阶段的经营状况？

3. 利用数据库收集一个行业多家上市公司在特定历史阶段的相关数据，进行财务危机预警分析，观察其财务危机的程度，找出陷入财务危机的上市公司。并与其他相关模型进行相互验证。

二、原理与假设

(一)财务危机

财务危机，又称财务困境，是指公司无法偿还到期债务的困难和危机。导致公司无法偿还到期债务，或因现金流量不足，或因资产变现价值不足。根据公司财务危机的程度和处理程序不同，财务危机又可以分为技术性失败和破产。

1. 技术性失败。技术性失败是指公司资产总额的公允价值尽管等于或者超过其负债总额，但由于资产配置的流动性较差，无法转变为足够的现金用于偿付到期债务所导致的财务危机。这种性质的财务危机通常是暂时的和比较次要的财务困难，一般可以采取一定措施加以补救。如通过协商，求得债权人让步、延长偿债期限等，从而使公司免于清算。如果补救措施无效，公司也要被迫停止经营，通过清算来偿还债权人的到期债务。

2. 破产。破产是指公司的全部负债超过其全部资产的公允价值，所有者权益出现负数，并且公司无法筹集新的资金以偿还到期债务的一种极端性的财务危机。

当公司资金匮乏和信用崩溃两种情况同时出现时，公司破产便无可挽回。在这种情况下，如果债权人或者债务人要求，经法院裁定，公司则需要按照法定程序转入破产清算，即按照有关的清偿顺序，对资产进行处置分配，以使债权人尽可能多地收回资产。

（二）财务危机的原因

企业危机的成因来自企业经营环境和内部管理中存在的各种风险，当这些风险积累到一定程度就成为一种危机，如果企业不能采取有效的措施，危机将转变为企业失败。财务危机是企业危机的一种，而且几乎是引起企业失败的最直接原因。但财务危机实际上是由其他引起企业危机的各种因素综合作用最终使企业无法偿还债务的一种累计效应。因此，追究财务危机的原因不能只限于企业财务活动本身，而应该更全面更深入地分析。

一般认为企业陷入财务危机的主要原因可以归纳为：

1. 企业内部管理不善。这方面的因素主要是指公司治理机制不健全、内部控制不力、缺少经营管理能力等方面。研究表明，这些方面是致使企业陷入财务危机的直接和关键性因素。治理机制是指公司股东和经营者之间就两权分离下的企业经营所作的制度安排，包括股东会—董事会（监事会）—经理层及其权责规定等。如果治理机制不健全，有可能出现经营层的“道德风险”和“逆向选择”，最终导致决策失误，甚至直接损害公司利益，使企业陷入危机。内部控制机制是指企业通过会计、审计、绩效评价和考核等内部控制制度的设计，来预防企业内部出现的资产无效使用、浪费和盗窃等措施。如果内部控制不力，即使有有利的外部经营环境和较强的管理水平，也可能出现资金转移、中饱私囊、意外损失等情况，使企业陷入危机。而缺少管理能力和才干，经营管理水平低下，将无可避免地使企业陷入经营困境，最终引发财务危机。因管理能力不足，而导致低效或无效的经营决策，不仅不能赢得市场竞争，还会使企业丧失市场份额，进而使财务指标恶化，影响企业生存。因此这些因素已成为分析企业危机的重要内容。

2. 宏观经济环境的变化。这方面的因素包括经济环境因素和政策环境因素两个方面。经济环境因素是指整体经济的景气程度，一般而言，经济发展遵循“衰退、萧条、复苏、繁荣”这样的景气循环。如果企业没有能力在经济不景气的“衰退、萧条”环境中生存下去，企业出现危机的可能性很大。政策环境因素是指国家宏观经济政策和与企业经营相关的法律规章制度。它们会影响到企业的生产经营各个方面，进而影响企业最终的生存和发展能力。在已有的研究中，政府的财政政策、税收政策、工商管理政策、产业政策、金融市场监管政策以及破产等相关的法律法规的制定和调整成为企业危机研究中的重要分析要素。

3. 意外因素。这是指政治、社会和自然等方面的原因导致企业停止经营，利益受损。这些因素一般不能由管理人员所左右，即使有预测的能力，但防范费用过高而无能为力。但有关资料显示，美国公司财务危机的主要原因还是由于公司管理不当，而地震、水灾、火灾等不测因素致使企业陷入财务危机的比例很低。

（三）财务危机预警理论

前人研究成果显示出企业财务危机的主要因素还是来自企业内部，并且在财务业绩指标上有所征兆。因此可以通过观察财务指标的变化来监测财务危机的发生，一些学者先后提出了财务危机的预警模型。

财务危机预警是以财务会计信息为基础，通过设立并观察、判断一些敏感性预警指标的变化，对公司可能或者将来要面临的财务危机实施预测和预报的财务分析控制系统。公司财务危机预警作为一种成本低廉的诊断工具，其灵敏度越高就越能尽早发现问题并告知公司经营者，达到有效防范和解决问题的目的，避免发生财务危机。

财务危机预警的系统模型主要有单变量模型和多变量模型两类。

1. 单变量模型。单变量模型是指使用单一的财务变量指标对公司财务危机风险进行预测的模型。比较有代表性的是 William Beaver(1966)提出的单变量预警模型。他通过对 1954～1964 年间的 79 家失败企业和 79 家成功企业进行对比研究，用 14 种财务比率指标比较取舍，最终发现可以有效预测财务危机的比率依次为：(1)债务保障率＝现金流量/债务总额；(2)资产负债率＝负债总额/资产总额；(3)资产收益率＝净收益/资产总额。

Beaver 认为，各比率判断财务危机的准确率中债务保障率最高，其次是资产负债率。但各财务比率判断危机的准确率在不同的情况下会有所差异，所以实际中应当运用一组财务比率而不是单个比率来进行预测较好。

2. 多变量模型。多变量模型是指使用多个变量组成的函数来预测公司财务危机的模型。美国经济学家 Edward I. Altman(1968)将多元判别分析法应用于公司财务预警分析，他通过以 1946～1965 年间 33 家破产公司和正常经营公司为样本，使用 22 个财务比率指标来分析公司潜在的失败危机。对 22 个财务比率指标，运用多元判别分析方法，最终确定了 5 个典型的财务比率，建立了 Z 计分模型(亦称阿塔曼 Z 值模型)：

$$Z = 1.2X_1 + 1.4X_2 + 3.3X_3 + 0.6X_4 + 0.999X_5$$

式中：

(1)X_1＝营运资本/资产总额。它主要用来分析流动性和资产规模。如果一家公司面临持续性经营困难，流动性资产相对总资产就会萎缩。

(2)X_2＝留存收益/资产总额。留存收益是指利润分配时留在企业的利润，一般可以用"净利润×留存比率"来计算。但是对于刚成立的公司，由于留存比率过低，也可能被误认为破产公司。

(3) X_3 =息税前利润/资产总额。该指标主要衡量企业资产的总体获利能力。由于息税前利润是支付利息和所得税前的总利润，是利息偿付的主要来源，因此用该指标预测企业是否陷入财务困境是非常有效的。

(4) X_4 =权益市场价值/负债账面价值。该指标主要用于评估负债超过一定限度、公司濒临破产时，权益市场价值的变动程度，其倒数(负债/权益市值)也可用来衡量企业的财务杠杆。权益市场价值=每股价格×普通股股数，或=净利润×市盈率。

(5) X_5 =营业收入/资产总额。该指标可衡量公司资产管理能力和周转效率，指标值越大，反映投放于资产上的资金通过销售活动周转的速度越快，资金的使用效率越高。

Altman 依据这一模型，应用经验数据提出判断公司破产的临界值为 2.675，即在 $Z=2.675$ 时，公司破产与不破产的可能性各位 50%。如果 $Z\geqslant 2.99$，则公司破产的概率较低；如果 $Z\leqslant 1.81$，则公司发生破产的可能性就较大。Z 值介于 1.81～2.99 之间，则属于未知区域，较难估计公司破产的可能性。一般情况下，Z 分数值越高，公司破产的概率越低；反之，Z 分数值越低，公司破产的可能性就越大。因此，公司可以通过 Z 值的大小来判断自己处于何种状态，一旦发现处于警戒状态，就应当立即采取措施，调整经营战略和财务策略，以降低可能出现的破产概率。

Z 计分模型具有较好的解释性和简明性，因此在财务预警领域获得较为广泛的应用，但是这个模型有较为严格的前提条件(如数据必须服从多元正态分布和协方差矩阵等)，且没有考虑现金流量的变动。因此，后人也对此进行了修正。比较有代表性的是 1996 年我国学者周首华等提出的 F 分数模型：

$$F=-0.1774+1.1091X_1+0.1074X_2+1.9271X_3+0.0302X_4+0.4961X_5$$

式中：X_1 为期末营运资本/期末资产总额，X_2 为期末留存收益/期末资产总额，X_3 为(税后收益+折旧)/平均总负债，X_4 为期末股东权益市场价值/期末总负债，X_5 为(税后收益+利息+折旧)/平均总负债。

F 分数模型方程以 0.0274 为临界点：若某一特定公司的 F 分数低于 0.0274，则被预测为破产公司；反之，若 F 分数高于 0.0274，则其被预测为可以继续生存的公司。

与 Z 计分模型的计算公式相比，F 分数模型的第一变量和第四变量含义相同，而其他三个变量都有变动，增加对资产流动性和现金流量指标的考察。由于企业破产的原因不仅在于资产存量不足以偿付债务，更在于短期内资产流动性不足导致财务危机，因此在理论上来说，F 分数模型比 Z 计分模型对财务危机预警的效果更有说服力。但 F 分数模式也有一定的不足，比如判断公司是否为破产公司的条件比较单一。

（四）实验设计

1. 实验思路。

（1）找到一家曾经有过破产记录或者破产迹象的上市公司，运用趋势分析的方法，运用不同财务危机预警模型（或方法）对其经历财务危机到解除危机过程中的数据进行检测，观察各种预警模型给出的信息变化，以此了解各种预警模型的机理和差异。

（2）找到一组同行业上市公司，利用主要的财务预警模型进行同期数据的计算检验，分析出同行业上市公司的财务危机程度，将它们按危机的程度进行分类，以此掌握危机预警模型的使用。

2. 实验方法。

（1）风险预警雷达图。风险预警雷达图是将衡量企业财务风险的主要财务比率指标进行汇总，绘制成一张直观的雷达图，从而达到综合反映企业总体财务状况目的的一种方法。为了充分发挥雷达图的功能，通常将被分析的各种财务比率指标与同行业平均水平或与企业自身希望达到的目标指标或历史最好水平进行比较，从而可以进一步反映企业财务情况、优势和劣势，找出原因并采取相应的改进措施。

风险预警雷达图的绘制程序主要包括三个步骤：①汇总各项财务预警指标。根据企业的财务报表，选择需要分析的财务预警指标，记录该指标的企业值和行业平均值（或参考值），编制汇总的财务预警指标分析表。②以一点为圆心，绘制一组等距的同心圆。从圆心引出若干条直线，每条直线代表一个财务预警指标，与同心圆相交的点表示不同的参考水平。③以同行业平均值、标准值为 100%，计算企业各财务预警指标的实际值与同行业平均水平的比较标准值（即企业财务指标值与行业平均值或标准值的比值），将其在雷达图的该指标直线上标示，并以线条将各点连接起来，就可看出企业与行业平均水平的差距。

风险预警雷达图虽然可以同时观察到多个财务预警指标，但由于彼此间没有数据分析上的直接联系，独立观测，因此这一方法属于单变量模型。

（2）多变量财务预警模型。利用泽源公司分析决策系统中的 Z 计分模型（即阿塔曼 Z 值模型）来计算单一公司和多家同行业公司的 Z 计分值，分析其财务危机的程度。

（3）敏感性分析。利用该决策系统中的阿塔曼敏感性分析功能，分析某一财务指标在不同数值区间变化时对 Z 计分值的影响程度。

系统设定了与 Z 计分模型密切相关的资产总额、营运资本比率等 18 个财务指标作为敏感性分析的自变量指标。选择其中的一个指标并改变指标的"变化率区间"(如－30％～30％)，设定其变化步长，得到一组随自变量指标变动而变动的 Z 计分值变化率数据。并且系统以自变量指标变化率作为横坐标，Z 计分值变化率作为纵坐标，自动生成 Z 计分值敏感分析图。通过这种动态的敏感性分析，大致可以了解不同的自变量指标对企业财务危机的影响程度，并可对其原因进行进一步分析。

三、数据采集与处理

(一)单个企业的财务危机综合分析

1. 实验资料。浙江海纳科技股份有限公司(以下简称"浙江海纳"，股票代码 000925)主要生产单晶硅及其制品、半导体元器件的开发、制造、销售和技术服务等业务。公司于 1999 年 6 月在深圳证券交易所挂牌上市，注册资本 9000 万元，其中法人股 6000 万股，社会流通股 3000 万股。其大股东为浙江大学公司集团控股有限公司(以下简称"浙大公司集团")，持有 5620 万股，占 62.45％。因此上市之初，浙江海纳被认为是依托浙江大学具有良好经营业绩和发展潜力的高科技上市公司。

2003 年 2 月，浙大公司集团分别与珠海经济特区溶信投资有限公司(以下简称"珠海溶信")、海南皇冠假日滨海温泉酒店有限公司(以下简称"海南皇冠")签订《股权转让协议》，将持有的浙江海纳法人股 2560 万股(占总股本 28.44％)和 2160 万股(占总股本 24％)分别转让给上述两家公司。事实表明，这两家公司的实际控制人为邱忠保。在邱忠保全面掌控浙江海纳后，公司董事、监事和高管人员变动频繁，一年之后与邱忠保有关联的人员占到 9 名，主要担任董事长、总裁和财务总监等要职。

2005 年 4 月，浙江海纳巨额担保、关联方占款等违规事项浮出水面。邱忠保和其控制的原公司高管人员利用控制度违规挪用上市公司巨额资金高达 2.53 亿元，以浙江海纳的名义为其掌控的"飞天系"公司向银行贷款或个人借款提供连带保证担保，本金总额高达 3.95 亿元。因涉嫌虚假信息披露，2005 年 4 月 14 日被中国证监会立案调查。2006 年起，邱忠保等人相继被捕。浙江海纳涉及的重大诉讼、仲裁事项多达 19 项。债权人纷纷起诉，公司破产还债，财务危机全面爆发，至 2006 年末，公司已严重资不抵债，濒临退市破产清算的边缘。2007 年 4 月 23 日，浙江海纳股票停牌。同年 5 月，证监会下达对公司的处罚决定书。2007 年 9 月浙江海纳债权人向杭州市中级人民法院申请破产重整，11 月，法院批准债权人会议通过的重整计划，终止重整程序。

2. 收集基本财务数据。

步骤 1：打开泽源公司分析决策系统，“客户类型”选择“上市对标公司”，“名称”输入“000925”，点击“左匹配”，“客户代码”框出现数据“1”，点击“1”，“名称”框内变为“众合机电”（注意，因收购浙江海纳重组后改名所致），“客户代码”变为“000925”。“报表日期区间”点击选择“2003-12-31”和“2007-12-31”。

步骤 2：点击菜单“财务报表分析”栏，点击“多功能比较”调出“多功能比较”栏。

步骤 3：在多功能比较栏中，将“是否引入上市公司数据”“全部数据”选项打钩。“比较报表日期”项目中选择 2003 年到 2007 年各年的 12 月 31 日选项打钩。选择“选择资产负债表”，点击“数据显示”按钮，得到数据区域中多期联列的资产负债表。点击数据表右下方的“输出 Excel”按钮，将多期资产负债表保存到 Excel 文件中。

步骤 4：重复以上步骤 3，选择“损益表”选项，其他不变，得到浙江海纳 2003～2007 年的多期联列的损益表数据。点击“输出 Excel”按钮，将多期损益表保存到 Excel 文件中。

如果需要收集现金流量表数据，也可按此步骤进行收集。这样，就得到了浙江海纳在 2003～2007 年间的主要财务报表数据。

3. 风险预警雷达图分析。

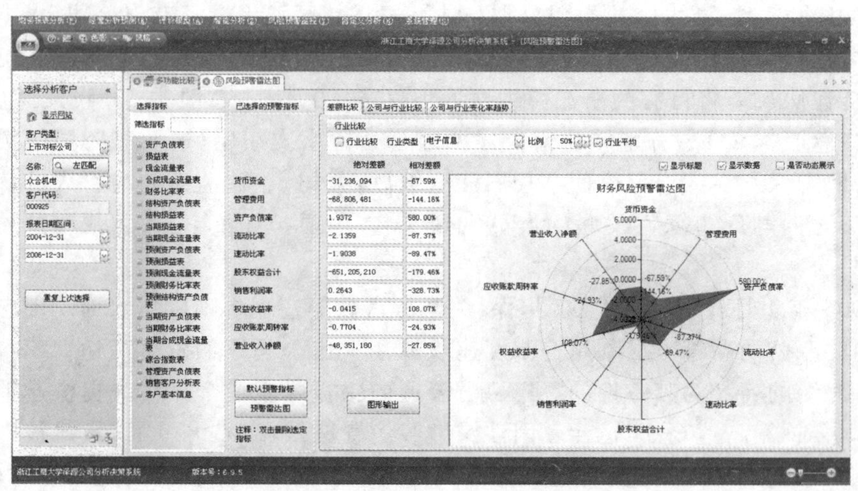

图 10-1　浙江海纳的财务风险预警雷达图 a

步骤 1：打开泽源公司分析决策系统，“客户类型”选择“上市对标公司”，“名称”输入“000925”，点击“左匹配”，“客户代码”框出现数据“1”，点击“1”，“名称”框内变为“众合机电”（原浙江海纳），“客户代码”变为“000925”。“报表日期区间”选择

“2004-12-31”到“2006-12-31”。

步骤 2:点击菜单栏的“风险预警监控”,点击“风险预警雷达图”选项。出现如图 10-1 所示的界面。点击“默认预警指标”,出现 10 个系统默认的财务预警指标,分别是货币资金、管理费用、资产负债率、流动比率、速动比率、股东权益合计、销售利润率、权益收益率、应收账款周转率、营业收入净额。

步骤 3:在“差额比较”标签栏内,将“行业平均”“显示标题”“显示数据”等项目前的打钩。栏目内,出现 10 个财务预警指标的绝对差额、相对差额的数值和财务预警雷达图。对“行业比较”进行不打钩和打钩两种状态测试,得到不同的雷达图,如图 10-2 所示。

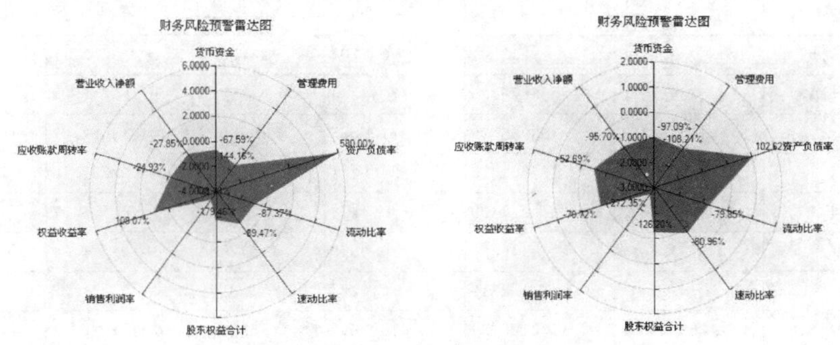

图 10-2　浙江海纳财务风险预警雷达图

图 10-2 的左图表示浙江海纳 2006 年相比 2004 年的变化,除权益收益率和资产负债率有所增加外,其余指标都减小,销售利润率下降幅度最大,达到－328.73%以上;管理费用下降 144.16%;股东权益合计下降 179.46%,流动比率和速动比率下降分别达到 87%和 69%以上;右图表明与行业平均水平相比,资产负债率大比例上升,上升了 102%,其余指标都比行业平均值减少,减少最多的是销售利润率,下降 272%,其次是股东权益－126%。这些都表明浙江海纳在 2004 年到 2007 年间,财务指标急剧恶化,各方面能力都下降,财务风险急剧增加。

步骤 4:点击“公司与行业比较”标签,点击栏目内“分析”和“输出 Excel”按钮,得到财务预警指标的变化率分析表,如表 10-1 所示。

从公司数据和行业数据的绝对差额和相对差额可以看出,2006 年相比 2004 年,除资产负债率外,其余指标都有下降。但浙江海纳的变动幅度大于行业平均的变动幅度,特别是在行业资产负债率及其变化率都下降的同时,浙江海纳的这一指标却大幅上升,增长率达到 580%。说明浙江海纳 2006 年的财务状况急剧恶化,财务危机凸显。F 检验得出两者有显著差异也验证了这一点。

表 10-1　风险预警雷达分析表

期初报表日期:2004-12-31　　期末报表日期:2006-12-31　　置信区间:95%

	基本指标	期初值	期末值	绝对差额	相对差额(%)	期间均值	期间标准差
分析公司	货币资金	46213194	14977100	−31236094	−67.59	21505881.63	13167971.84
	管理费用	47729281	23929550	−23799731	−49.86	53486989.29	89382879.18
	资产负债率	0.3340	2.2712	1.9372	580.00	1.31	1.01
	流动比率	2.4447	0.3088	−2.1359	−87.37	1.55	1.26
	速动比率	2.1278	0.2240	−1.9038	−89.47	1.33	1.12
	股东权益合计	362860310	−288344900	−651205210	−179.46	44016334.04	314185228.02
	销售利润率	−0.0804	0.1839	0.2643	−328.73	−0.63	1.91
	权益收益率	−0.0384	−0.0799	−0.0415	108.07	−0.16	0.32
	应收账款周转率	3.0905	2.3201	−0.7704	−24.93	2.17	0.79
	营业收入净额	173617580	95676036	−77941544	−44.89	99165747.09	46994080.23
行业数据	货币资金	596157194	498966329	−97190865	−16.30	484045362.67	108879705.34
	管理费用	226268619	163809378	−62459241	−27.60	146992287.16	73891491.53
	资产负债率	1.1825	0.7409	−0.4416	−37.34	1.07	0.14
	流动比率	1.6046	1.6086	0.0040	0.25	1.71	0.13
	速动比率	1.2444	1.2219	−0.0225	−1.81	1.32	0.10
	股东权益合计	1163518832	1102125134	−61393698	−5.28	1022764686.51	78655788.96
	销售利润率	−2.4108	0.0142	2.4250	−100.59	−0.45	0.79
	权益收益率	−0.1467	−0.1308	0.0159	−10.84	−0.15	0.04
	应收账款周转率	4.9501	3.0617	−1.8884	−38.15	2.71	1.46
	营业收入净额	2926087112	2103001312	−823085800	−28.13	1852876127.03	900569277.99
变化率检验	公司与行业变化率平均数差异Z检验	Z统计值为:0.113305,公司和行业数据通过Z检验,二者变化率没有显著差异!					
	公司与行业变化率方差F检验	F统计值为:64.830187,公司和行业数据没有通过F检验,二者变化率方差存在显著差异!					
	公司与行业变化率t检验	t统计值为:0.00,公司和行业数据通过t检验,二者变化率平均值没有显著差异!					
	平均变化率比	69.31%					
	变化率标准差比	805.17%					

步骤5:点击“公司与行业变化率趋势”标签,在栏目内可以看到2004～2007年,10项财务预警比率指标的变化率汇总表和趋势图。在右下图栏中选择不同的财务预警指标,可以得到这十个指标的变化率趋势图,从图上可以看出每个指标的变动趋势。

如图10-3,观察“货币资金”“资产负债率”“销售利润率”三个指标的变动率趋势图,可发现三者变化的特点不同。货币资金在2005年以前变动率起伏较大,之

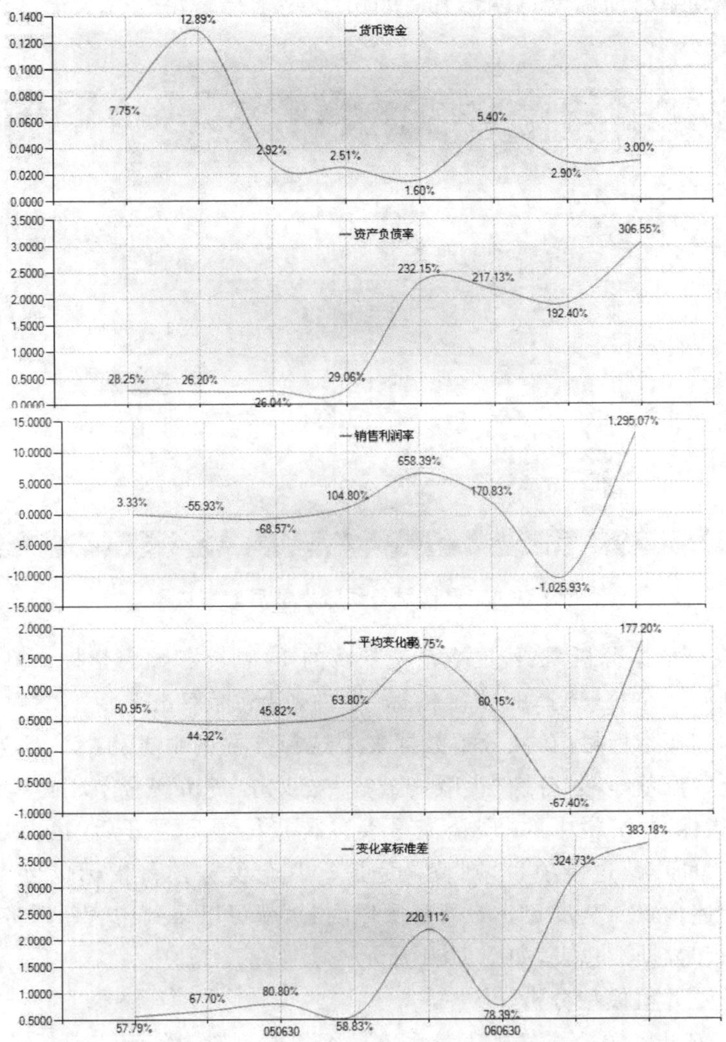

图 10-3　部分财务预警指标变化率趋势图

后变动率起伏较小，表明企业货币资金的数额变动不大。资产负债率的变动率在三年中呈现明显上升趋势，2006 年变动率达到 306％，表明资产负债率比 2004 年增加了 300％以上，这是财务危机最明显的信号。而表示销售获利能力的指标销售利润率前期变化不大，2005 年之后波动非常大，在 2006 年呈现涨跌幅度超过 1000％的急剧变动，这与公司在这一年进行大规模资产重组有密切关系。10 项指标的平均变化率趋势图和变化率标准差趋势图表明，从 2004 年到 2006 年的三年中，企业财务指标变动率变动幅度急剧增加，表明 2006 年是公司经营变化最大的年份，经营风险凸显。

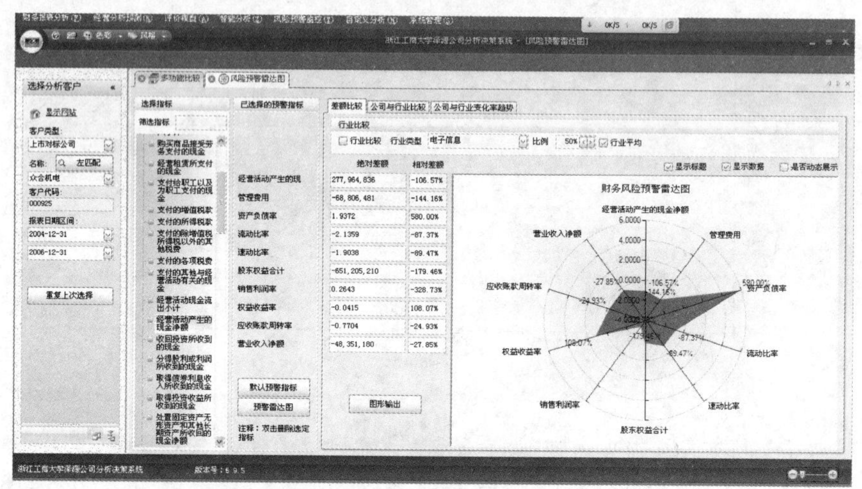

图 10-4　更换财务预警指标后的雷达图

步骤 6：可根据分析需要，更换系统默认的 10 项财务预警指标。具体操作从上述步骤 2 开始。在“已选择的预警指标”栏内，用鼠标双击要更换的财务指标。然后在左侧的选择指标栏内，从分类数据表中选择需要的财务指标。比如用“经营活动生产的现金流量净额”替换“货币资金”。先双击“货币资金”项目待其消失，然后点击“选择指标”这一栏中的“现金流量表”，待指标项目展开后，找出“经营活动产生的现金流量净额”这个项目，则替换完成。其余财务预警指标也可以这样更换。然后重复上述步骤 2 至步骤 5 的剩余操作内容，就可以得到包含新财务指标在内的雷达分析图和数据汇总表，如图 10-4 所示。

4. 阿塔曼 Z 值模型分析。

步骤 1：打开泽源公司分析决策系统，“客户类型”选择“上市对标公司”，“名称”输入“000925”，点击“左匹配”，“客户代码”框出现数据“1”，点击“1”，“名称”框内变为“众合机电”(原浙江海纳)，“客户代码”变为“000925”。“报表日期区间”选定为“2003-12-31～2003-12-31”。

步骤 2：点击菜单栏“评价模型”中的“阿塔曼模型”，出现如图 10-5 的界面。分别在项目“当期”和“累计”前打钩，得到浙江海纳 2003 年的 Z 计分值分别为“－8.4573”，风险提示“投资风险高”。

步骤：3：重新设置报表日期区间，依次将截止日选定为 2005 年、2006 年和 2007 年的 12 月 31 日。分别在“当期”和“累计”前打钩，得到这三年的 Z 计分值及风险评

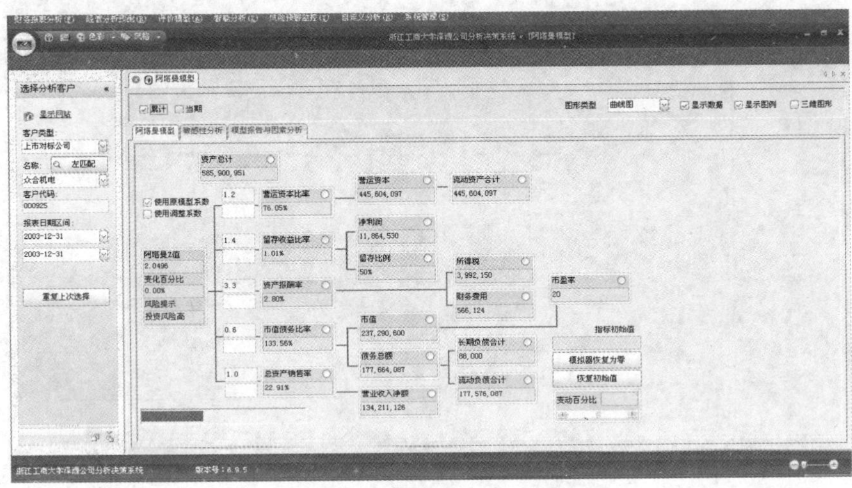

图 10-5 阿塔曼分析

价，如表 10-2 所示。数据表明，在 2003～2006 年间，浙江海纳的财务危机日趋严重，2005 年达到最大，2006 年开始好转，但仍处于高风险阶段。2007 年开始转为正常。

表 10-2 2004～2007 年浙江海纳的 Z 计分值

时 间	当期值	累计值	风险提示
2003-12-31	1.6135	2.0496	投资风险高
2004-12-31	－8.4573	－0.5701	投资风险高
2005-12-31	－122.5210	－30.3035	投资风险高
2006-12-31	0.9252	2.1269	投资风险高
2007-12-31	186.9303	49.7057	投资风险较低

步骤 4：点击“敏感性分析”标签，将报表日期区间定为“2006-12-31”。对“当期”项目打勾，将变化率期间设置为“－90%～100%”(见图 10-6)。依次选择资产总计等 18 个自变量指标，观察 Z 计分值的变化，记录下变化的极值，计算极值的变化率，汇总成表 10-3。

从表格的数据可以看出，在 2006 年浙江海纳陷入财务危机时，Z 计分值显示公司处于高度的财务危机水平。从表 10-3 可以看出，当 18 项财务指标依次在－90%～100%之间变动时，Z 计分值也发生变化；但总体上，最高值达到财务安全区域(Z 计分值≥2.99)的情况很少，绝大多数自变量在发生变化时，Z 计分的最高

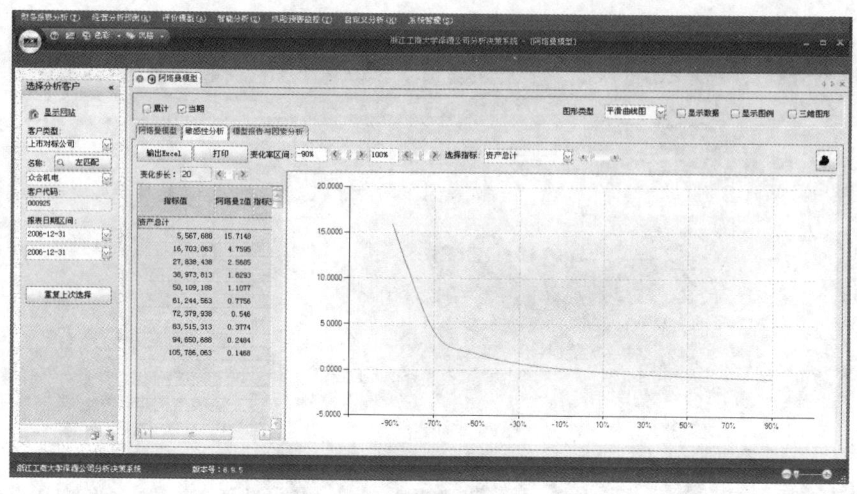

图 10-6　阿塔曼敏感性分析

值仍然在 2.99 以下，甚至在 1.81 以下。表明 2006 年浙江海纳的财务状况是非常糟糕的。由于这一年的净利润为负数，所以显示净利润的变化与 Z 计分成反比，但应该成正比，即净利润增加时公司 Z 计分应该减少。这估计是因为净利润变动的基数为负数导致的。与净利润相关的指标如市值债务比率、留存比率等都有这个现象。

表 10-3　2006 年 Z 计分敏感性分析

指标	最小值	最大值	相关性	变化率(%)	指标	最小值	最大值	相关性	变化率(%)
资产总计	0.1468	15.7148	负相关	−99.07	权益市值	0.2788	1.5715	负相关	−82.26
营运资本比率	0.1676	1.6827	正相关	904.00	债务总额	−5.5381	1.2654	正相关	−122.85
留存收益比率	0.8395	1.0108	负相关	−16.95	营业收入净额	0.4468	1.4035	正相关	214.12
资产报酬率	0.5965	1.2538	正相关	110.19	流动资产合计	0.1676	1.6826	正相关	903.94
市值债务比率	0.2788	1.5715	负相关	−82.26	流动负债合计	−5.5381	1.2654	正相关	−122.85
总资产销售率	0.4469	1.4036	正相关	214.07	所得税	0.6846	1.1657	正相关	70.27
营运资本	0.1676	1.6826	正相关	903.94	财务费用	0.4331	1.4172	正相关	227.22
净利润	−0.2103	2.0607	负相关	−110.21	长期负债合计	0.9252	0.9252	不相关	0
留存比率	0.8396	1.0108	负相关	−16.94	市盈率	0.2788	1.5715	负相关	−82.26

从表 10-3 还可以观察到：在同样的范围内变动，自变量引起的 Z 计分变动的范围不一样。营运资本比率、营运资本、流动资产合计等指标使得 Z 计分变动的程度最大，超过 900%，其次是总资产销售率、营业收入净额和财务费用，他们使 Z 计分变动的程度达到 200%以上。可见在 2006 年，营运资本、销售收入、费用等方面因素变动对财务危机的影响较大。

步骤 5：点击“模型报告与因素分析”标签。对项目“阿塔曼模型图”打钩，则出

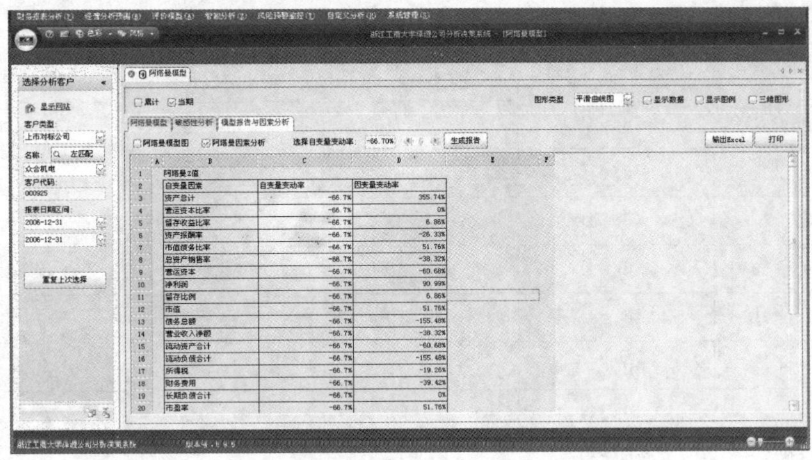

图 10-7　阿塔曼模型报告及因素分析

现 2006 年的阿塔曼模型结构图及数据。对项目“阿塔曼因素分析”，则出现如图 10-7 所示的表格。点击滑块调节“选择自变量变动率”的大小，就可以得出在所有自变量各按一个变动率水平变动时，因变量 Z 计分值的变动率。例如，将自变量变动率设为 66.61%时，因变量的变动率如表 10-4 所示。从使因变量变动率的绝对值超过 50%的自变量因素来看，主要包括资产总计、市值债务比率、营运资本、净利润、市值、流动资产合计、市盈率等项目。说明这些财务指标的变动对 Z 计分的影响较大，是控制财务风险的主要参考指标。这一结论和上述敏感性分析的结论基本是一致的。

表 10-4　Z 计分值的变动率

自变量因素	自变量变动率(%)	因变量变动率(%)	自变量变动率(%)	因变量变动率(%)
资产总计	66.61	−71.02	−66.70	355.74
营运资本比率	66.61	0	−66.70	0
留存收益比率	66.61	−6.86	−66.70	6.86
资产报酬率	66.61	26.29	−66.70	−26.33
市值债务比率	66.61	−51.71	−66.70	51.76
总资产销售率	66.61	38.26	−66.70	−38.32
营运资本	66.61	60.59	−66.70	−60.68
净利润	66.61	−90.83	−66.70	90.99

续 表

自变量因素	自变量变动率(%)	因变量变动率(%)	自变量变动率(%)	因变量变动率(%)
留存比例	66.61	−6.84	−66.70	6.86
市值	66.61	−51.71	−66.70	51.76
债务总额	66.61	31.03	−66.70	−155.48
营业收入净额	66.61	38.26	−66.70	−38.32
流动资产合计	66.61	60.59	−66.70	−60.68
流动负债合计	66.61	31.03	−66.70	−155.48
所得税	66.61	19.22	−66.70	−19.26
财务费用	66.61	39.33	−66.70	−39.42
长期负债合计	66.61	0	−66.70	0
市盈率	66.61	−51.70	−66.70	51.76

(二)多个企业的财务危机比较分析

1. 实验资料。近年来,我国建材行业发展不景气。据统计,2010 年我国建材业 61 家上市公司中就有 12 家 ST 企业,另外有 8 家显示 2010 年前三季度利润亏损。造成建材业业绩下滑,甚至带来众多公司经营危机的主要原因有三个:一是 2008 年美国爆发次级债务金融危机后对房地产业的负面影响仍未消除,造成全球房地产业的业绩波动;二是我国政府 2010 年起持续执行的房地产业紧缩政策,抑制房价,使得房地产的销售和开发受到极大的限制,造成息息相关的建材业营业收入大幅度下降;三是自 2006 年以来持续不断的物价上升和通货膨胀,使得建材业的生产成本和经营费用大幅度提高。这三方面的原因最终使得一批建材业企业陷入了经营困境,导致利润连年下降,甚至出现了连续亏损的局面。这就对企业财务危机预警提出了要求。

根据中国证监会 2001 年发布的上市公司行业分类指引,初步统计行业代号为 C61(非金属矿物制品业,主要包括水泥、玻璃、砖瓦、石灰和轻质建材等制造业)的上市公司有 57 家,公司名称和股票代码如表 10-5 所示。

表 10-5 我国建材业上市公司名单

股票代码	股票名称	股票代码	股票名称	股票代码	股票名称	股票代码	股票名称
000012	南玻 A	000935	四川双马	600217	*ST 秦岭	600629	棱光实业
000401	冀东水泥	002066	瑞泰科技	600291	西水股份	600660	福耀玻璃
000408	*ST 金谷	002080	中材科技	600318	巢东股份	600668	尖峰集团

续　表

股票代码	股票名称	股票代码	股票名称	股票代码	股票名称	股票代码	股票名称
000544	中原环保	002088	鲁阳股份	600321	国栋建设	600716	凤凰股份
000655	金岭矿业	002102	冠福家用	600425	青松建化	600720	祁连山
000673	*ST 当代	002162	斯米克	600449	赛马实业	600783	鲁信创投
000786	北新建材	002201	九鼎新材	600516	方大炭素	600792	ST 马龙
000789	江西水泥	002205	国统股份	600529	山东药玻	600801	华新水泥
000795	太原刚玉	002225	濮耐股份	600539	狮头股份	600802	福建水泥
000851	高鸿股份	002233	塔牌集团	600552	方兴科技	600819	耀皮玻璃
000856	ST 唐陶	002271	东方雨虹	600562	*ST 高陶	600829	二精制药
000861	海印股份	600172	黄河旋风	600585	海螺水泥	600876	*ST 洛玻
000877	天山股份	600173	卧龙地产	600586	金晶科技		
000885	同力水泥	600184	光电股份	600589	广东榕泰		
000928	中钢吉炭	600212	江泉实业	600678	ST 金顶		

本实验的目的就是利用财务危机预警系统计算建材业各家上市公司的预警指标，分析建材行业上市公司财务危机的程度，并将这些公司分成“无财务危机公司”“财务危机公司”和“难以判断危机的公司”三类。

2. 基础数据的收集。本实验的基础数据从 CCER 中国金融数据库(色诺芬数据库)收集，过程如下。

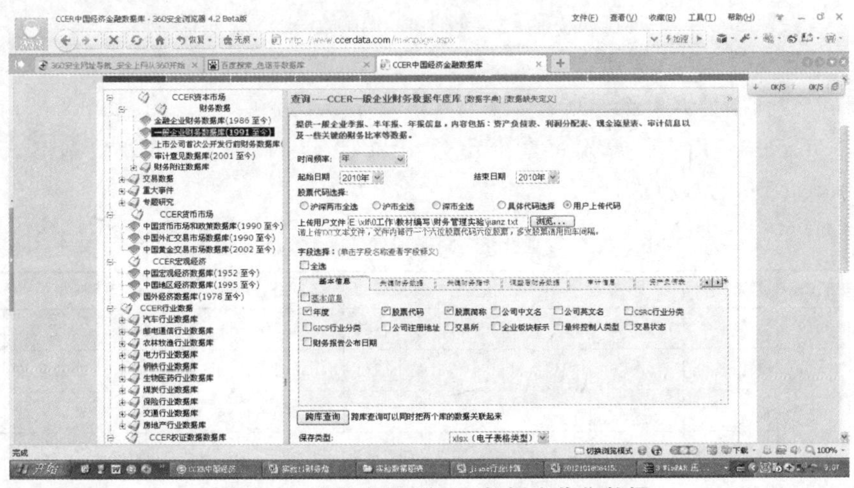

图 10-8　登录中国 CCER 数据库收集数据

步骤1:登录CCER中国金融数据库网站 http://www.ccerdata.com/,选择"CCER资本市场—财务数据——一般企业财务数据库(1991年至今)"。

步骤2:在右侧的数据库查询条件中依次选择:"时间频率"选择"年","起始日期"和"结束日期"都选"2010","股票代码选择"选"用户上传代码"(见图10-8)。将实验材料中的上市公司股票代码复制在文本文件中,每行一个股票代码,存成一个独立的文本文件。点"浏览"按钮,找到刚才准备好的文本文档。在"字段选择"中,依次选择"年份""股票代码""股票名称""营业收入""净利润""总资产""市盈率""流动资产合计""流动负债合计""负债合计""财务费用""利润总额"等项目。在"保存类型"中选择"xlsx(电子表格类型)""压缩格式"选择"ZIP"。然后点击"数据下载"按钮,下载数据,保存到本地计算机上。

步骤3:返回步骤2中的数据库,"时间频率"和"股票代码选择"仿照步骤2进行,"起始日期"选择"2009","结束日期"选择"2010",在字段选择中选择"盈余公积"和"未分配利润"等项目。保存选项和下载仿照步骤2中的进行。

3.计算建材行业各上市公司的Z计分值并排序。

步骤1:在Excel中,先打开上面步骤3下载的数据包,按"留存收益=(2010年盈余公积+未分配利润)-(2009年盈余公积+未分配利润)"近似计算2010年各家上市公司的留存利润。并将这一数据复制到上述步骤2下载的数据包中。

步骤2:打开上述步骤2下载的数据包,按照以下公式分别计算每家上市公司以下5个综合指标的数值。

X_1=营运资本/总资产=(流动资产合计-流动负债合计)/总资产;

X_2=留存收益/总资产;

X_3=息税前收益/总资产=(利润总额+财务费用)/总资产;

X_4=股票市价/负债账面价值=净利润×市盈率÷负债总额;

X_5=营业收入/总资产。

步骤3:利用公式"$Z=1.2X_1+1.4X_2+3.3X_3+0.6X_4+0.999X_5$",在步骤2的同一Excel表格中计算出每个上市公司2010年的Z值。整理数据形式,并排序,得到表10-6的数据。

表10-6 建材行业上市公司2010年的Z计分值及排名

排名	股票代码	股票简称	Z计分	排名	股票代码	股票简称	Z计分	排名	股票代码	股票简称	Z计分
1	000655	金岭矿业	32.312	20	600552	方兴科技	4.437	39	600720	祁连山	2.265
2	000877	天山股份	15.176	21	000861	海印股份	4.382	40	002066	瑞泰科技	2.210
3	600783	鲁信创投	9.458	22	600660	福耀玻璃	4.295	41	002201	九鼎新材	2.176
4	600562	*ST高陶	8.308	23	002162	斯米克	4.039	42	600449	赛马实业	2.097

续　表

排名	股票代码	股票简称	Z计分	排名	股票代码	股票简称	Z计分	排名	股票代码	股票简称	Z计分
5	002088	鲁阳股份	7.721	24	600589	广东榕泰	3.893	43	000786	北新建材	2.084
6	000408	*ST金谷	7.566	25	600425	青松建化	3.709	44	600318	巢东股份	2.066
7	000673	*ST当代	7.411	26	600585	海螺水泥	3.704	45	600819	耀皮玻璃	2.062
8	600539	狮头股份	7.321	27	600668	尖峰集团	3.614	46	600321	国栋建设	1.692
9	600212	江泉实业	6.344	28	000851	高鸿股份	3.595	47	600716	凤凰股份	1.581
10	000544	中原环保	5.894	29	600173	卧龙地产	3.283	48	600291	西水股份	1.529
11	000012	南玻A	5.501	30	002080	中材科技	3.030	49	000885	同力水泥	1.520
12	600629	棱光实业	5.329	31	000935	四川双马	2.911	50	000401	冀东水泥	1.476
13	002225	濮耐股份	4.962	32	000795	太原刚玉	2.818	51	000789	江西水泥	1.279
14	600184	光电股份	4.845	33	002233	塔牌集团	2.643	52	600801	华新水泥	1.260
15	002271	东方雨虹	4.785	34	600172	黄河旋风	2.621	53	002102	冠福家用	1.151
16	002205	国统股份	4.693	35	600876	ST洛玻	2.489	54	600802	福建水泥	1.079
17	600829	三精制药	4.663	36	000928	中钢吉炭	2.453	55	000856	ST唐陶	1.065
18	600529	山东药玻	4.640	37	600217	*ST秦岭	2.419	56	600792	ST马龙	0.475
19	600516	方大炭素	4.632	38	600586	金晶科技	2.364	57	600678	ST金顶	−2.084

表10-6的数据表明，在建材行业中Z计分大于2.99的上市公司有30家，占总数的52.63%，Z计分介于1.81～2.99之间的上市公司有15家，占总数的26.32%，剩余12家上市公司的Z计分小于1.81，财务危机的程度很高，破产的可能性很大，占总数的21.05%。

四、分析与结论

1. 风险预警雷达图分析。风险预警雷达图分析的基本思路就是找出能表示企业财务危机程度和经营能力水平的有代表性的财务指标，将它们的变动情况集中反映在雷达图上，便于分析企业财务危机的程度、影响财务危机的主要因素，以及相对于同行业平均水平的差异等基本情况，为财务危机预警、改善管理服务。

从本实验的数据处理结果看，浙江海纳2006年的10个财务指标的雷达图明显反映出该企业经营效益急剧恶化，负债比率大幅增加，企业陷入财务危机的情况。通过对比自身和同行业水平，发现引发浙江海纳2006年财务危机的主要因素是盈利能力的大幅下降和负债比率的大幅增加，这可从销售利润率的降幅最大，超过300%，资产负债率上升最快，超过500%的增幅上可以看出，其他财务指标也有不少于50%的不利变动程度。由此可以看出，浙江海纳在2006年快速陷入财务危机的不利境地。通过进一步比较10个财务预警指标的企业数据和行业数据，以及这十个指标的变动率趋势，可能进一步验证这一结论。

同时，通过应用风险预警雷达图的分析方法，我们发现这一方法能够有效地将单一的财务预警指标放在一张图上进行比较，不仅比较企业自身财务指标的变动，还能与行业平均水平进行横向比较。这样就大大丰富和深化了单变量分析模型，使其能够全面综合地来反映企业财务危机的情况，并且还能区分主要因素和次要因素，为改进管理、挽救危机提供了分析思路。此外，系统提供了自主选择财务预警指标的功能，有利于发掘更有效的单变量指标组合，来衡量企业的财务危机程度。这一方法也可能用于分析企业其他的经营管理情况，是一种比较灵活、直观、有效的分析方法。

2. Z计分模型的综合分析。本实验从Z计分值的计算、各基本指标对Z计分值的敏感性分析以及影响Z计分指标的因素分析等三个层面，应用阿塔曼模型，来综合分析企业财务危机的情况。通过泽源公司分析决策系统，首先能方便地计算得到浙江海纳2003～2007年的Z计分值；其次，经过数据比较，可以发现企业2003年已经陷入财务危机，2004～2005年财务危机进一步加剧，2005年达到最大，2006年指标稍有好转，但仍然处于较严重的财务危机情形下；再次，通过敏感性分析和因素分析，找到了使企业陷入财务危机的主要因素来自三个方面：一是盈利能力不佳，净利润连年亏损；二是资产营运能力不佳，营运资本指标的敏感性非常强，说明这方面是造成财务危机的主要因素；三是负债比例过高直接引发危机的因素。

理论学习让我们了解到阿塔曼模型的原理，而综合性实验还能让我们从影响Z计分值的各个因素入手，通过敏感性分析，找到导致财务危机爆发的主要原因，这是理论学习无法满足的。

3. 利用数据库和Excel软件进行同行业企业的财务危机分析。通过对57家建材行业上市公司2010年财务数据的收集和Z计分值的计算，我们发现受到房地产业的不景气影响，建材行业上市公司的财务安全状况差异非常大，只有近53%的上市公司是没有破产可能性的，剩余的企业中有21%的上市公司已经明显陷入财务困境、具有较高的破产可能性。无论是对于改善企业自身管理，还是投资上市公司股票的决策，这种分析结论都有很强的现实意义。

在这个主题的实验，我们再次尝试使用中国CCER金融数据库，学习了怎样大批量地选择特定上市公司的数据，并且在Excel软件中，建立Z计分计算分析模型，进行大批量数据的计算和排序，有助于提高数据处理能力。

五、拓展研究

1. 利用泽源公司分析决策系统的风险预警雷达图和阿塔曼模型，分析单个上市公司的财务危机情况。

要求:(1)找一家盈利较正常的上市公司,再找一家业绩亏损的ST上市公司,分别进行分析;(2)分析导致上市公司财务危机严重或不严重的主要影响因素,提出改进管理的建议。

2. 利用CCER数据库和Excel软件,计算表10-7中造纸印刷行业的上市公司的Z计分值,进行排序,并对他们是否陷入财务危机进行分析。

表10-7　造纸印刷行业上市公司一览表

公司代码	公司简称	公司代码	公司简称	公司代码	公司简称
000488	晨鸣纸业	002117	东港股份	002521	齐峰股份
000812	陕西金叶	002191	劲嘉股份	002565	上海绿新
000815	*ST美利	002228	合兴包装	002575	群兴玩具
000820	*ST金城	002229	鸿博股份	002599	盛通股份
000833	贵糖股份	002235	安妮股份	002605	姚记扑克
000986	粤华包B	002292	奥飞动漫	002678	珠江钢琴
002012	凯恩股份	002301	齐心文具	002699	美盛文化
002067	景兴纸业	002303	美盈森	300043	星辉车模
002078	太阳纸业	002348	高乐股份	300057	万顺股份
002103	广博股份	002502	骅威股份	300329	海伦钢琴
002105	信隆实业	002511	中顺洁柔